Dirección editorial: M.ª Jesús Díaz
Diseño: Estelle Talavera
Textos: Niko Domínguez, Estelle Talavera, Anaïs Puygrenier,
  Miriam Baquero, María J. Gómez, Marga Llarena
Revisión: Equipo Susaeta
Ilustraciones: F. Valiente / Equipo Susaeta
Preimpresión: Natalia Rodríguez

© SUSAETA EDICIONES, S.A. - Obra colectiva
C/ Campezo, 13 - 28022 Madrid
Tel.: 91 3009100 - 91 3009118
www.susaeta.com
Impreso y encuadernado en España

D.L.: M-2961-MMXIV

1.100 PREGUNTAS, RESPUESTAS Y CURIOSIDADES

susaeta

Índice

Dinosaurios 9

Cuerpo humano 49

Animales acuáticos 89

Animales terrestres 125

Egipto 177

Castillos medievales 219

Piratas 261

Guerreros 301

Mitos y leyendas 335

Medios de transporte 367

DINOSAURIOS

Una especie apasionante

1 ¿Sabes durante cuánto tiempo poblaron la Tierra los dinosaurios? ¡Nada más y nada menos que durante 180 millones de años!

A lo largo de ese periodo, a los dinosaurios les dio tiempo de evolucionar de formas muy variadas y por eso existía una enorme diversidad. Los había grandes como edificios y más pequeños que un conejo. Algunos caminaban usando las dos patas traseras y otros haciendo uso de las cuatro. Los había carnívoros, herbívoros, con plumas, escamas, pico, cuernos, garras, alas… Lo único que tenían en común es que todos ponían huevos, la mayoría tenía tres dedos en las patas, casi todos tenían la piel dura y escamosa, y la mayor parte de ellos eran animales terrestres.

2 Se estima que había más de 1.500 especies de dinosaurios.

Hasta ahora, unas 700 han sido nombradas, pero solo la mitad se basan en muestras completas. Los dinosaurios se clasifican, por la forma de su cadera, en «saurisquios» (cadera de lagarto) y «ornitisquios» (cadera de ave).

La antesala de los dinosaurios

3 **Durante el periodo Pérmico los mares retrocedieron y los lagos menos profundos desaparecieron.**

Así terminó quedando al descubierto una gran extensión de tierra firme. Se formaron tanto desiertos como grandes bosques de coníferas, y algunos animales, como los reptiles, comenzaron a establecerse definitivamente en tierra firme.

El MILLERETA era un reptil parecido a un gran lagarto. Medía unos 60 cm y probablemente era insectívoro.

4 **Los reptiles mamiferoides fueron los que más se extendieron, y a finales del Pérmico dominaban la Tierra.**

Los pelicosaurios fueron los animales más extendidos y llamativos, siendo el dimetrodón uno de los más característicos. Era un depredador dominante, tenía forma de lagarto y una aleta dorsal en forma de vela que le permitía regular su temperatura.

El DIMETRODÓN, a pesar de su gracioso aspecto, era un depredador muy fiero. Medía 2 metros y fue uno de los primeros reptiles en tener cresta.

5 Los arcosaurios se dispersaron por todo el planeta.

Estos reptiles fueron los antecesores directos de los dinosaurios y los pterosaurios, pero también de animales que viven hoy en día, como las aves y los cocodrilos.

7 El proterosuchus era muy parecido a los actuales cocodrilos.

Se cree que durante la estación seca se mantenía en letargo, sin comer ni beber.

6 El Pérmico fue el último periodo de la Era Paleozoica.

El Paleozoico empezó hace 570 millones de años y duró hasta hace 246 millones de años. En su comienzo, ningún ser vivo vivía fuera del agua, ni siquiera las plantas. Al final de esta era, los reptiles dominaban el planeta y los primeros dinosaurios estaban a punto de aparecer.

El PROTEROSUCHUS tenía fuertes mandíbulas con las que atacaba a especies de mayor tamaño.

13

8 Los gorgonopsianos fueron los carnívoros dominantes del Pérmico tardío.

Tenían unos caninos largos en forma de hoja de sable y unos incisivos tremendamente fuertes.

9 ¿SABÍAS QUE...?

La comunidad científica ha establecido que las aves, y no los reptiles, son los parientes más cercanos a los dinosaurios.

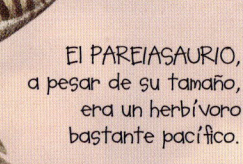

10 El pareiasaurio tenía patas parecidas a las de los elefantes.

Era el herbívoro típico de las zonas con vegetación baja. Sus poderosas patas se proyectaban hacia los lados, como las de los reptiles. Sus dientes tenían los bordes aserrados para desgarrar mejor las fibras vegetales. ¡En el paladar también tenía dientes!

El PAREIASAURIO, a pesar de su tamaño, era un herbívoro bastante pacífico.

11 El Pérmico debe su nombre a Perm, una antigua provincia rusa.

Esta región estaba situada en los montes Urales, donde se realizaron muchos descubrimientos relativos a este periodo.

Su dorso estaba protegido con placas óseas alojadas en la piel.

12 En este periodo, algunos anfibios evolucionaron hasta convertirse en reptiles.

Sus huevos pasaron a ser cleidoicos (cerrados) y esto los liberó de su dependencia acuática para la reproducción.

13 A finales del Pérmico hubo una gran extinción de especies animales.

Los científicos no son capaces de explicar con exactitud lo que ocurrió en la Tierra, pero desapareció el 90% de la vida animal marina y el 70% de la terrestre.

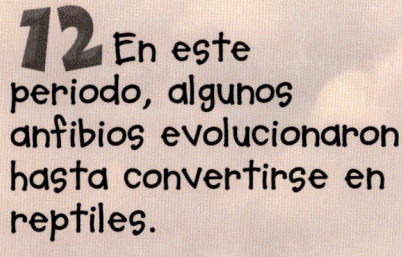

El DIICTODÓN tenía pico y dos grandes colmillos curvados en los laterales.

14 El diictodón fue un herbívoro pequeño del tamaño de un lobo.

Vivía cerca de los desiertos y construía madrigueras para protegerse de las altas temperaturas y de los depredadores.

Los primeros dinosaurios

15 Al comienzo de la Era Mesozoica, en el periodo Triásico, en la Tierra había un solo continente rodeado de agua. Era «Pangea», que significa 'toda la Tierra'.

El clima era cálido y húmedo y los animales podían recorrer el mundo a su antojo sobre tierra firme. Es entonces cuando aparecieron los primeros dinosaurios como el eorraptor o el coelofisis.

16 Cuello muelle

El largo cuello del coelofisis actuaba de muelle, lo que mejoraba su dentellada.

17 El cinognatus, un perro prehistórico

Tenía dos afilados colmillos con los que atacaba a sus presas, aparte de desenterrar raíces y tallos.

18 El postosuchus era un depredador mortífero.

Tenía el cuerpo parecido al de un cocodrilo y las patas típicas de los dinosaurios. Cazaba a sus presas en los extensos y áridos semidesiertos del Triásico, emboscándolas y atacándolas por sorpresa.

POSTOSUCHUS

19 Más lentos que los que estaban por venir...

Los primeros dinosaurios tenían las patas abiertas a los lados del cuerpo, como los lagartos, lo que los hacía mucho más lentos que los últimos dinosaurios del Cretácico.

20 El más antiguo de los dinosaurios conocidos es el 'ladrón del amanecer'.

Se le llama así porque marca el amanecer de la época de los dinosaurios. El eorraptor, pese a ser tan pequeño como un perro mediano, era un temible depredador, veloz y astuto.

Al correr, el EORRAPTOR mantenía la cola tiesa para equilibrar la parte delantera del cuerpo.

Las LIBÉLULAS no llevan poco tiempo en la Tierra. ¡Son prehistóricas y convivieron con los dinosaurios!

21 El listrosaurio es el único vertebrado común que sobrevivió a la extinción masiva de finales del Pérmico.

Medía aproximadamente un metro y pesaba unos 100 kg. Este herbívoro de patas robustas, parecido a un cerdo, fue un gran dominador de los ecosistemas terrestres en el Triásico inferior. Tenía la habilidad de sobrevivir con muy poca comida y eso, en esta época, era determinante.

LISTROSAURIO significa 'reptil pala'.

El COELOFISIS fue un depredador muy veloz y se cree que vivía en manadas.

22 El ágil y rápido coelofisis ('forma hueca') lanzaba dentelladas sanguinarias.

No solo tenía unos dientes afilados como sierras, también movía la dentadura hacia los lados desgarrando sin piedad.

23 Los terópodos fueron los cazadores terrestres dominantes hasta su extinción.

Conforman un variado y amplio grupo de dinosaurios caracterizados por ser carnívoros y andar a dos patas.

24 ¿SABÍAS QUE...?

Los paleontólogos son científicos que estudian las primeras formas de vida sobre la Tierra gracias a los restos fósiles.

25 El estauricosaurio ('reptil de la Cruz del Sur') fue uno de los primeros hallados en el hemisferio sur.

Medía cerca de dos metros, y era capaz de cazar pequeños reptiles con sus «manos» de cinco dedos.

Conquistando tierra y aire

26 **Durante el Triásico, la mayoría de los animales se mantuvieron cerca de los mares.**

En el interior de Pangea se desplegaban grandes desiertos y extensiones áridas en las que tan solo algunos reptiles consiguieron vivir.

27 **En el pasado, en lugares como China y Escocia, se veían los restos de dinosaurios como dragones.**

La palabra «dinosaurio» proviene del griego *deinos*, que significa 'terrible', y *saura*, que significa 'lagarto'.

PLATEOSAURIO

28 El plateosaurio fue el primer gran dinosaurio herbívoro.

Era mucho más grande que un autobús y no tenía competencia para conseguir el alimento de la copa de los árboles. Por eso sobrevivió durante muchísimos años.

29 Durante el Triásico, la mayor parte del Himalaya estaba bajo el mar.

El esqueleto de un ictiosaurio enorme se encontró en pleno Tíbet, por eso se llamó «tibetosaurio».

30 En el Triásico, la vegetación se componía de exuberantes plantas verdes sin flores.

Los musgos y las plantas hepáticas (sin tallos ni raíces) eran predominantes de las zonas húmedas. Las plantas altas y los helechos gigantes llegaron a desarrollarse tanto como para medir hasta 30 metros de altura.

31 Los pterosaurios se encargaban de la higiene dental de los grandes dinosaurios.

Estos reptiles voladores picoteaban los jirones de carne que se quedaban entre los dientes de los grandes carnívoros. Los había pequeños como gorriones y enormes como avionetas.

PTEROSAURIO
o 'lagarto alado'.

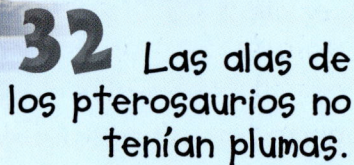

32 Las alas de los pterosaurios no tenían plumas.

Eran de piel, muy parecidas a las de los murciélagos, y algunos solo podían planear.

33 El eudimorfodón es el pterosaurio más primitivo que se conoce.

Vivía cerca de las costas y realizaba vuelos bajos en busca de peces. Al final de su larga cola ósea tenía un apéndice en forma de diamante que le servía de timón para maniobrar en el aire y dirigir el vuelo.

Las alas del
EUDIMORFODÓN
podían llegar a medir
un metro.

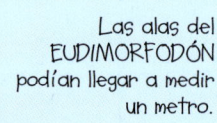

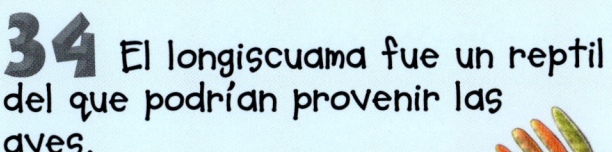

34 El longiscuama fue un reptil del que podrían provenir las aves.

No se han encontrado muchos restos, pero parecía tener un aspecto bien curioso. Tenía largas escamas que podían ser de colores.

35 Los reptiles voladores rondaban constantemente a los grandes dinosaurios.

Picoteaban sus parásitos, tal y como sucede en la actualidad con los hipopótamos y ciertas aves, y daban buena cuenta de las sobras de sus presas.

36 El dilofosaurio tenía una cabeza muy particular.

Tenía dos huesos curvos en la cabeza que parecían dos medios platos en un escurreplatos. Fue el primer gran dinosaurio carnívoro.

El DILOFOSAURIO medía 7 metros de largo por 2,5 de alto.

La era de los gigantes

37 Durante el periodo Jurásico, los bosques se poblaron de dinosaurios herbívoros.

El mundo empezó a cambiar de nuevo, las lluvias se hicieron más abundantes y los continentes, que ya empezaban a formarse, se cubrieron de un manto verde. El clima general, cálido y húmedo, propició la aparición de selvas frondosas y bosques de helechos y coníferas que albergaban una biodiversidad espectacular.

SALTASAURIO significa 'reptil que salta'. En el lomo tenía unas placas óseas del tamaño de un plato.

El *BRAQUIOSAURIO* es el animal más alto y pesado que ha caminado sobre la Tierra.

38 Debido a que el alimento vegetal era casi ilimitado, los herbívoros adquirieron dimensiones titánicas.

El braquiosaurio era un herbívoro gigantesco. ¡Tan alto como un edificio de 4 pisos y tan pesado como 10 elefantes adultos!

39 En esta época vivieron los animales más grandes que jamás han poblado nuestro planeta.

Entre los carnívoros, el más impresionante era el alosaurio, de 12 metros de longitud y 2 toneladas de peso. Caminaba sobre dos patas, y sus garras y dientes de sierra eran temibles.

El *ALOSAURIO*, 'reptil extraño', solía vivir en grupo.

40 Aunque los dinosaurios que más llaman la atención sean los de mayores dimensiones,

la inmensa mayoría eran animales bastante pequeños, de un tamaño ligeramente superior al de una persona.

41 La huella de dinosaurio más grande encontrada hasta la fecha tiene 1,50 metros de diámetro.

¡Imagínate una huella del tamaño de un coche! Se estima que su propietario debía de pesar en torno a las 40 toneladas y medir unos 25 metros de longitud. ¡Tan largo como una pista de tenis!

42 El mamenquisaurio era un gigante herbívoro de 25 metros de largo.

Más de la mitad de esta longitud la ocupaba su enorme cuello.

El ARQUEOPTÉRIX, o 'ala antigua', es el ave más antigua que se conoce.

SEISMOSAURIO

43 Los dinosaurios carnívoros grandes eran bastante lentos.

Para cazar, tenían que ser muy buenos rastreadores. Localizaban a sus presas sin ser descubiertos y las atacaban por sorpresa con sus imponentes dientes, antes de que pudieran huir.

44 El dinosaurio más largo era el seismosaurio. ¡Podía medir unos 40 metros de la cola a la cabeza!

Su nombre significa 'reptil terremoto' y su cola era tan larga como el resto de su cuerpo. Con ella se defendía frente a los depredadores, como si fuese un enorme látigo. Se cree que era capaz de moverla a tal velocidad que rompía la barrera del sonido y provocaba un enorme estruendo.

45 El saltasaurio se defendía de forma pasiva.

Se protegía de los depredadores gracias a las placas óseas del tamaño de un plato que tenía insertadas bajo la piel del lomo.

El pacífico SALTASAURIO lograba comer de las ramas más altas.

46 ¿SABÍAS QUE...?

Los huevos que ponían estos gigantes eran también enormes. Podían medir unos 30 cm de diámetro y 40 cm de alto.

47 El diplodocus es otro de estos gigantes, tal vez el más conocido.

Su tamaño era su mejor defensa frente a los depredadores. ¡Unos 30 metros de largo!

La cola en forma de látigo del DIPLODOCUS seguro que mantuvo a más de uno a varios metros de distancia.

Mares del Jurásico

48 Los ictiosaurios dominaron las zonas poco profundas de los mares durante gran parte del Triásico y el Jurásico.

Eran grandes reptiles marinos parecidos a los actuales delfines. Podían nadar a unos 40 km/h y se alimentaban de peces, marisco y otras criaturas marinas, pero su característica más sorprendente es que, pese a ser reptiles, parían a sus crías tal y como hacen los mamíferos. Hasta la llegada del plesiosaurio fueron los reyes de las costas.

El *LIOPLEURODÓN* fue
un depredador feroz.

49 El imparable liopleurodón
podía medir hasta 15 metros.

Desarrollaba una impresionante aceleración que
le permitía emboscar a sus presas.
Estas se veían
sorprendidas y eran
incapaces de reaccionar.

50 Durante el Jurásico, Pangea se fragmentó.

El periodo de la hegemonía de los grandes dinosaurios fue también el de la división de Pangea en dos continentes: Laurasia y Gondwana. Entre ellos había grandes océanos llenos de vida.

51 ¿SABÍAS QUE...?

El periodo Jurásico debe su nombre a los montes del Jura, situados en la frontera entre Francia y Suiza, que se formaron en esa época.

Se cree que el impresionante ELASMOSAURIO inspiró la leyenda del Lago Ness.

53 Los ictiosaurios eran reptiles carnívoros. Subían a la superficie para llenar sus pulmones de aire y luego realizaban inmersiones de mucha profundidad.

Todo indica que se extinguieron a mitad del Cretácico, ya que no pudieron competir con otros peces y reptiles marinos más rápidos y evolucionados.

52 El cuello «honda»

El elasmosaurio era un plesiosaurio con un cuello de casi 8 metros. Para atacar por sorpresa a sus presas, lanzaba contra ellas su impresionante cuello.

El ICTIOSAURIO fue el rey de la costa hasta la llegada del plesiosaurio.

54 Los plesiosaurios dominaron los mares durante el Jurásico.

Tenían el cuello largo y las patas en forma de remos, con los que nadaban increíblemente bien. Sus mandíbulas eran poderosas, capaces de devorar las conchas más duras.

El CRIPTOCLIDUS fue una especie de plesiosaurio. Medía de 3 a 8 metros de largo y llegaba a pesar 8 toneladas.

55 Los amonites y los nautilos fueron los antecesores de pulpos y sepias.

También había medusas, que todavía existen hoy en día.

De altos vuelos

56 Los pterosaurios surcaron los cielos durante casi toda la Era Mesozoica.

No eran dinosaurios, sino reptiles voladores.

57 «La avioneta»

Así era conocido el pterosaurio quetzalcoatlus, pues su tamaño quitaba el aliento. Con las alas desplegadas, medía unos 12 metros.

DSUNGARÍPTERO

58 Los pterosaurios eran similares a nuestras aves.

Todos los pterosaurios volaban, ponían huevos y habían desarrollado una excelente visión, exactamente igual que las aves actuales.

60 El dsungaríptero tenía el pico puntiagudo y curvado hacia arriba.

Hundía el pico en la arena y el lodo para buscar gusanos o moluscos. También tenía una curiosa cresta.

59 El tropeognatus o 'mandíbula de quilla'

Se le puso ese nombre porque su pico recuerda a una quilla de barco.

TROPEOGNATUS

Cazadores y presas

61 Según su tamaño, los dinosaurios atacaban de una forma u otra.

Los pequeños se basaban en la velocidad y en sus afiladas dentaduras; y los de gran tamaño confiaban más en sus poderosas garras y su fuerza bruta.

El PISANOSAURIO o 'lagarto de Pisano'

62 Junto a los dinosaurios más grandes era frecuente encontrar a otros mucho más pequeños.

Estos se alimentaban de los insectos, gusanos… que quedaban al descubierto cuando avanzaban los dinosaurios. ¡Para estos seres diminutos cada paso de los gigantes era como un terremoto!

63 El pelecanimimus guardaba cierto parecido con los actuales pelícanos.

Tenía una bolsa bajo la boca que podía servirle para pescar. Pese a ser un dinosaurio omnívoro, fue el mayor depredador de las zonas rocosas.

El PELECANIMIMUS medía como mucho unos 2 metros de largo.

64 Los dinosaurios pequeños no tenían ningún elemento de defensa más que su velocidad.

El hipsilofodón es un claro ejemplo de este grupo: vivía en pequeñas manadas, vagaba por los bosques y podía alcanzar los 45 km/h si necesitaba escapar de un depredador.

El HIPSILOFODÓN, un herbívoro tan pacífico como veloz

65 El ornitolestes era uno de los dinosaurios más pequeños y vivía junto a otros más grandes, devorando los restos.

Tenía unos dientes curvos afiladísimos que le permitían devorar ranas, lagartos y pequeños mamíferos en unos instantes.

El COMPSOGNATUS era del tamaño de una gallina. Se sabe que comía lagartos porque en los dos fósiles encontrados se conservan sus presas.

66 El carnotauro, uno de los mayores depredadores, tenía dos pequeños cuernos afilados sobre los ojos.

Un CARNOTAURO devorando a un COELOFISIS.

Le servían para perforar la dura piel de sus víctimas. Este imponente animal era de la misma familia que el tiranosaurio.

67 Hasta el más fiero e imponente de los dinosaurios servía de alimento para otros animales.

Y es que entonces ya había parásitos, como las pulgas, que se alimentaban de la sangre y la carne superficial de los enormes dinosaurios.

68 El hesperonicus fue un carnívoro del tamaño de un gato y puede que tuviera plumas.

Se trata, probablemente, del más pequeño de todos los carnívoros que coexistieron con el gigante tiranosaurio.

Del SCIPIONIX solo se ha encontrado un espécimen.

69

¿SABÍAS QUE...?

Se cree que la mayoría de los huevos de dinosaurio debían de ser del tamaño del de una gallina. Si hubieran sido más grandes, su cáscara sería demasiado gruesa como para que el recién nacido pudiese romperla.

70 El micropaquicefalosaurio ostenta dos récords en el mundo de los dinosaurios.

Fue el dinosaurio más pequeño, ¡pero es el que tiene el nombre más largo! Solo pesaba 10 kilos y era del tamaño de un perro mediano.

71 El heterodontosaurio tenía tres tipos diferentes de dientes.

Eran parecidos a los de una persona, y era capaz de masticar tanto hojas tiernas como brotes duros. Este tipo de dentadura era muy atípica en un dinosaurio.

Reproducción

72 Se cree que los dinosaurios tenían rituales de apareamiento.

Es muy probable que los machos exhibiesen sus crestas para cortejar a las hembras, que luchasen entre sí o que incluso llevasen a cabo danzas o movimientos rituales difícilmente imaginables. También realizaban llamadas de apareamiento, como hacen hoy en día muchas especies.

73 Las crías de los dinosaurios permanecían en el nido después de salir del huevo.

Mientras eran pequeñas, los padres las alimentaban, tal y como hacen las aves.

Gracias a los nidos encontrados, sabemos que los dinosaurios grandes, como el MAIASAURA, alimentaban a sus crías.

74 Los maiasaura se agrupaban para nidificar.

De esta forma era más fácil defender los nidos de los depredadores y ladrones de huevos, ya que siempre estaban vigilados. Su nombre significa 'lagarto madre atenta'.

75 Los huevos de dinosaurio más grandes encontrados hasta la fecha miden tan solo unos 30 cm.

Por eso se piensa que, en general, los adultos debían hacerse cargo de las crías, ya que unos huevos tan pequeños estaban muy desprotegidos.

La gran era de los dinosaurios

76 En el Cretácico los dinosaurios dominaban la Tierra.

En este momento había una gran variedad de dinosaurios, que habían evolucionado para adaptarse mejor al medio en que vivían. Eran poderosos e inteligentes, poblaban todo el planeta y no tenían rival.

77 Cuernos, corazas e impresionantes garras, los herbívoros sabían defenderse.

El euoplocéfalo tenía una coraza que le protegía todo el cuerpo, además de una cola terminada en una especie de maza, con la que podía derribar a un tiranosaurio. El tricerátops, por su parte, contaba con tres cuernos curvos en la cabeza. ¡Todo un peligro para sus atacantes!

78 El rápido ovirraptor o 'ladrón de huevos'

Tenía un pico curvo con el que podía perforar los huevos y comérselos mientras los sujetaba con sus patas delanteras.

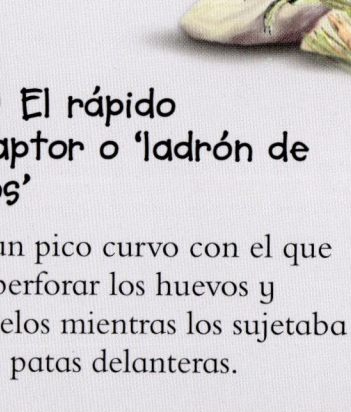

79 Los trozos de carne descompuesta entre los dientes de los carnívoros podían ser su arma secreta.

Esta carne putrefacta podía transmitir una infección a las heridas de sus adversarios.

80 ¿SABÍAS QUE...?

Los dinosaurios se extinguieron al final del periodo Cretácico, justo en el momento en que estaban en su máximo apogeo.

81 El tricerátops fue el dinosaurio con cuernos más grande y fuerte.

Tenía una coraza ósea tras la cabeza y tres largos cuernos, dos en la frente de hasta un metro de largo, y otro más corto en el hocico. A pesar de su aspecto, era pacífico y solo atacaba para defenderse de los depredadores. Vivía en manadas.

82 El tiranosaurio era el más fiero de los depredadores, un cazador implacable.

Era enorme y muy fiero. Se alimentaba de dinosaurios herbívoros y también de los carnívoros más pequeños. Medía 6 metros de alto y 14 de largo, tenía unas garras terribles y una enorme boca repleta de afilados dientes de hasta 18 cm de largo.

83 A veces el tiranosaurio actuaba como un vulgar ladrón.

Acechaba oculto a otros depredadores más pequeños. Cuando estos abatían a un animal, el tiranosaurio los ahuyentaba y devoraba la presa.

El TIRANOSAURIO, o 'lagarto tirano', pesaba entre 6 y 10 toneladas.

84 El estiracosaurio fue, sin duda, uno de los dinosaurios más vistosos.

Tenía un cuerno largo y afilado en el hocico, que podía infligir golpes mortales al más grande de los depredadores. También contaba con una espectacular placa ósea que le protegía el cuello, y que a su vez estaba bordeada por cuernos.

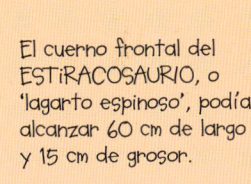

El cuerno frontal del ESTIRACOSAURIO, o 'lagarto espinoso', podía alcanzar 60 cm de largo y 15 cm de grosor.

85 Los dientes de los carnívoros se caracterizan por su forma afilada, como si fueran cuchillos.

Por su forma, los dientes no se clavaban en sus presas como hacen los colmillos de los grandes depredadores mamíferos, sino que cortaban la piel como cuchillos. Una sola dentellada podía causar la muerte.

86 El euoplocéfalo era el mejor acorazado de los dinosaurios, con una impresionante armadura de placas óseas.

Atacarlo era prácticamente imposible, a menos que se le diese la vuelta, cosa impensable dada la robustez de sus patas. ¡Incluso sus párpados estaban acorazados, como si fueran compuertas de acero!

Al final del Cretácico quedaban pocas especies de PTEROSAURIOS.

La gran bola de fuego

87 No se sabe a ciencia cierta cuál fue la causa de la extinción de los dinosaurios.

La hipótesis más probable es que estos animales se extinguieron, junto con muchas otras especies, debido a la caída de un enorme meteorito.

88 El choque provocó nubes de polvo y vapor que oscurecieron el cielo y cambiaron el clima.

En las capas de la Tierra correspondientes a esta época se ha encontrado mucho iridio, un elemento químico típico de los meteoritos.

89 No se extinguieron de golpe, sino que fueron desapareciendo poco a poco.

En algún momento, hace 65 millones de años, dejó de haber dinosaurios en la Tierra. Su extinción fue total y ninguna especie pudo sobrevivir.

El HUNGAROSAURIO disponía de una hilera de espinas y protuberancias óseas a lo largo de su lomo.

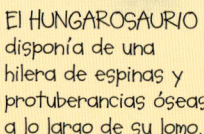

90 El comienzo del fin

Tras la caída del meteorito, la Tierra sufrió un breve pero repentino aumento de las temperaturas y casi toda la vegetación desapareció.

91 Los dinosaurios supervivientes murieron por falta de alimento.

Primero desaparecieron los herbívoros y después les siguieron los carnívoros, por falta de presas. El planeta se quedó a merced de los pequeños mamíferos, que aprendieron a sobrevivir.

Después de los dinosaurios

92 El calor intenso y las nubes tóxicas acabaron y los supervivientes salieron de sus madrigueras.

Encontraron un mundo muy diferente al que había existido hasta entonces. Muchas especies de animales y plantas se habían extinguido.

93

Los mamíferos heredaron el planeta.

Al ser más pequeños que los dinosaurios, muchos mamíferos consiguieron sobrevivir alimentándose de pequeñas plantas acuáticas y de insectos.

94 Esta extinción hizo posible que los mamíferos evolucionaran... hasta el ser humano.

Es muy probable que, si ese meteorito no hubiese colisionado con la Tierra, nunca se hubiesen dado las condiciones necesarias para la evolución de los mamíferos, ¡y nosotros no estaríamos aquí!

95 Los dinosaurios dejaron su herencia en las aves.

Los pájaros son los descendientes de los dinosaurios, que evolucionaron para ser más pequeños y resistentes, y adaptarse a las nuevas condiciones de vida.

96 El tricerátops, último eslabón

Según los restos encontrados, esta especie fue la última en desaparecer.

CUERPO HUMANO

Un mecanismo perfecto

97 El cuerpo humano se compone de aproximadamente 5 billones de células.

Estas células forman los diferentes órganos que, a su vez, componen varios aparatos o sistemas: locomotor (muscular y óseo), respiratorio, digestivo, excretor, circulatorio, endocrino, nervioso y reproductor.

98

¿SABÍAS QUE...?

¡¡El cuello de una jirafa tiene el mismo número de huesos que el cuello humano!!

99 El cuerpo humano cuenta con más de 600 músculos.

Los músculos son los responsables de que muchos órganos del cuerpo funcionen. Gracias a ellos respiramos y parpadeamos, por ejemplo.

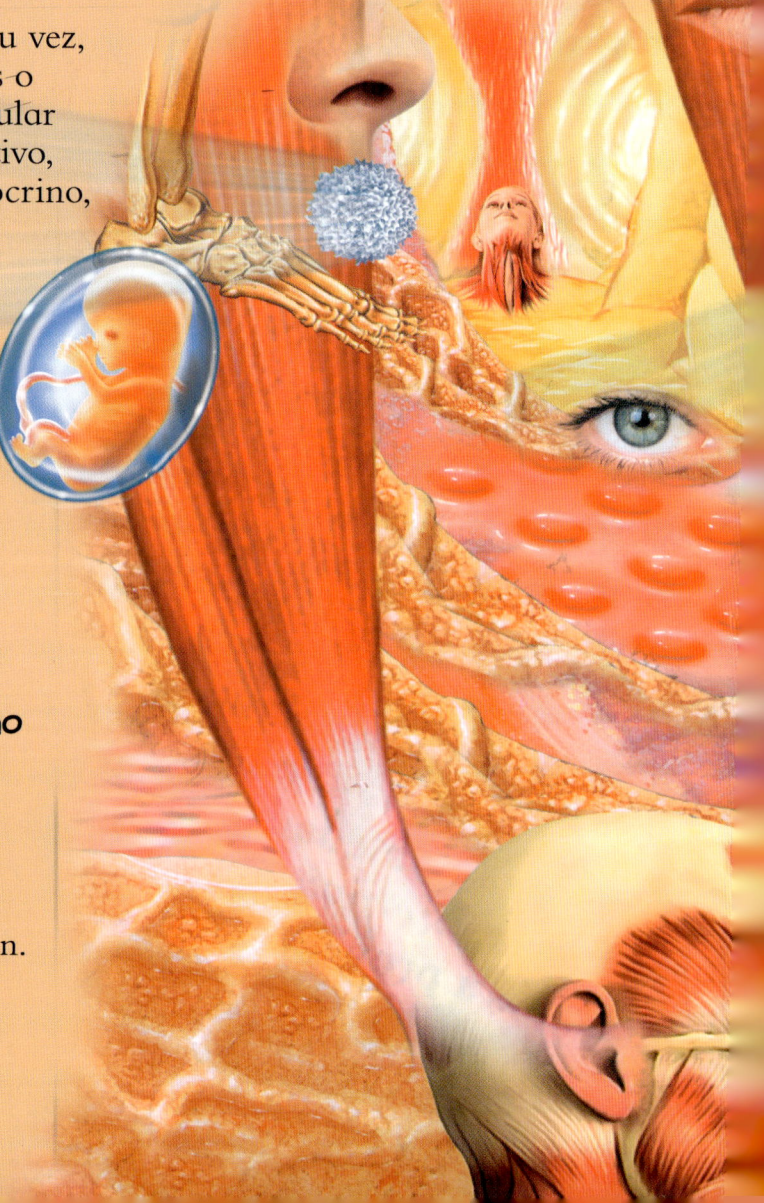

100 El centro de control del cuerpo es el sistema nervioso, que dirige y coordina todas nuestras acciones.

Está formado por la médula espinal, el encéfalo y los nervios, pero su elemento más importante es, sin duda, el cerebro, desde donde se dirige y se coordina el funcionamiento de los órganos, el movimiento y la sensibilidad.

101 La piel es el mayor órgano del cuerpo: extendida mide unos 2 m².

Pesa alrededor de 5 kg y actúa como una barrera que aísla y protege al cuerpo del medio externo. También es muy importante a nivel sensorial, para comunicarnos con nuestro entorno.

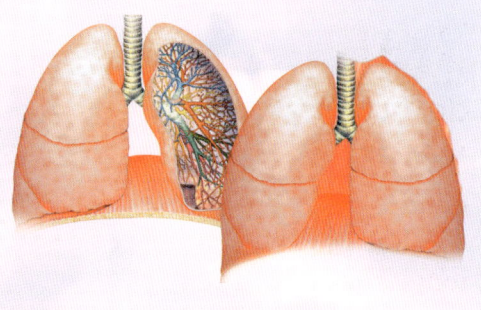

102 El aparato respiratorio capta el oxígeno del aire y desecha el dióxido de carbono.

La respiración es uno de los muchos movimientos involuntarios y automáticos que realizamos. Respiramos entre 5 y 6 litros de aire por minuto.

103 La función del aparato digestivo es transformar los alimentos que ingerimos en sustancias simples que el organismo pueda aprovechar.

Este proceso puede llegar a durar hasta un día entero, puesto que los alimentos pasan entre 3 y 5 horas en el estómago y entre 6 y 20 horas en el intestino grueso.

104 El aparato excretor se encarga de expulsar del organismo todos los residuos y desechos que el cuerpo no puede aprovechar.

Estas sustancias son restos del funcionamiento de las células, la parte de los alimentos que el aparato digestivo no puede absorber y otras sustancias que se eliminan de diferentes formas, como la orina, las heces o el sudor.

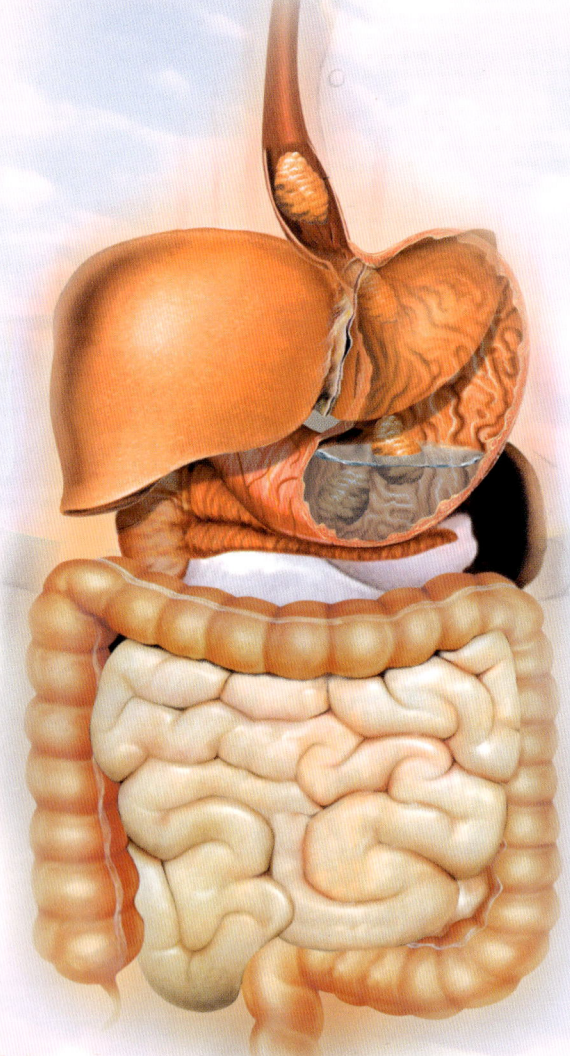

105 El aparato circulatorio es como una gran red de autopistas por donde discurren las sustancias que el mismo cuerpo sintetiza y utiliza para funcionar.

Circulan desde el oxígeno que toda célula necesita, hasta hormonas, nutrientes y los desechos que se han de eliminar. También regula la temperatura corporal y defiende al cuerpo de infecciones.

106 ¿SABÍAS QUE...?

Hay fármacos que cambian el color de la orina, como el propofol, que la tiñe de verde, o la rifampicina (para la tuberculosis), que la tiñe de naranja.

107 El sistema endocrino está compuesto por una serie de órganos y tejidos que producen y segregan unas sustancias llamadas hormonas.

Estas son introducidas directamente en el torrente sanguíneo y se encargan de regular muy diversas funciones de nuestro organismo, como el crecimiento o el estado de ánimo, entre otras muchas.

Delicado y complejo cerebro

108 El cerebro es la parte más frágil del cuerpo y, sin lugar a dudas, la más importante.

Está formado por la materia o sustancia gris (en su parte externa) y la blanca (en su parte interna). Se divide en dos hemisferios, que a su vez están formados por lóbulos.

109 El cerebro es el órgano responsable de las capacidades intelectuales.

En la corteza cerebral es donde reside el intelecto. No existe consenso científico respecto a la medición de la inteligencia, aunque los diversos test que se realizan indican que 70 de cada 100 personas tienen un cociente intelectual (CI) normal, de entre 85 y 115.

110 Tanto los bebés humanos como los animales jóvenes duermen mucho más que los adultos.

Esto es porque en esta etapa se desarrollan y organizan las conexiones del cerebro, hasta alcanzar la increíble precisión de la que goza el humano adulto.

111 ¿SABÍAS QUE...?

El peso medio del cerebro de un varón adulto es de 1.400 g, pero esto poco tiene que ver con la capacidad intelectual: ¡el de Albert Einstein pesaba tan solo 1.230 g!

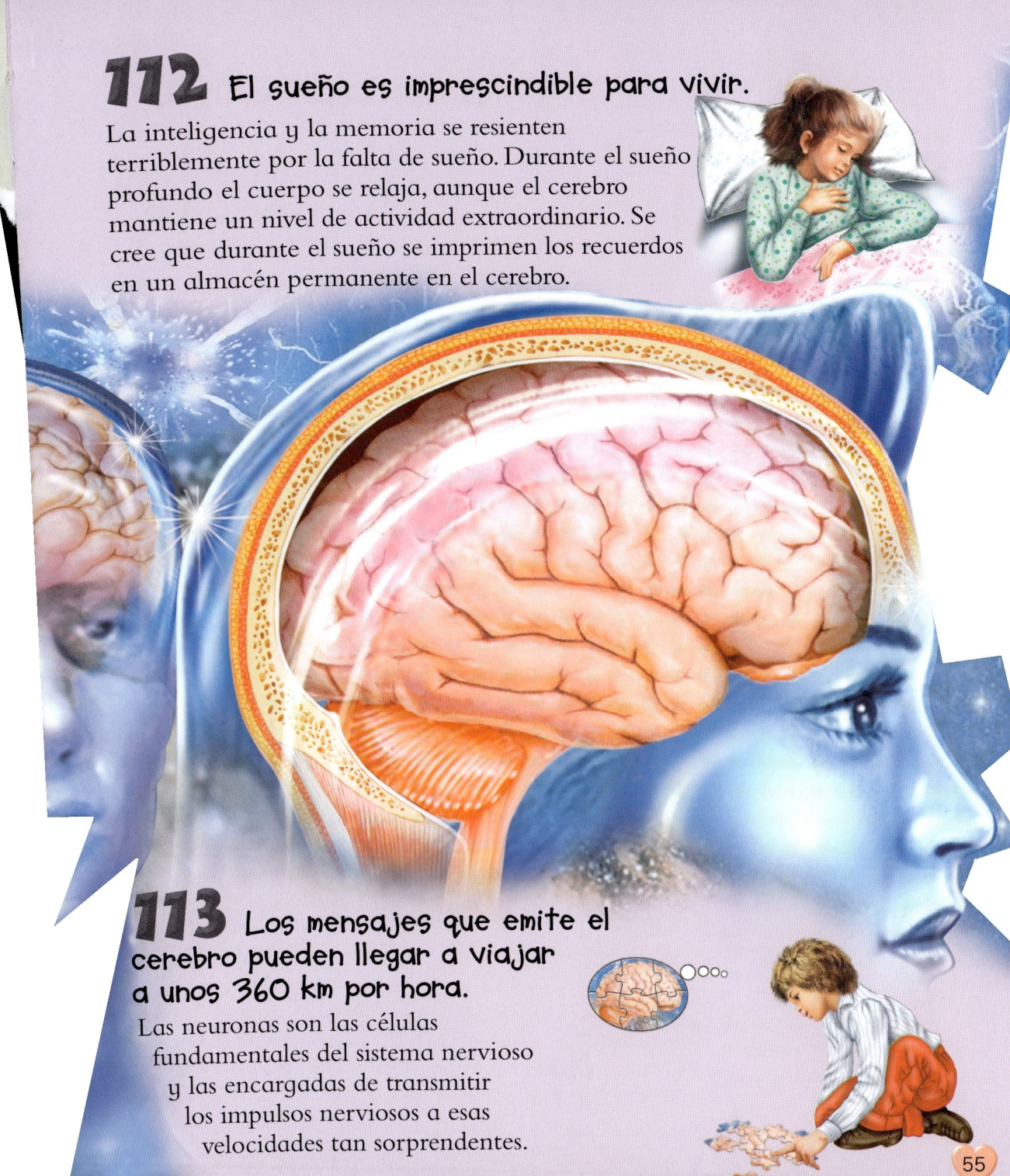

112 El sueño es imprescindible para vivir.

La inteligencia y la memoria se resienten terriblemente por la falta de sueño. Durante el sueño profundo el cuerpo se relaja, aunque el cerebro mantiene un nivel de actividad extraordinario. Se cree que durante el sueño se imprimen los recuerdos en un almacén permanente en el cerebro.

113 Los mensajes que emite el cerebro pueden llegar a viajar a unos 360 km por hora.

Las neuronas son las células fundamentales del sistema nervioso y las encargadas de transmitir los impulsos nerviosos a esas velocidades tan sorprendentes.

55

Los cinco sentidos

114 La magia de los sentidos

Cinco son nuestros sentidos: la vista, el oído, el olfato, el gusto y el tacto. Nos servimos de ellos sin apenas darnos cuenta, porque estamos acostumbrados a que funcionen óptimamente. Gracias a nuestros sentidos podemos interactuar con el mundo: ver, saborear, oler, tocar, escuchar... ¡el mundo se abre ante nosotros!

115 El ojo funciona como las cámaras de fotos.

Tiene dos lentes, la córnea y el cristalino, que hacen que las imágenes que llegan al ojo se formen justo en la retina. Si se forman por delante o por detrás de ella vemos borroso, por eso el cristalino está rodeado de músculos que lo estiran o relajan según estemos viendo objetos más alejados o más cercanos.

116 La retina manda las imágenes que se forman en ella al cerebro, el gran ordenador de nuestro cuerpo.

Aunque es finísima, en la retina caben ¡diez capas de células! Las encargadas de que veamos durante el día y distingamos los colores son unas células llamadas conos. Estas necesitan bastante luz para funcionar, por eso cuando estamos a oscuras no distinguimos los colores.

117 Visión nocturna

Las células encargadas de que veamos por la noche son los bastones, capaces de funcionar con muy poquita luz, aunque no distinguen colores. Si caminas iluminado únicamente por la luz de la luna, al principio no ves casi nada, pero 20 minutos después ¡la sensibilidad de tus bastones a la luz habrá aumentado 6.000 veces!

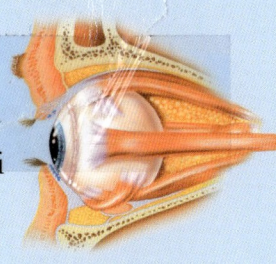

118 El oído funciona gracias a que nuestra oreja recoge las ondas sonoras, que así llegan hasta el tímpano.

El tímpano es una membrana fina, como la de un tambor, que transmite esas vibraciones a una cadena de huesecillos. De ahí pasan al oído interno, donde la vibración se transforma en una señal eléctrica que es enviada al cerebro.

119 ¿SABÍAS QUE...?

Si superamos los 100 decibelios durante un periodo prolongado, corremos el riesgo de padecer sordera.

120 ¡Cuidado con la montaña rusa!

Oído y garganta se comunican por la trompa de Eustaquio, encargada de que la presión dentro del oído sea igual a la del exterior. Si subimos muy rápido a sitios altos, notamos los oídos como taponados: en tan poco tiempo no ha podido igualarse la nueva presión del exterior con la del oído. El gesto de tragar saliva abre la trompa de Eustaquio y así se te pasa esa incómoda sensación.

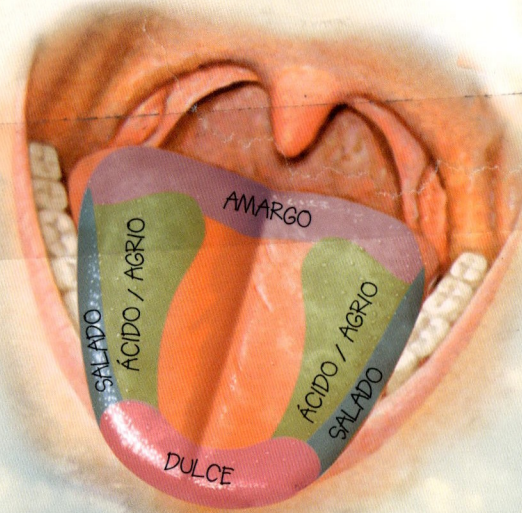

121 El sentido del gusto lo tenemos gracias a la lengua.

En ella se encuentran las llamadas papilas gustativas, que son las encargadas de reconocer sustancias contenidas en los alimentos que nuestro cerebro identifica como sabores: agrio, salado, dulce y amargo.

122 ¿SABÍAS QUE...?

Hay un nuevo tipo de sabor llamado *umami* («delicioso» en japonés) y, aunque aún no se conoce bien cómo se produce, es un sabor que no se puede clasificar como ninguno de los anteriores. El queso curado o algunas salsas asiáticas lo tienen.

123 Alarma antiveneno

En la naturaleza hay sustancias tóxicas venenosas para nosotros. La mayoría de estas sustancias tienen un sabor intensamente amargo, de manera que nuestro cuerpo lo rechaza. Es un instinto que nos ayuda a no comer por error plantas venenosas.

124 El sentido del olfato es el que tenemos menos desarrollado en comparación con muchos animales.

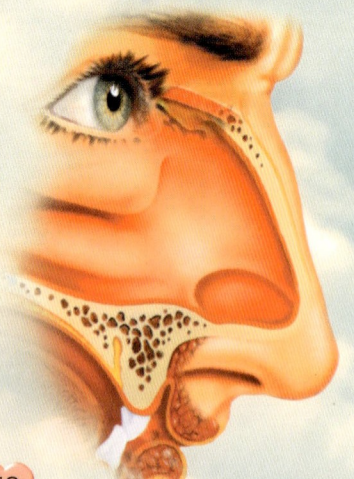

Está formado por nada menos que 100 millones de células repartidas por la nariz. Este sentido es capaz de acostumbrarse a las sensaciones que transmite al cerebro. Por eso, pasado un rato, dejamos de notar un olor que antes nos parecía muy intenso.

125 Sin olor, no hay sabor.

Además de distinguir olores, el sentido del olfato permite también saborear los alimentos. Puedes hacer la prueba al tomar un caramelo de menta: notarás que el sabor es mucho menos fuerte si te tapas la nariz al tomártelo. Por eso, al estar resfriados no saboreamos igual la comida.

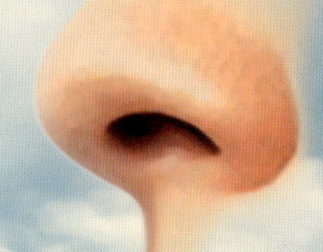

126 El sentido del tacto está repartido por toda la piel.

En ella tenemos células especiales para cada tipo de sensación táctil, como la vibración, la temperatura, la textura de los objetos… No poseemos la misma cantidad de estas células en todas las zonas de nuestra piel, por eso hay partes del cuerpo mucho más sensibles que otras. Y todas ellas tienen un límite de intensidad que, si se supera, hace que sintamos dolor.

El corazón y la sangre

127 Un duro pero eficaz trabajo en equipo

La función del corazón es bombear la sangre para que se reparta por todo el cuerpo. Para eso está dividido en dos partes: la derecha recibe la sangre con poco oxígeno que llega del cuerpo y la manda a los pulmones; la izquierda recibe la sangre con mucho oxígeno de los pulmones y la reparte a todo el cuerpo. ¡El corazón mueve entre 3 y 5 litros de sangre cada minuto! En un año mueve tanta sangre como agua cabe en una piscina olímpica… ¡más de dos millones de litros!

128 Los latidos

Cada mitad del corazón está formada por una aurícula y un ventrículo, separados por las válvulas mitral y tricúspide, unas «puertecitas» que dejan pasar la sangre cuando se contrae la aurícula para que se llene el ventrículo. De los ventrículos pasa a las grandes arterias, dotadas de otras válvulas. Cuando escuchamos los latidos del corazón estamos oyendo en realidad el sonido del cierre de estas válvulas.

129 Cuando hacemos ejercicio, el cuerpo necesita 400 veces más oxígeno.

Para ello, el corazón se contrae más deprisa y más fuerte, y así consigue que pasemos de mover 5 litros de sangre por minuto a mover ¡hasta 30 litros!

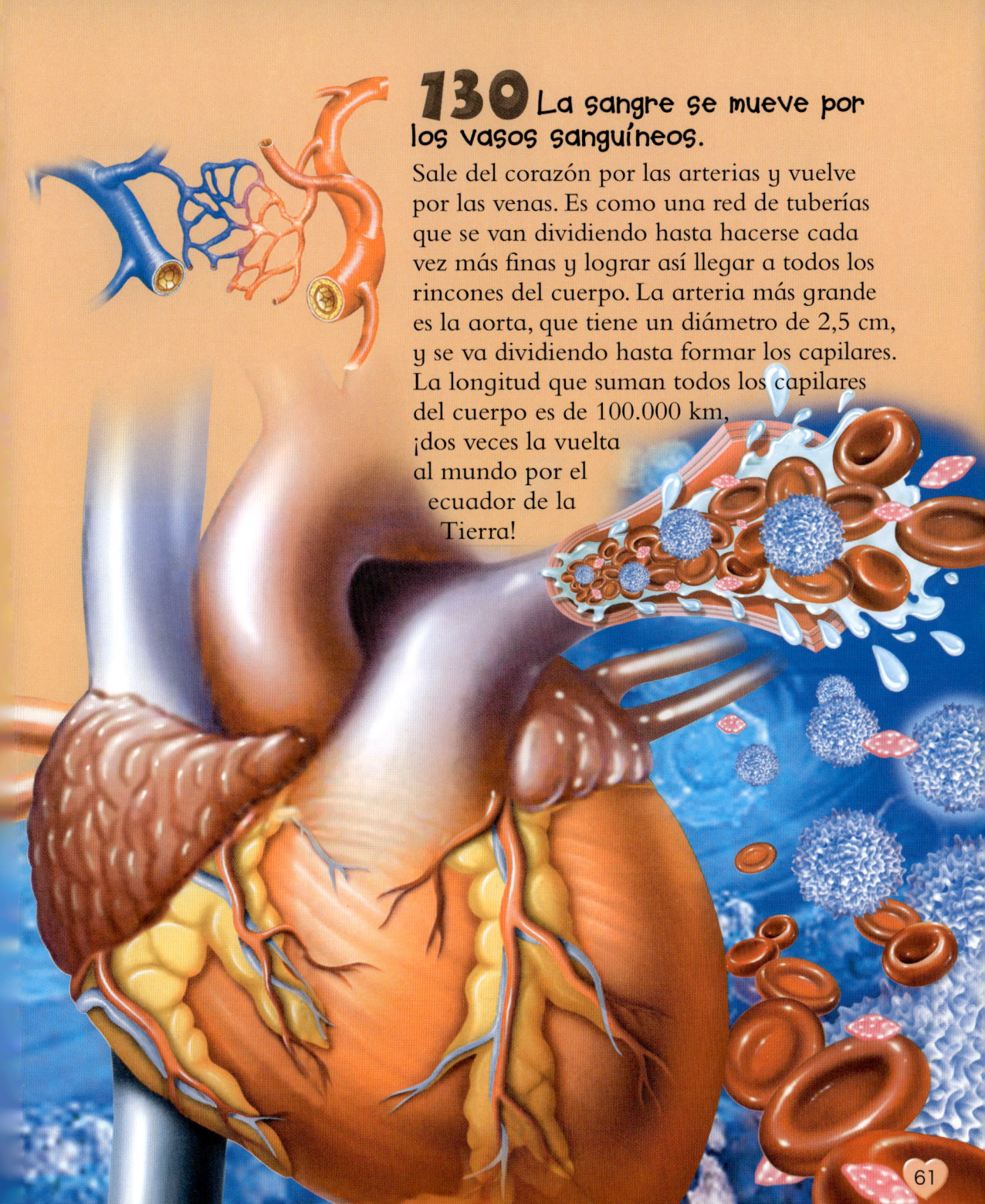

130 La sangre se mueve por los vasos sanguíneos.

Sale del corazón por las arterias y vuelve por las venas. Es como una red de tuberías que se van dividiendo hasta hacerse cada vez más finas y lograr así llegar a todos los rincones del cuerpo. La arteria más grande es la aorta, que tiene un diámetro de 2,5 cm, y se va dividiendo hasta formar los capilares. La longitud que suman todos los capilares del cuerpo es de 100.000 km, ¡dos veces la vuelta al mundo por el ecuador de la Tierra!

131   ¿Qué hay en la sangre?

Por ella viajan nutrientes (como el oxígeno o el azúcar), sustancias que desechan las células, hormonas (que actúan como una especie de mensajeras dentro del cuerpo), proteínas con diferentes funciones… Y también las células sanguíneas: glóbulos rojos, glóbulos blancos y plaquetas. Estas células las produce una estructura que hay en el interior de nuestros huesos: la médula ósea.

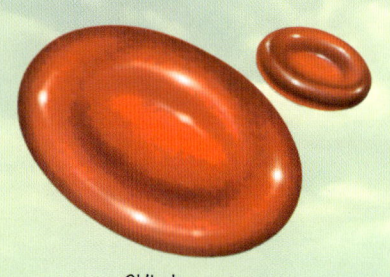

Glóbulos rojos

132   ¡Tenemos entre 4 y 5 millones de glóbulos rojos!

Son células muy especiales porque al formarse pierden una parte fundamental de todas las células: el núcleo. Lo hacen para poder transportar todo el oxígeno que recogen del pulmón hasta los diferentes órganos del cuerpo.

133   Glóbulos blancos: los guardianes de la sangre

Hay varios tipos, pero todos tienen la misma misión: protegernos de las infecciones. En total, su número varía entre 4.500 y 10.500 por mm³ de sangre. Son células con memoria: cuando vencen una infección, son capaces de recordar cómo lo hicieron y así logran que la próxima vez que tengamos la misma infección la respuesta sea más rápida y eficaz, y casi ni nos pongamos enfermos. Por eso funcionan las vacunas.

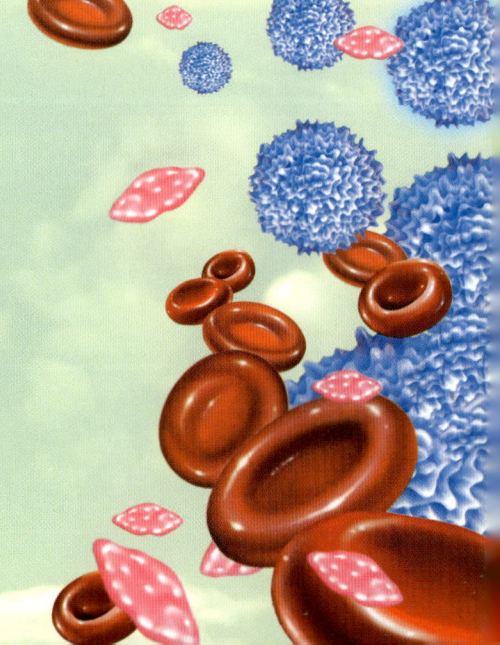

Glóbulos blancos

134 Las plaquetas reparadoras

Plaquetas

Cuando nos hacemos una herida, llega un momento en que deja de sangrar. Esto ocurre gracias a las plaquetas, unas células que actúan en equipo y que, cuando encuentran un vaso sanguíneo roto, se unen unas con otras y se adhieren a la zona dañada para cerrarla hasta que el vaso se repare.

135 El corazón late unos 3.000 millones de veces a lo largo de la vida.

Por suerte, no necesitamos mandar órdenes al corazón para que se contraiga; lo hace él solo gracias a que, además de músculo, tiene un circuito eléctrico que se activa a un ritmo de unos 80 latidos por minuto de manera automática y constante.

136 Un corazón a medida

Los deportistas profesionales logran, con el entrenamiento, que su corazón se adapte a las exigencias del cuerpo durante el ejercicio. De esta forma no necesitan aumentar tanto el número de latidos por minuto cuando corren, por ejemplo. Eso hace que también su corazón, cuando están en reposo, lleve un ritmo más lento del normal sin causarles ningún problema.

La respiración

137 Respiramos gracias a los pulmones.

A ellos llega el aire que inspiramos a través de la vía aérea formada principalmente por la tráquea y los bronquios. Cuando respiramos correctamente, introduciendo el aire por la nariz (no por la boca), este aire llega a los pulmones más limpio y caliente, disminuyendo así las probabilidades de resfriarnos.

138 Cuando tosemos, ¡el aire sale a 140 km/h!

Como hay un punto donde la tráquea y el esófago (el tubo que lleva el alimento de la boca al estómago) se encuentran conectados, tenemos varios mecanismos encargados de cerrar la tráquea cuando realizamos el movimiento de tragar los alimentos. Si por algún motivo algo que no es aire está a punto de colarse en nuestra tráquea, empezaremos a toser para expulsarlo.

139 ¿SABÍAS QUE...?

Hubo un hombre que tuvo hipo durante 68 años. Se llamaba Charles Osborne, era un granjero estadounidense y entró en el libro Guinness de los récords.

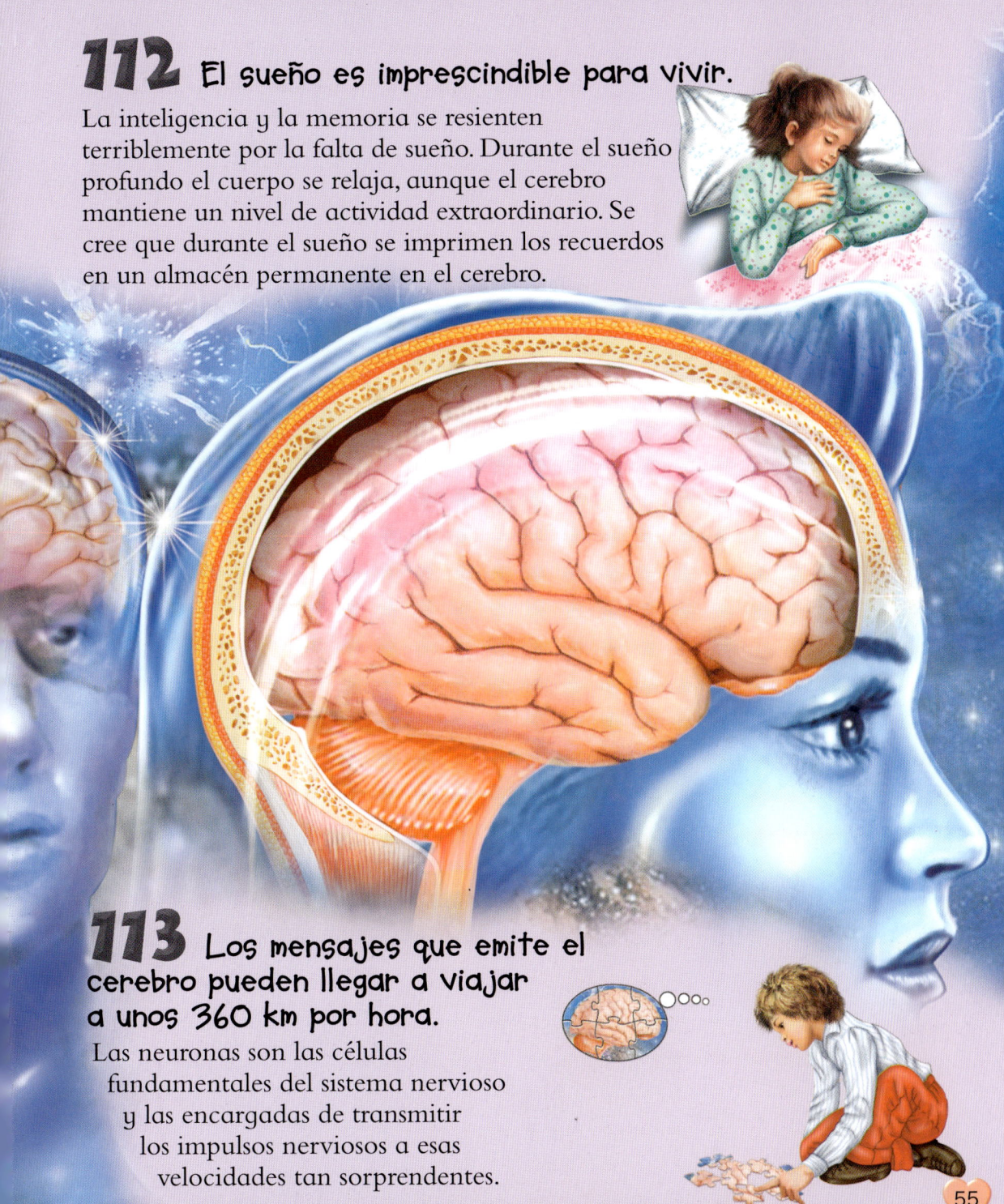

112 El sueño es imprescindible para vivir.

La inteligencia y la memoria se resienten
terriblemente por la falta de sueño. Durante el sueño
profundo el cuerpo se relaja, aunque el cerebro
mantiene un nivel de actividad extraordinario. Se
cree que durante el sueño se imprimen los recuerdos
en un almacén permanente en el cerebro.

113 Los mensajes que emite el cerebro pueden llegar a viajar a unos 360 km por hora.

Las neuronas son las células
fundamentales del sistema nervioso
y las encargadas de transmitir
los impulsos nerviosos a esas
velocidades tan sorprendentes.

Los cinco sentidos

114 La magia de los sentidos

Cinco son nuestros sentidos: la vista, el oído, el olfato, el gusto y el tacto. Nos servimos de ellos sin apenas darnos cuenta, porque estamos acostumbrados a que funcionen óptimamente. Gracias a nuestros sentidos podemos interactuar con el mundo: ver, saborear, oler, tocar, escuchar… ¡el mundo se abre ante nosotros!

115 El ojo funciona como las cámaras de fotos.

Tiene dos lentes, la córnea y el cristalino, que hacen que las imágenes que llegan al ojo se formen justo en la retina. Si se forman por delante o por detrás de ella vemos borroso, por eso el cristalino está rodeado de músculos que lo estiran o relajan según estemos viendo objetos más alejados o más cercanos.

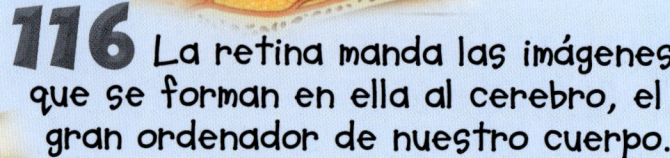

116 La retina manda las imágenes que se forman en ella al cerebro, el gran ordenador de nuestro cuerpo.

Aunque es finísima, en la retina caben ¡diez capas de células! Las encargadas de que veamos durante el día y distingamos los colores son unas células llamadas conos. Estas necesitan bastante luz para funcionar, por eso cuando estamos a oscuras no distinguimos los colores.

140 En la garganta están también las cuerdas vocales.

Nos permiten hablar gracias a que se abren y se cierran para modificar la cantidad de aire que pasa por ellas, dando lugar así los distintos sonidos de nuestra voz. Cuando hacemos mucho esfuerzo con la voz nos quedamos afónicos porque se inflaman las cuerdas vocales y no consiguen cerrarse del todo, de manera que el aire se escapa entre ellas y no se forma bien la voz.

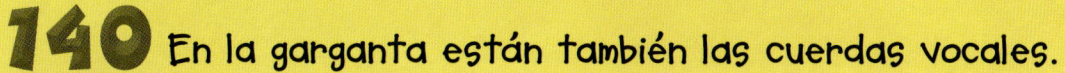

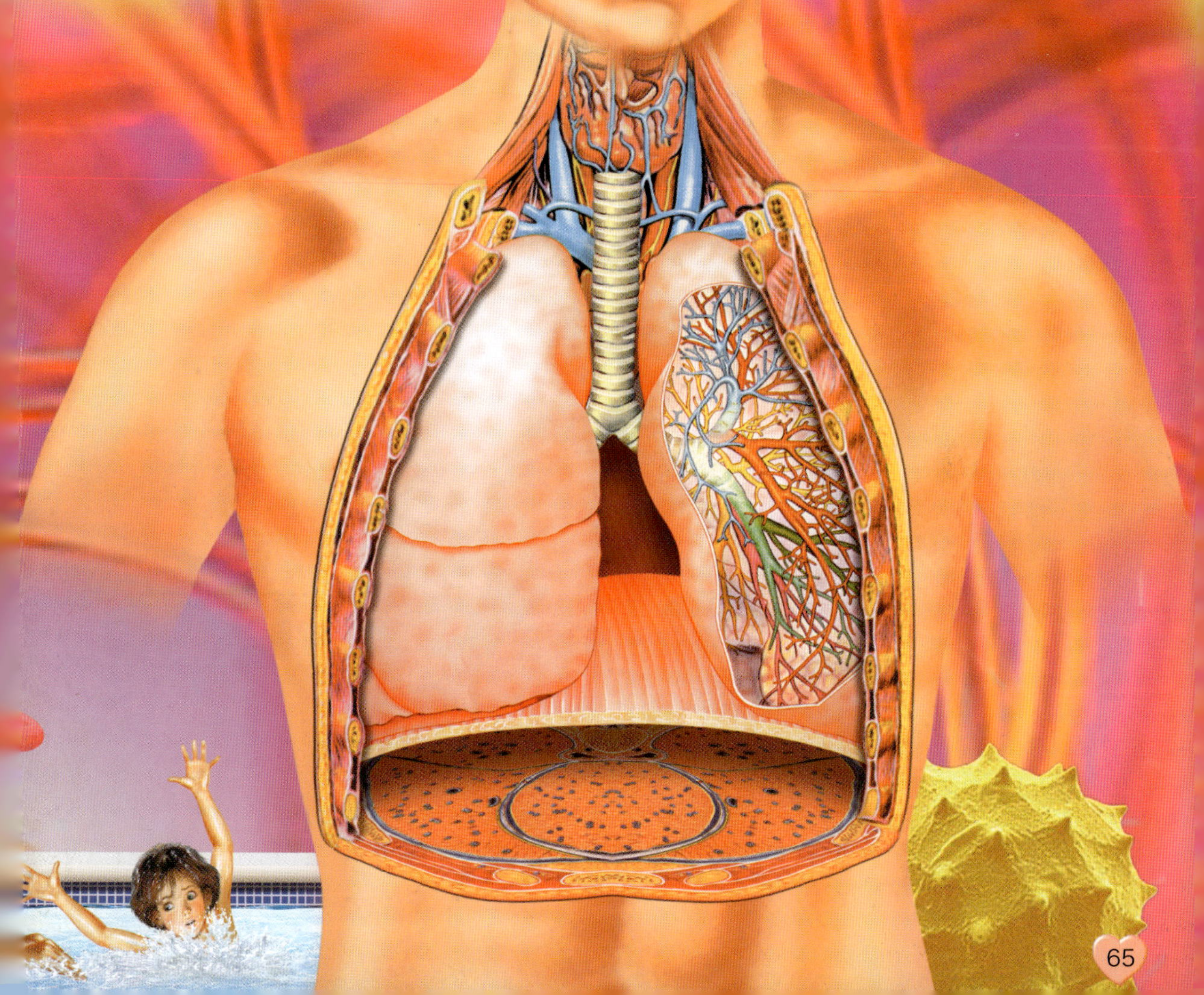

141 En nuestros pulmones pueden llegar a caber hasta 6 litros de aire.

No está nada mal para nuestro tamaño, aunque esto no nos permite permanecer mucho tiempo bajo el agua. Un mamífero que sí es capaz de aguantar largo tiempo bajo el agua es la ballena azul, que tiene una capacidad pulmonar 3.000 veces mayor que la nuestra.

142 ¡480 litros de aire cada hora!

En realidad, no movemos en cada respiración normal más que 0,5 litros, pero al hacer entre 14 y 20 respiraciones por minuto, ¡logramos mover 480 litros de aire cada hora! Y eso que al espirar hay una parte del aire que no llega a salir de nuestros pulmones.

143

Alveolos

Todo este aire en nuestros pulmones tiene un objetivo: llenar los alveolos.

Desde ellos pasa a los glóbulos rojos, que son los que reparten el oxígeno por el cuerpo. Los alveolos son como pequeños sacos que llenan todo el pulmón, dándole un aspecto de esponja. La superficie que forman estos sacos, si los juntáramos y estiráramos, sería como un campo de tenis.

144 Al entrar el aire en los alveolos, el oxígeno pasa a la sangre gracias a los capilares que rodean el alveolo.

Cuando sale el aire, se cierran los alveolos, volviéndose a abrir cuando vuelve a entrar aire. Su funcionamiento es como el de un globo que se infla y se desinfla varias veces. Pero lo más impresionante de todo es la enorme cantidad de «globitos» que tenemos… ¡600 millones de alveolos en nuestros pulmones!

145 La respiración no solo sirve para introducir oxígeno en nuestra sangre.

También sirve para que expulsemos el CO_2, una sustancia de desecho de nuestro cuerpo. También, y sin darnos ni cuenta, a través de la respiración llegamos a perder 350 ml de agua en forma de vapor.

146 El tabaco es la primera causa de muerte prematura en el mundo.

Mata cada año a casi 6 millones de personas en el mundo. Provoca hasta 29 enfermedades (respiratorias, cardiovasculares, etc.), de las cuales 10 son distintos tipos de cáncer. Su composición es escalofriante: contiene más de 2.000 sustancias dañinas, entre ellas amoniaco, arsénico, metano, alquitrán, cianuro…

La digestión

147 La digestión, un largo camino.

Su objetivo es transformar los alimentos (por ejemplo, un filete) en sustancias mucho más pequeñas que nuestro organismo pueda aprovechar (por ejemplo, proteínas). En este proceso tienen un papel fundamental las enzimas, auténticas «magas» microscópicas de nuestro cuerpo que consiguen transformar una sustancia en otra, dividirla, etc.

148 La digestión empieza en la boca.

No solo masticando y creando el bolo alimenticio, también mezclando los alimentos con saliva. La función de la saliva es hacer que el bolo sea más fácil de tragar y llegue al estómago sin arañar el esófago. También en la saliva encontramos las primeras enzimas de la digestión, que empiezan a transformar los hidratos de carbono.

149 Hay básicamente tres grupos de alimentos: hidratos de carbono, proteínas y grasas.

Los hidratos de carbono son los que más rápido nos dan energía en forma de glucosa. Las grasas dan energía, pero se utilizan solo cuando la glucosa se ha gastado, si no se quedan almacenadas como reserva. Las proteínas son los ladrillos que construyen las estructuras de nuestro cuerpo. No podemos olvidarnos tampoco de las vitaminas y los minerales.

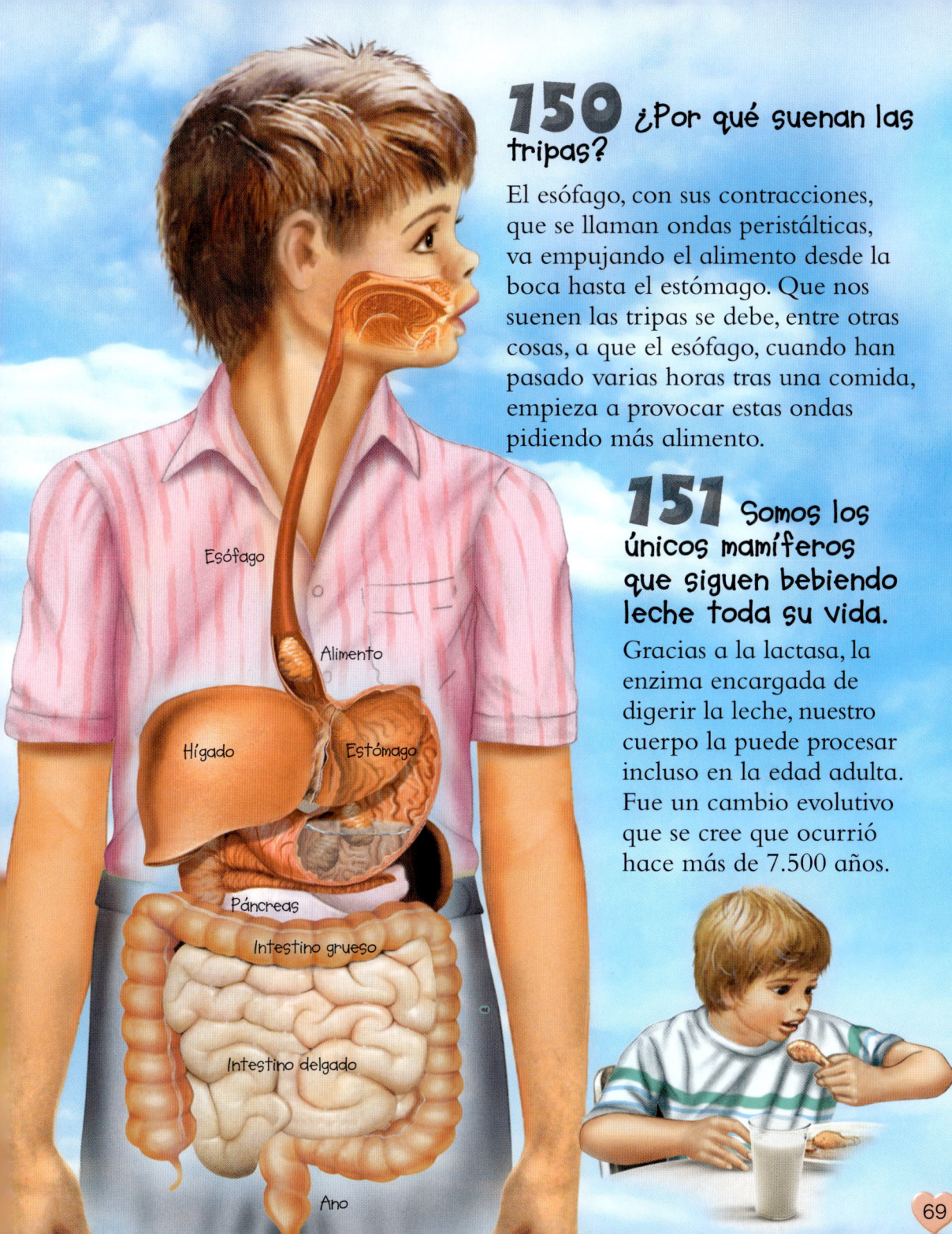

150 ¿Por qué suenan las tripas?

El esófago, con sus contracciones, que se llaman ondas peristálticas, va empujando el alimento desde la boca hasta el estómago. Que nos suenen las tripas se debe, entre otras cosas, a que el esófago, cuando han pasado varias horas tras una comida, empieza a provocar estas ondas pidiendo más alimento.

151 Somos los únicos mamíferos que siguen bebiendo leche toda su vida.

Gracias a la lactasa, la enzima encargada de digerir la leche, nuestro cuerpo la puede procesar incluso en la edad adulta. Fue un cambio evolutivo que se cree que ocurrió hace más de 7.500 años.

Esófago

Alimento

Hígado

Estómago

Páncreas

Intestino grueso

Intestino delgado

Ano

152 La batidora corporal

Cuando todo el alimento está en el estómago, la parte que lo une al esófago se cierra y esta «batidora» de alimentos empieza a machacar todo hasta formar una papilla fina que pasará al intestino delgado. La comida permanece aquí entre 1 y 4 horas, dependiendo de la cantidad y el tipo de alimentos que hayamos tomado.

153 El estómago se contrae con fuerza para preparar el alimento para el intestino.

Y además de hacer estos movimientos, también produce ácidos y enzimas que ayudan a deshacer el bolo alimenticio. Para que las paredes del estómago no se dañen con estos ácidos, segregan un tipo de moco que las mantiene aisladas y protegidas.

154 Aún más diminuto

Al intestino delgado llegan los alimentos ya muy digeridos. Aun así, aquí también hay enzimas que siguen actuando hasta que los alimentos quedan reducidos a sustancias tan diminutas que ya el intestino las puede absorber.

155
¿SABÍAS QUE...?
Una persona llega a producir 34.000 litros de saliva a lo largo de la vida.

156 Nutrientes rumbo al cuerpo

Los jugos que producen el páncreas y el hígado ayudan a digerir aún más los alimentos en el intestino para que sus paredes puedan absorber los nutrientes y pasarlos a la sangre: así se alimentan nuestros órganos.

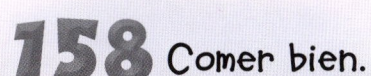

157 ¡Si desplegamos el intestino delgado, mide junos 6 metros de largo!

El intestino grueso es más corto, 1,5 m más o menos. Lo que llega a esta parte del intestino son los desechos de la digestión, que deben ser expulsados del cuerpo.

158 Comer bien.

Hay que evitar comidas demasiado grasas y muy abundantes. Una dieta equilibrada es fundamental para el correcto crecimiento. La vida sedentaria tampoco es nada saludable, pues las grasas no se queman y terminan por instalarse en nuestro cuerpo. Las personas obesas tienen muchos más problemas cardiovasculares, lo que implica mayor riesgo de infarto.

Los músculos

159 Por fuera y por dentro

Los músculos son los encargados de mover el cuerpo y representan el mayor porcentaje de nuestro peso corporal (40%). Muchas veces al pensar en ellos lo primero que nos viene a la cabeza son los que forman el aparato locomotor, los que mueven los brazos, las piernas… Pero también hay músculos en órganos internos como el corazón —que bombea la sangre— o el esófago —que mueve el alimento hacia el estómago.

160 Hay dos tipos básicos de músculos: estriados y lisos.

El estriado es el que contraemos de forma voluntaria y el músculo liso el que se contrae sin que nos demos cuenta, por ejemplo el músculo que forma la pared del estómago.

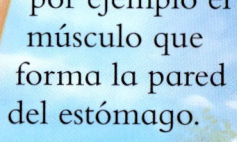

161 Extremos

El músculo más largo del cuerpo es el sartorio, que va desde la pelvis hasta la rodilla. Y el más corto es el del estribo, que mide 1,26 mm y está dentro del oído.

Músculo

162 Están unidos a los huesos mediante unas potentes fibras llamadas tendones.

Los músculos se contraen gracias a los impulsos que les llegan a través de los nervios. De hecho, si a un músculo no le llega ningún impulso nervioso, no solo no se mueve, sino que termina atrofiándose.

163 ¿SABÍAS QUE...?

Los músculos más fuertes son los maseteros, encargados de la masticación.

Miofibrilla

Cadena de proteínas

Células musculares

Los huesos, tipos duros

164 El esqueleto es el sostén de nuestro cuerpo.

Los huesos forman parte del aparato locomotor junto con los músculos que los mueven gracias a las articulaciones, las zonas de unión entre unos huesos y otros. También sirven de protección a los órganos más frágiles: el cráneo protege el cerebro, la columna vertebral la médula espinal, las costillas los pulmones y el corazón, etc.

165 En total, tenemos 200 huesos.

Aunque nacemos con más, pero no son los huesos definitivos: en su maduración poco a poco se van fusionando unos con otros, creciendo y osificándose hasta dar lugar a los huesos adultos.

Sin casco

Con casco

Otras fracturas son más limpias y solo se rompe el hueso.

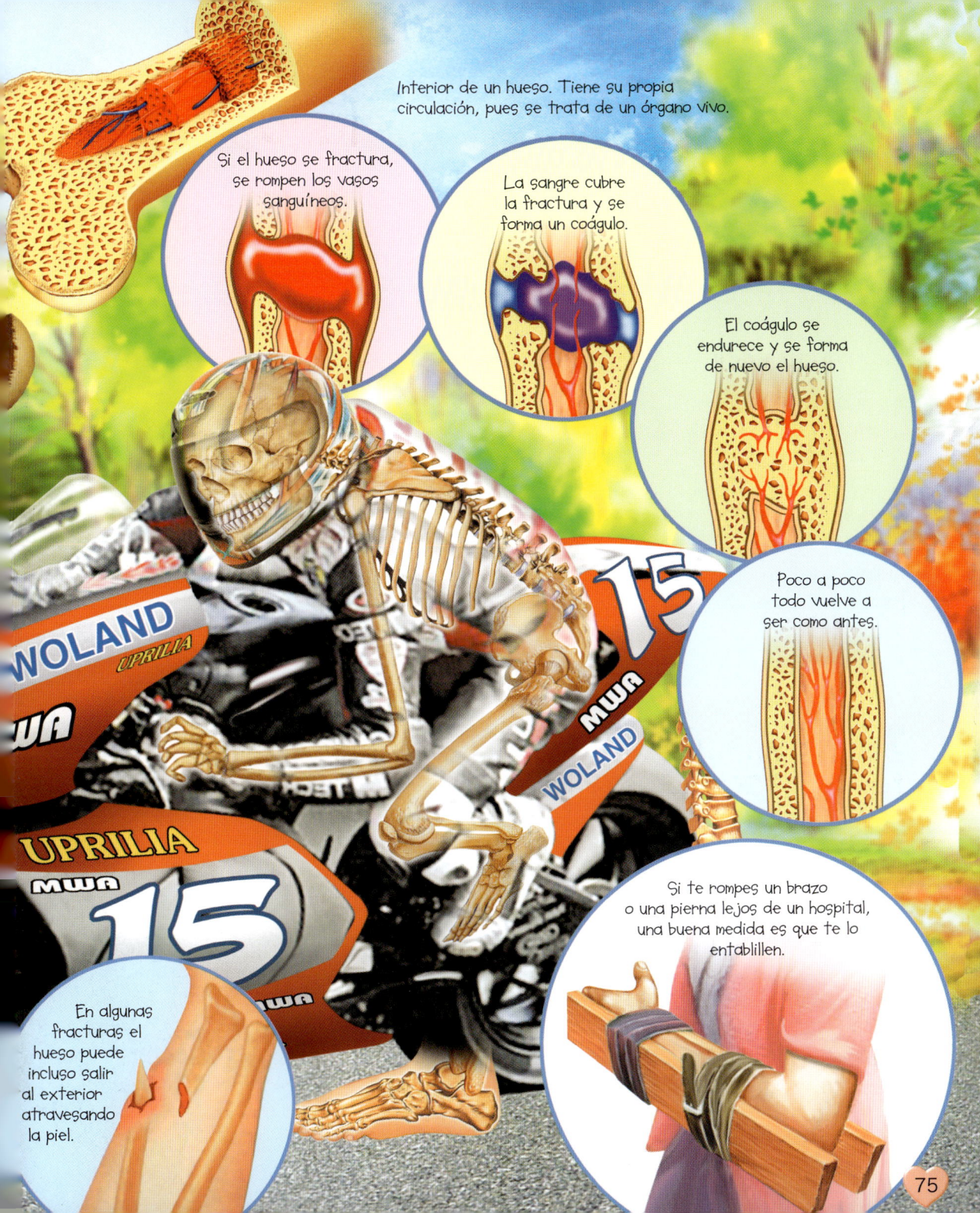

Interior de un hueso. Tiene su propia circulación, pues se trata de un órgano vivo.

Si el hueso se fractura, se rompen los vasos sanguíneos.

La sangre cubre la fractura y se forma un coágulo.

El coágulo se endurece y se forma de nuevo el hueso.

Poco a poco todo vuelve a ser como antes.

Si te rompes un brazo o una pierna lejos de un hospital, una buena medida es que te lo entablillen.

En algunas fracturas el hueso puede incluso salir al exterior atravesando la piel.

WOLAND
UPRILIA
WA

15
MWA
WOLAND

UPRILIA
MWA
15
MWA

75

166 Hay tres tipos de huesos: largos, cortos y planos.

Los largos nos dan información sobre el crecimiento. Están formados por un cuerpo llamado diáfisis y dos extremos llamados epífisis, entre los que se encuentra el cartílago de crecimiento. Esta zona de tejido más blando permite que aumente la longitud del hueso hasta que se completa el crecimiento del cuerpo; entonces el cartílago desaparece.

167 Los huesos se componen de una parte compacta y otra esponjosa.

La compacta está en el exterior del hueso y forma una superficie lisa y continua. La esponjosa está en el interior del hueso y su estructura consiste en láminas de hueso a modo de columnas con diferentes formas y direcciones. Entre estas láminas se encuentra la médula ósea, que forma las células de la sangre.

Las radiografías ofrecen una imagen clara del hueso.

168 El duro hueso esponjoso.

Aunque podría parecer el menos resistente, en realidad el hueso esponjoso es muy difícil de romper, ya que las láminas óseas que lo componen siguen la dirección de la presión que recibe el hueso, como si fueran las columnas de un edificio. De esta forma, un trozo de hueso puede aguantar pesos que destrozarían un trozo de cemento del mismo tamaño.

169 En el cráneo tenemos ocho huesos y trece en la cara.

Los huesos del cráneo no se mueven gracias a una unión muy fuerte llamada sutura. Así logran proteger firmemente el cerebro. En el recién nacido, sin embargo, estas uniones no se han terminado de formar, pues en el momento de nacer a veces se mueven unos huesos sobre otros para pasar por el estrecho canal del parto.

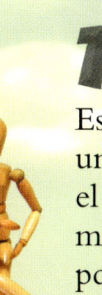

170 Mineralización

Es la guinda del pastel para tener unos huesos estupendos. Consiste en el aporte de calcio y fósforo, los dos minerales esenciales para el hueso.

171 La dentadura ha ido evolucionando para adaptarse a nuestra alimentación.

Tenemos 32 dientes, de los cuales 8 son incisivos (para cortar), 4 colmillos (para desgarrar), 8 premolares y 12 molares (para masticar). No necesitamos unas piezas dentarias tan numerosas ni tan grandes y afiladas como las de otros animales. ¡El tiburón blanco puede llegar a tener 3.000 dientes repartidos en varias filas!

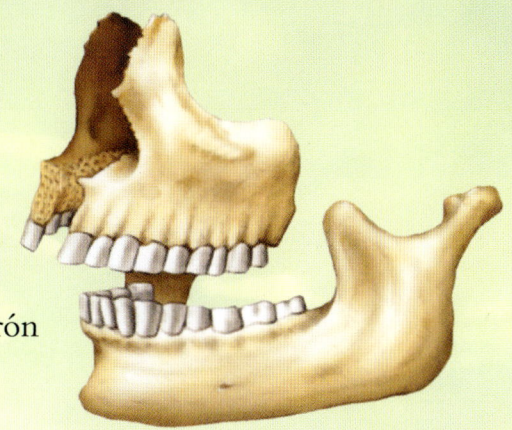

El hígado y los riñones

172 Los filtros de nuestro cuerpo eliminan las toxinas de la sangre.

¿De dónde vienen las toxinas? Para empezar, no todo lo que comemos es bueno para nuestro organismo, y no todos los desechos se eliminan por las heces. Hay algunos que llegan a absorberse y pasan a la sangre. Todo esto debe ser eliminado. ¿Quiénes se encargan? El hígado y los riñones.

173 Un exceso de alcohol acaba estropeando el hígado.

Hay sustancias que el hígado no puede eliminar, pero sí transformarlas un poco para que, o ya no sean tan dañinas o le sea posible al riñón eliminarlas. Es por esta función depuradora de toxinas que el alcohol afecta tanto al hígado: le hace trabajar en exceso y con el tiempo puede acabar dañándolo.

174 ¿SABÍAS QUE...?

Durante el primer trimestre del embarazo es el hígado del feto el que produce sus células sanguíneas.

El abuso del alcohol puede causar cirrosis hepática.

175 El hígado, la gran fábrica del cuerpo

Además de eliminar muchas toxinas de la sangre, el hígado es un almacén de glucosa, que produce a partir de otras sustancias si el cuerpo la necesita. También forma proteínas a partir de los elementos absorbidos en la digestión. Es la víscera más voluminosa del cuerpo humano y pesa 1,5 kg.

Hígado

176 El riñón, un órgano muy noble

Si el cuerpo fuera un barco en medio de la tormenta, el riñón sería el último en abandonarlo. Su fama la tiene bien merecida, pues siempre se adapta a las condiciones más desfavorables haciendo todo lo posible por mantener la correcta función del resto del cuerpo, aun a costa de trabajar él más o en peores condiciones.

Riñones

Uréter

Vejiga

177 La función del riñón

Es muy compleja pues, aunque parezca que solo produce la orina, esta función es mucho más complicada de lo que imaginamos. Además, entre otras cosas, se encarga de regular el pH del organismo, ayuda a controlar la presión arterial y sintetiza hormonas y vitaminas.

178 La vejiga puede contener hasta medio litro de orina.

La orina pasa a la vejiga a través de los uréteres y allí queda almacenada hasta que sentimos la necesidad de orinar y sale por la uretra.

179 Los riñones tienen que asegurarse de filtrar de la sangre las sustancias de desecho...

... sin que se les cuelen células o proteínas que sí necesitamos conservar. Lo que filtran en realidad es el plasma, la parte no celular de la sangre. Para hacernos una idea de cuánto trabajan: ¡a lo largo del día filtran 180 litros de plasma! Es decir, que los 3 litros de líquido plasmático de nuestro cuerpo pasan 60 veces al día por el filtro de los riñones.

180 No todo lo que se filtra pasa a la orina.

Si fuera así, ¡tendríamos que orinar 180 litros al día y nos deshidrataríamos! Tras ser filtrado, el plasma pasa por unos túbulos que absorben la mayoría del agua; y todas aquellas sustancias que se hayan filtrado y sean necesarias vuelven a la sangre. De esta forma en la orina solamente queda lo que debemos desechar.

181 ¡Menos mal que tenemos dos riñones!

Si uno de ellos se daña, podemos seguir viviendo con el otro. De hecho, hay personas (aunque es muy raro) que nacen solo con un riñón y ni se enteran. Cuando los dos están dañados es cuando se vuelve necesario que la diálisis la realice una máquina externa, que se encarga de limpiar la sangre de las toxinas de manera parecida a como lo hacen los riñones.

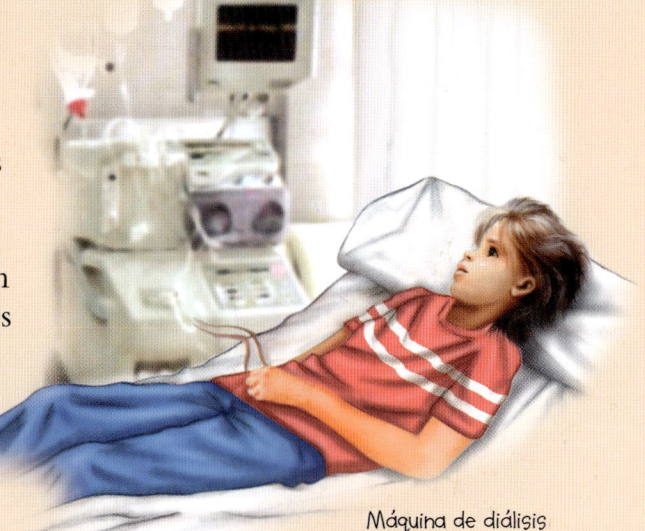

Máquina de diálisis

182

¿SABÍAS QUE...?

El primer trasplante de riñón se realizó en 1954. Se llevó a cabo entre gemelos para evitar cualquier rechazo.

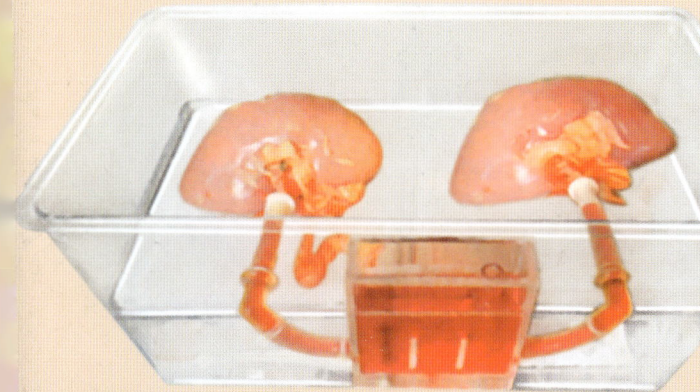

Riñones preparados para un trasplante

La maravilla de la vida

183 El proceso para dar lugar a una nueva vida comienza con la unión de dos células: el óvulo y el espermatozoide.

Son células especiales porque tienen la mitad de cromosomas que el resto de células de nuestro cuerpo, de manera que cuando se unen reúnen los 46 cromosomas que conforman el genoma humano, con información tanto paterna como materna.

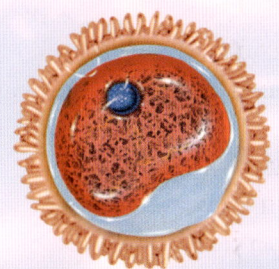

184 El cuerpo de la mujer sigue ciclos periódicos para la reproducción.

Los ovarios son los encargados de producir los óvulos y de liberar uno cada 28 días aproximadamente. El óvulo desciende por las trompas de Falopio hasta el útero, donde, en caso de ser fecundado, se desarrollará una nueva vida.

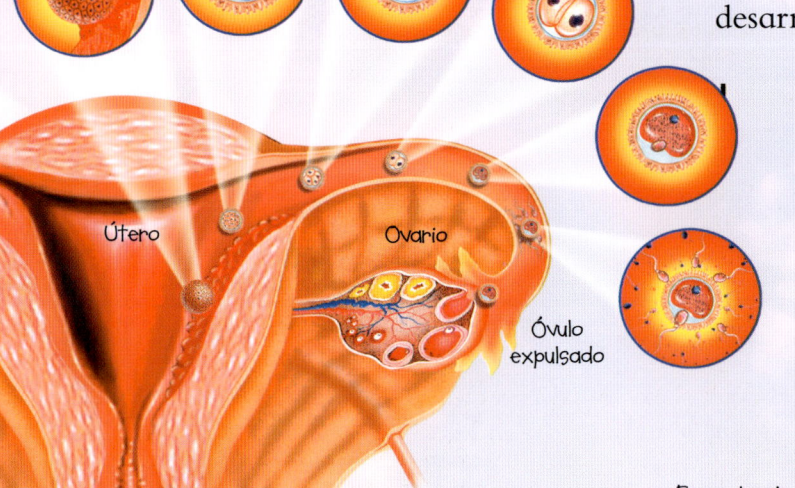

Útero

Ovario

Óvulo expulsado

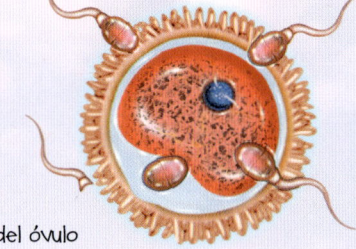

Fecundación del óvulo

185 Los ovarios preparan al cuerpo entero para un posible embarazo.

Los ovarios producen estrógenos y progesterona, que son unas hormonas que regulan procesos como el desarrollo de las mamas y preparan al cuerpo para albergar a un futuro ser humano.

186 Un cargamento valiosísimo

La mujer, cuando nace, ya ha creado alrededor de un millón de óvulos, que irán madurando con el tiempo. A los 12 años, estos se han reducido ya a unos 300.000, y a lo largo de la vida los ovarios liberarán en torno a 400 óvulos.

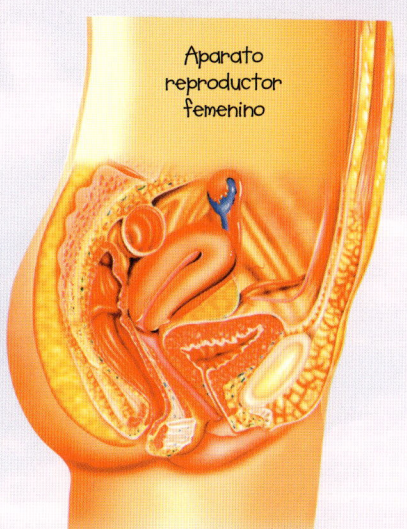

187 Los espermatozoides se producen en los testículos del hombre.

A diferencia de la mujer, el hombre no nace ya con un número determinado de espermatozoides, sino que empiezan a producirse a partir de la pubertad. Es un proceso continuo que dura hasta los 80-90 años y durante el cual se producen millones y millones de estas células.

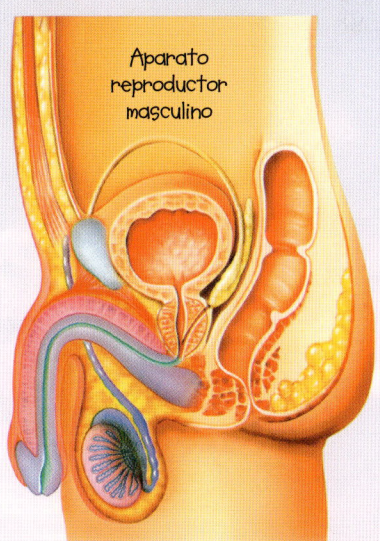

Aparato reproductor femenino

Aparato reproductor masculino

188 De entre cientos de millones de espermatozoides, ¡solo uno llega a fecundar el óvulo!

Los testículos producen espermatozoides y testosterona, la hormona sexual masculina, y liberan cerca de 300 millones de espermatozoides en cada eyaculación. Cuando uno logra fecundar el óvulo, este se blinda químicamente para impedir que entre otro espermatozoide. Justo en ese momento el espermatozoide pierde su cola.

189 La aventura de los espermatozoides en busca del óvulo puede durar hasta una semana.

Dentro del cuerpo de la mujer, los espermatozoides se mantienen vivos entre dos y siete días, y en cualquier momento pueden toparse con el óvulo y fecundarlo.

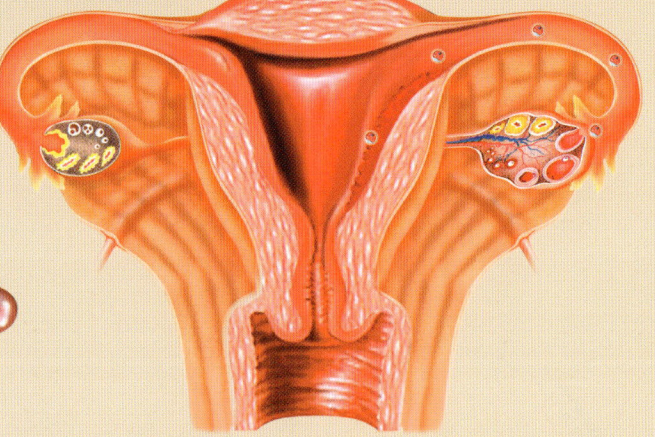

190 Huevo fecundado

Una vez que el espermatozoide fecunda al óvulo, se produce lo que se llama «huevo fecundado». En este momento comienzan a dividirse las células de manera que pasamos de las dos células iniciales a más de treinta… ¡en solo 4 días!

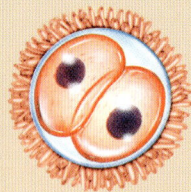 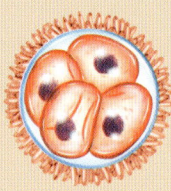 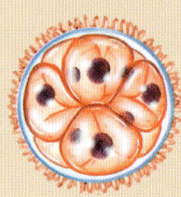 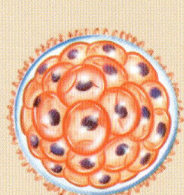 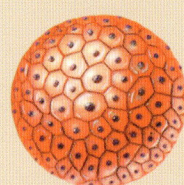 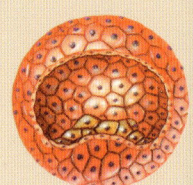

191 Un viaje de tres días por las trompas de Falopio

Una vez fecundado, el objetivo del óvulo es llegar al útero, en cuyas paredes se implantará para pasar los 9 meses de desarrollo. Durante ese viaje no deja de desarrollarse y a los seis días las dos células iniciales se habrán convertido en un embrión. Una nueva vida está por venir.

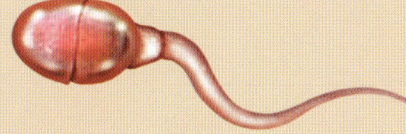

192 Gemelos, mellizos, trillizos...

A veces, el huevo fecundado se divide en dos partes, de manera que se desarrollarán dos gemelos idénticos. Cuando lo que ocurre es que en un mismo ciclo se han producido dos óvulos maduros y ambos son fecundados, se desarrollan dos embriones, dando lugar a mellizos, que tendrán el mismo parecido que pudieran tener dos hermanos de embarazos distintos. Si son tres los óvulos fecundados, nacerán trillizos.

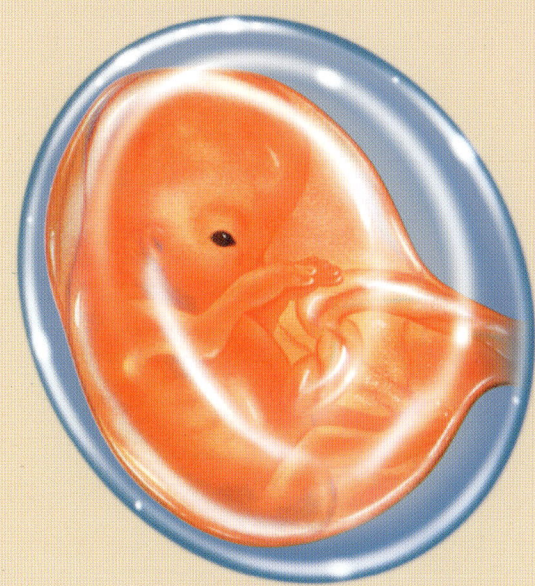

193 El momento en el que más cabezones somos.

Una vez que el huevo se acomoda en el útero, más o menos a los 14 días de fecundarse, se empiezan a desarrollar el embrión y su placenta. Desde este momento hasta la semana doce del embarazo se van diferenciando y esbozando los diferentes órganos. En este trimestre es en el que más cabezones somos: ¡la cabeza representa la mitad de nuestra longitud!

194 En el último trimestre el feto aumenta mucho su peso: de un kilo pasa a más de tres.

En esta fase también van a madurar los órganos que se han ido formando, de manera que se preparen para la vida en el exterior. El más importante de estos órganos es el pulmón.

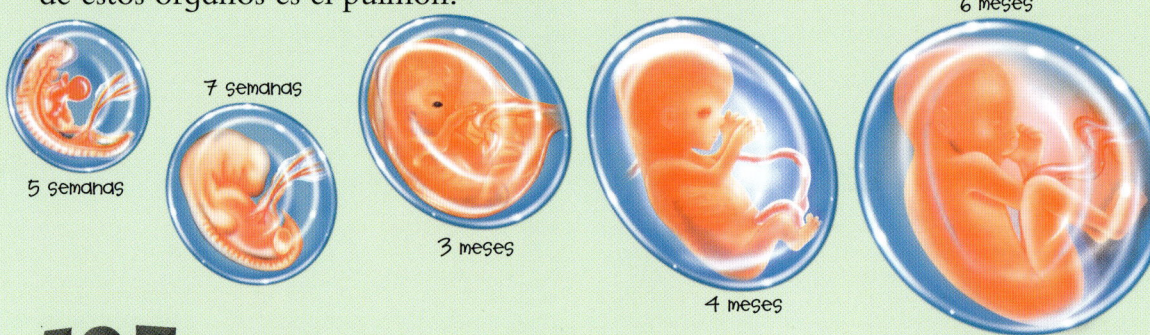

5 semanas

7 semanas

3 meses

4 meses

6 meses

195 El feto se desarrolla flotando en un líquido llamado líquido amniótico.

El volumen será mayor o menor en función de la cantidad de líquido que trague el feto y de la cantidad que orine. Seguramente habrás oído alguna vez, cuando una mujer se pone de parto, que «ha roto aguas». Esto significa que el feto ha roto la bolsa que lo rodea, dejando salir el líquido amniótico al exterior.

196 Un misterio

Algo que ha llamado mucho la atención a los científicos es por qué el feto no activa el sistema inmunológico de la madre. Técnicamente, es un cuerpo extraño para el organismo de la madre, porque son células distintas a las suyas. Pero, por diferentes mecanismos que están en estudio, el sistema inmunológico no ataca al feto, permitiendo su desarrollo.

197 Listos para venir al mundo.

Gracias a las contracciones del útero y a la dilatación de estructuras como el cuello del útero y la vagina, el feto puede salir al exterior en el parto. No es fácil, tiene que ir girando para adaptarse a las estrecheces de la vía de salida, pero finalmente lo logra y ya está listo para su nueva vida en el mundo exterior.

9 meses, momento del parto

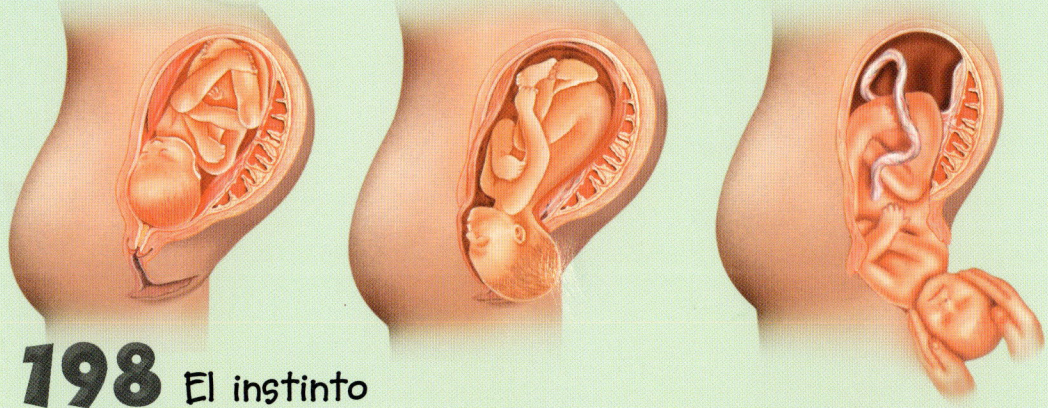

198 El instinto

Gracias al avance de la medicina, muchos de los partos complicados que puede haber se solucionan en el quirófano. Lo importante es que el bebé no sufra durante el parto, que no le falte oxígeno y que sea observado por un doctor en el momento crucial de pasar del medio acuático al terrestre. El recién nacido buscará instintivamente el pecho materno, pues a partir de ahora esa será su fuente de alimento.

ANIMALES ACUÁTICOS

Animales en el agua

199 Agua y vida

Alrededor de las zonas húmedas se reúnen ciertas especies que necesitan el agua para vivir y no solo para beber. Las libélulas, pese a vivir fuera del agua una vez que tienen alas, primero crecen durante años bajo el agua como ninfas.

200 Curiosa respiración

Las ranas tienen una respiración cutánea y necesitan mantener su piel húmeda para absorber del aire el oxígeno y expulsar el dióxido de carbono. Si una rana se seca durante mucho tiempo, acabará muriendo.

201 La favorita

En los ríos y lagos de agua dulce conviven peces, anfibios, insectos, aves y mamíferos acuáticos. La trucha común es la preferida por los pescadores deportivos, ya que es agresiva y tremendamente astuta… ¡A los osos y las nutrias también les encanta la trucha!

202

¿SABÍAS QUE...?

El caracol, lubricado con su baba, es capaz de desplazarse por el filo de un cuchillo sin cortarse.

Aguas pantanosas

203 Riqueza botánica

Un pantano está formado por una acumulación
de agua poco profunda en la que crece una abundante
vegetación acuática, con plantas sumergidas y flotantes.

204 Las temibles pirañas

Hay más de veinte especies, todas de agua dulce, y unas
son más temidas que otras. Aunque popularmente tienen
una fama espeluznante, tal vez por sus afilados dientes y
su aspecto malhumorado, no son tan agresivas como
parecen y solo atacan para alimentarse o defenderse.

205 Serpientes acuáticas

Estos reptiles, según de qué especie sean,
cazan su alimento sirviéndose de su mordedura
venenosa o asfixiando a su presa enroscándose
con fuerza en su cuerpo. Son
carnívoras y se alimentan de peces,
aves, anfibios,
insectos o incluso
mamíferos.

206 Las milenarias tortugas

Las tortugas acuáticas tienen las extremidades adaptadas en forma de aletas para facilitar su desplazamiento en este medio. Tienen fama de glotonas y su dieta suele incluir peces, insectos y plantas acuáticas. Son famosas por la cantidad de años que viven; ¡en algún caso han llegado a cumplir los 200 años!

207 Terroríficos cocodrilos

Son los reptiles más grandes que existen. Poseen unos sensores en las mandíbulas que les permiten detectar peligros y presas en total oscuridad. Viven en el agua o cerca de ella, y a pesar de su corpulencia son unos rápidos nadadores... ¡casi no se les ve acercarse!

Arrecifes de coral

208 Bello y necesario

El arrecife de coral es uno de los ecosistemas más productivos que conocemos y la diversidad de las especies que lo forman es solo comparable a la que existe en los bosques tropicales. A simple vista parecen hermosos jardines sumergidos en el océano, pero sirven de hogar a gran variedad de animales que pueblan sus aguas y crean un hábitat imprescindible también para muchas aves marinas.

209 Simbiosis

Se denomina así la relación física de colaboración entre dos o más individuos en la que todos obtienen algún beneficio. Se da en todos los ecosistemas del planeta y los arrecifes de coral son un ejemplo estupendo de ello, como vamos a ver.

210 La anémona de mar

Aunque debe su nombre a su parecido con la colorida planta terrestre, este animalito pasa la mayor parte de su vida fijado a las rocas o arrecifes, esperando a que algún pez se le acerque para capturarlo con sus tentáculos venenosos. Sin embargo, como veremos a continuación, puede llegar a ser muy maja cuando le interesa…

Anémona de mar

211 La anémona y el pez payaso

Este pez tiene una mucosa que le protege del veneno paralizante de la anémona, lo que le permite vivir y refugiarse entre sus tentáculos. A cambio, la anémona aprovecha los restos de comida del pez payaso, y agradece lo limpitos que le deja los tentáculos al deslizarse entre ellos.

212 Los corales

A pesar de su apariencia vegetal, se trata de animales con estructura simple que se alimentan principalmente de plancton. Algunos establecen relación simbiótica con un tipo de algas, a las que aportan nutrientes y alojamiento seguro a cambio de la energía que estas producen al realizar la fotosíntesis.

213 El pez ballesta payaso

Tan bonito como el paraje en el que vive, ¿verdad? Sin embargo, este agresivo pez intimida a sus enemigos con las espinas que tiene en la base de la cola, que no duda en utilizar para cazar o defenderse.

214 Pez manta

Es uno de los animales acuáticos más grandes, solo superado por los tiburones y las ballenas. Tiene una elegante forma de nadar y realiza saltos asombrosos. Se alimenta de plancton, peces y calamares.

215 La tortuga laúd

Es una de las tortugas más antiguas y más grandes del mundo. Gracias a sus potentes aletas delanteras, puede sumergirse hasta 1.500 m de profundidad en busca de alimento. Sus platos preferidos: medusas, peces, crustáceos y algas.

216 La barracuda

También conocido como «tigre de los mares», es un pez depredador con potentes mandíbulas provistas de dos hileras de dientes afilados con los que desgarra a su presa. Le encantan los jureles y las sardinas, pero también come otros peces que resultan venenosos para el ser humano.

217 El pez papagayo

Recibe este nombre por sus alegres colores y por sus dientes, que están agrupados y tienen un aspecto semejante a un pico. Necesita roer coral y rocas para extraer las algas que le sirven de alimento, y luego los tritura con otros dientes que tiene en la garganta.

218 El pez cirujano

Con este término se designa a más de setenta especies, cada una con sus peculiaridades, pero a la mayoría les gusta comer crustáceos y algas. Todos los peces cirujano deben su nombre a unas cuchillas muy afiladas que poseen en la parte de la cola y que despliegan cuando se sienten amenazados.

219 Hombres rana

Se les llama así por el aspecto que presentan con el traje de submarinismo puesto. Son los profesionales que bajan a las profundidades. Para llevar a cabo su tarea necesitan realizar cursos de formación apropiados para desenvolverse en un medio que no es el del hombre. Los arrecifes de coral son un auténtico imán para los buceadores.

Fieras acuáticas

220 Los más temidos

El mar también está poblado de otras especies menos amables, con las que los seres humanos procuramos guardar las distancias, bien por su forma, tamaño y voracidad, o bien por el veneno que expulsan cuando se sienten amenazadas.

221 Las medusas

Estos animales marinos de cuerpo gelatinoso poseen unos tentáculos con diminutas cápsulas venenosas, aunque la gravedad de la intoxicación que producen varía según la especie. Se alimentan de pequeños peces y de otras medusas.

222 El pez escorpión

Vive semienterrado en el fondo del mar, pero cuidado con molestarle, porque tienen unas espinas venenosas que inyectan una toxina que puede llegar a ser letal. Es nocturno y se alimenta básicamente de crustáceos y peces pequeños.

223 ¿SABÍAS QUE...?

Los tentáculos de algunas medusas son tan venenosos que, tras morir el animal, siguen resultando tóxicos durante semanas.

224   La escurridiza morena

Este predador posee un cuerpo de serpiente que puede llegar a medir 1,5 m de largo. Vive en las grietas de las rocas y muerde cuando se enfada produciendo un dolor intenso, aunque sin ninguna gravedad para el ser humano.

225   El pez sierra

Su particular hocico desempeña una doble función: por una parte, los sensores que contiene detectan el más leve movimiento a metros de distancia y, además, resulta una herramienta imprescindible para la defensa y el ataque.

226   Pez espada

Durante las horas de sol prefiere sumergirse en las profundidades, ascendiendo a la superficie en cuanto empieza a caer la tarde. Es capaz de comer todo lo que captura y su alargada mandíbula consigue asustar a sus peores enemigos.

Los tiburones

227 ¡Más antiguos que los dinosaurios!

Estos peces, famosos como depredadores, llevan habitando el planeta Tierra desde hace más de cuatrocientos millones de años, aunque han ido evolucionando hasta nuestros días para adaptarse a las circunstancias.

228 El tiburón blanco

Su boca grande y redondeada permanece siempre entreabierta mostrando con expresión amenazante sus enormes dientes en forma de sierra. Tiene los sentidos muy desarrollados y puede detectar el olor de unas gotas de sangre a kilómetros de distancia...

229 El megalodón

Es una especie de tiburón extinguida, pero, por los restos que se han encontrado, parece que se trataba de una auténtica bestia marina. Sus dientes medían unos 20 cm y se cree que duplicaba en tamaño a los grandes tiburones blancos de la actualidad.

230 El tiburón anguila

Se dice que es un fósil viviente porque todavía conserva
características de sus orígenes remotos. Puede llegar a
alcanzar una longitud de 4 m. Tiene las mandíbulas
grandes y muy flexibles, lo que le permite tragar a sus
presas enteras. Se alimenta
de cefalópodos, peces y
otros tiburones.

231 El tiburón ballena

Es el pez más grande del mundo: puede alcanzar los 12 m de longitud.
Se alimenta mediante un sistema de filtración del agua:
succiona gran cantidad de agua con plancton, algas y krill,
y posteriormente retiene el alimento y expulsa el agua
a través de sus peines
branquiales.

232 El tiburón martillo

Como tienen los ojos colocados en los extremos de su cabeza plana y alargada, con solo echar un vistazo consiguen observar todo lo que ocurre a su alrededor. Sus dientes en forma de gancho están muy, pero que muy afilados.

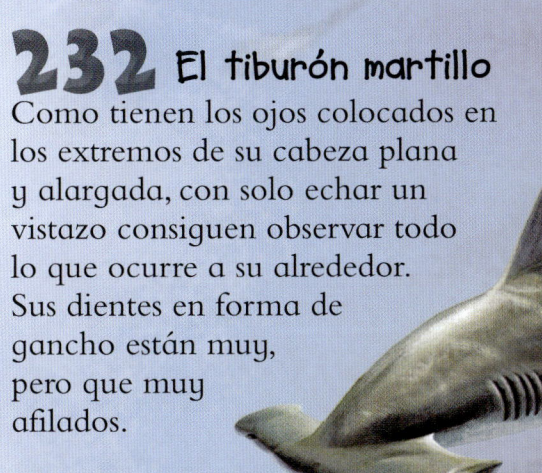

233 El tiburón alfombra

El cuerpo plano y las barbas tan curiosas que rematan su boca le dan un aspecto inconfundible. Se asienta sobre rocas o arrecifes, camuflándose con el entorno, y en cuanto su presa se acerca nadando, abre su enorme boca y… ¡zas! Uno menos en el mar…

234 ¿SABÍAS QUE…?

El vientre del tiburón martillo es de un tono claro, por lo que, visto desde abajo, se confunde con el brillo de la luz en la superficie.

235 El tiburón duende

Llama la atención su característico hocico, plano y alargado. Tiene los ojos en el frente y los dientes largos y puntiagudos. Se alimenta de peces, crustáceos y cefalópodos.

236 La pailona

Se ha encontrado a este tiburón nadando entre los 200 y los 3.600 m de profundidad, ¡impresionante! Las hembras son ovovivíparas y pueden llegar a parir hasta 17 crías de una vez. Le encanta comer peces (entre ellos otros tiburones) e invertebrados.

237 ¿SABÍAS QUE...?

¡La mayoría de los tiburones no pueden cerrar los párpados!

238 El tiburón boreal

Vive principalmente en el norte del océano Atlántico y en el océano Glacial Ártico. Es uno de los tiburones más grandes: su peso ronda los 1.500 kg. Suelen alojarse en sus ojos unos parásitos bioluminiscentes que se alimentan de tejido ocular. Su dieta se centra principalmente en peces, calamares y mamíferos marinos.

239 La cañabota gris

Alucina: ¡las hembras pueden gestar hasta cien embriones a la vez! Tiene una fila de dientes en la mandíbula superior y nada menos que seis filas en la inferior. El mayor ejemplar cazado pesaba alrededor de ¡1.000 kg!

240 El tiburón cigarro

Es uno de los tiburones de menor tamaño, ya que mide entre 10 y 50 cm, aunque ataca a presas mayores que él utilizando la siguiente técnica: forma una ventosa con la boca y se agarra a la piel de su víctima con sus pequeños y puntiagudos dientes. Después gira para cortar trozos circulares de carne. Es de color marrón oscuro, pero tiene unos órganos luminosos en la zona ventral que emiten una luz verdosa.

241 El marrajo del norte

Es un tiburón robusto, con el hocico cónico y puntiagudo. Entre sus presas favoritas se encuentran peces —incluso otros tiburones— y calamares. La hembra del marrajo es otro ejemplo de tiburón ovovivíparo.

242 ¿SABÍAS QUE...?

Los tiburones captan pequeñas cantidades de sangre a kilómetros de distancia.

Auténticas «animaladas»

243 Todo es posible...

Los peces nadan, las aves vuelan, los mamíferos corretean…
¿o no siempre actúan así? A continuación vamos a conocer
a peces que vuelan, mamíferos
gimnastas y especies que, a
pesar de su enorme tamaño,
son ágiles y escurridizas.
¿Te lo puedes creer?

244 El pez volador

Tiene unas aletas
pectorales tan grandes que
le permiten saltar y planear
a lo largo de más de 50 m, y
es tan veloz que incluso llega a
alcanzar los
60 km/h. Utiliza esta ventaja para
huir de situaciones de peligro.

245 El cachalote

Este mamífero es famoso por tener el cerebro más grande de todo el reino animal. ¡Su descomunal tamaño puede llegar a alcanzar los 20 m! Aunque mantiene una alimentación muy variada, no se puede resistir a un buen pulpo o a un sabroso calamar.

246 El más listo

El delfín es una de las especies más inteligentes que habitan el planeta y tiene fama de ser muy sociable con el resto de animales, especialmente con los humanos. Estos mamíferos se comunican a través de ultrasonidos y les encanta saltar y jugar.

247 ¿SABÍAS QUE...?

Los delfines a menudo se utilizan en terapias para personas con depresión, pues dicen que nadar con ellos y acariciarlos resulta muy beneficioso.

248 Más grande todavía

Esta es la ballena azul, el mamífero marino más grande de todos los tiempos, ya que puede alcanzar los 30 m de longitud y las 150 toneladas de peso. Para alimentarse, abre la boca y la llena con la mayor cantidad de agua posible. Después la cierra y expulsa el agua a través de unas barbas donde queda atrapado su alimento (plancton y krill).

249 El calamar gigante

Es el animal con la tasa de crecimiento más rápida, pues crece de 3 a 5 cm… ¡cada día! Llega a alcanzar unos 14 m de longitud y se desplaza propulsando agua. Las ventosas de sus tentáculos consiguen retener incluso a la presa más escurridiza.

250

El más veloz

Este es el pez vela, el más rápido del océano, que llega a alcanzar los 110 km/h a pesar de sus 100 kg de peso. Se alimenta de otros peces, pulpos y calamares.

251

¿SABÍAS QUE…?

¡El corazón de la ballena azul llega a pesar 600 kg!

¡Qué frío!

252 Adaptarse al clima más duro

Los animales que viven en las regiones polares han tenido que adaptarse al intenso frío y a la escasa vegetación que consigue brotar en esas latitudes. Vamos a descubrir cómo en estas zonas gélidas se encuentran ecosistemas que se rigen por sus propias normas.

253 La beluga

Estos mamíferos habitan en las frías costas del Ártico y se alimentan de peces, crustáceos y gusanos. Su sentido del oído está muy desarrollado y utilizan los sonidos para comunicarse, detectar respiraderos y también para cazar.

254 La foca

Este mamífero marino es capaz de sumergirse hasta grandes profundidades con el fin de encontrar comida. Utiliza sus afilados dientes para cazar, pero se traga a sus presas sin masticar. El pescado es su principal fuente de nutrientes.

255 El oso polar

Se suele incluir entre los mamíferos marinos porque vive en los hielos del mar durante la mayor parte del año. Para mantener el calor está cubierto de una gruesa capa de grasa bajo la piel y tiene un denso pelaje formado por multitud de pelos huecos que le sirven de aislante térmico.

256 Grande y ágil

A pesar de su tamaño, de unos 600 kg de peso y más de 2 m de largo, los osos polares nadan muy bien y no se cansan fácilmente. Su plato favorito: las focas, aunque tampoco hacen ascos a peces, moluscos, aves y crustáceos.

257 ¿SABÍAS QUE...?

La orca es la especie más grande de delfínido. Un macho adulto puede alcanzar 5,5 toneladas de peso y hasta 9 m de longitud.

Narval

Morsa

Foca

111

258 El narval

¿Has visto qué colmillo tan largo? ¡Puede llegar a medir 2 m y pesar 10 kg! El narval se alimenta de todo tipo de animales del fondo marino. Vive en los bloques de hielo y los osos polares son sus peores enemigos.

259 Los pingüinos

Se encuentran solamente en el hemisferio sur. Son incapaces de volar porque utilizan sus alas como aletas, pero nadan y bucean con enorme habilidad. Existen más de quince especies, que se diferencian entre sí básicamente por su apariencia, como el pingüino emperador o el pájaro bobo. Les encantan los peces.

260 El pingüino emperador

Es el pingüino más grande, pudiendo llegar a sobrepasar el metro de altura. Le gusta vivir en grupo y tiene su propio código de llamadas para localizarse y distinguirse entre cientos de ejemplares. Se divierte nadando y deslizándose sobre su vientre.

261 El pájaro bobo

Nada con agilidad, pero cuando sale del agua su manera de caminar resulta torpe y cómica. Debe su nombre a la facilidad con la que se le caza, ya que apenas se resiste.

262 La morsa

Este mamífero acuático utiliza sus bigotes como sensores para reconocer el entorno y detectar a sus presas y enemigos. Sus característicos colmillos no le dejan de crecer en toda la vida: ¡pueden llegar a medir 1 m de largo!

263 El elefante marino

Este curioso mamífero debe su nombre a su peculiar hocico extensible, semejante a una trompa corta. Los machos pueden llegar a pesar varias toneladas; sin embargo, las hembras no suelen sobrepasar la tonelada.

264 El león marino

Es capaz de permanecer bajo el agua 40 minutos antes de subir a la superficie para tomar oxígeno. Este mamífero marino es carnívoro y prefiere vivir en grupo.

Los más curiosos

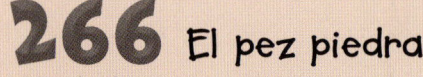

265 Lo inimaginable

Si ponemos en marcha nuestra imaginación tal vez consigamos inventarnos animales como los que vamos a ver a continuación… pero en muchos casos la realidad supera a la ficción. Existen en todos los océanos del planeta Tierra, pero a menudo pasan inadvertidos.

266 El pez piedra

¿Verdad que parece una roca tallada por un escultor en un mal día? Pues cuidado con molestarle, porque sus aletas están recubiertas de púas repletas de veneno.

267 El dragón de mar

Hay muchas especies y su tamaño varía desde los 15 hasta los 30 cm. Se alimentan de pequeños organismos y crías de peces. ¡Parecen algas flotando!

268 El pez luna

Este pez, al que parece que alguien le arrancó la cola de un bocado, es el más pesado del océano —1.000 kg de media—, pues posee un auténtico esqueleto óseo. Le encantan las aguas templadas y para merendar le gustan las medusas.

269 El pez erizo

No son muchos los que se atreven a meterse con él, ya que cuando se siente amenazado traga agua o aire y se infla como una pelota… ¡duplicando su tamaño! Además, su cuerpo está recubierto de afiladas espinas, venenosas en algunas especies…

270 El pez globo

Puede confundirse con el pez erizo, pero sus aletas pectorales son más estrechas. Eso sí, no es menos peligroso: si algún depredador decide hincarle el diente, esta será su última comida, pues el veneno que contienen sus órganos acabará con su atacante en menos de una hora.

271 Los duros peces cofre

Parecen pequeñas cajas nadadoras y tienen fama de ser sociables y pacíficos. A simple vista nadie sospecharía la cantidad de veneno que contiene su carne. Se alimentan de algas, peces y microorganismos.

272 El pez mariposa

Verlo nadar con sus brillantes colores y su elegante porte es todo un espectáculo. Existen más de cien especies y muchas de ellas se caracterizan por tener un gran lunar negro que imita a un ojo: esto les sirve para confundir a sus depredadores. Con su hocico largo y fino, picotea entre las rocas y corales en busca de gusanos y pequeños invertebrados.

273 ¡Todo un equipo!

El pez mariposa establece una perfecta simbiosis con los camarones, quienes se encargan de limpiarle la piel de parásitos, ayudando así a cicatrizar sus heridas. A cambio, los camarones obtienen alimento de forma fácil.

274 ¿SABÍAS QUE...?

Oxymonacanthus longirostris es uno de los peces más bellos, parece una auténtica obra de arte. Vive en los arrecifes de coral.

Zanclus cornutus (ídolo moro)

Oxymonacanthus longirostris

En las profundidades

275 ¿Ciencia ficción?

Vamos a sumergirnos a profundidades de más de 2.000 m para observar la fauna abisal. Los animales que viven en estas zonas no suelen subir a la superficie, y muchas especies siguen siendo un misterio para la ciencia…

276 Bioluminiscentes

Como la luz solar no llega más allá de los 600 m de profundidad, estos ejemplares viven en la más absoluta y fría penumbra. La mayoría son bioluminiscentes, es decir, producen su propia luz; unas veces les sirve para cazar, otras para escapar y en ocasiones utilizan esta capacidad para identificarse con ejemplares de su misma especie.

277 El gusano tubícola

Se trata de un invertebrado marino que se aloja dentro de un tubo blanco. Su altura media es de aproximadamente 1,5 m y puede llegar a vivir más de 150 años. Es un auténtico superviviente, ya que vive en zonas profundas con escasez de oxígeno y a temperaturas extremas…

278 Otra simbiosis

Como el gusano tubícola no tiene aparato digestivo, protagoniza un bonito ejemplo de simbiosis con las bacterias que viven en su cuerpo: ellas le ayudan a sintetizar el alimento y el gusano tubícola les proporciona azufre para que obtengan energía.

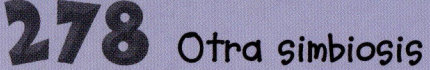

279 El pez hacha luminoso

Con los órganos luminosos que tiene situados en ambos laterales va deslumbrando a todo ser vivo con el que se cruza. Su cuerpo está compuesto por una especie de placas, lo que le permite ensancharse para comer presas más grandes que él.

280 El pez trípode

Sus alargadas aletas pélvicas le sirven para asentarse en el fondo del mar, y las pectorales le ayudan a llevarse el alimento a la boca. ¡Cuidado, crustáceos, que el pez trípode os está esperando!

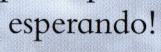

281 El pez linterna

Gracias a las bacterias fosforescentes que
habitan en su cuerpo ilumina el fondo
marino como si fuera un farolillo en movimiento. Su
potente luz puede verse a varios metros de distancia. Este pez
no duda en subir a la superficie en busca de alimento.

282 El rape abisal

Utiliza su antena luminosa para atraer a sus presas.
Gracias a su gran boca y a su estómago
expansible es capaz de engullir
animales que tengan incluso el
doble de su tamaño. Es el pez
con los dientes más largos en
proporción al tamaño de su
cuerpo.

283 ¿SABÍAS QUE...?

La mayoría de estos peces son
ciegos y utilizan otros sentidos
para percibir
el entorno.

284 El pez víbora

Cuenta con centenares de puntos bioluminiscentes en
el interior de su cuerpo y al final de su aleta dorsal. Mide
poco más de un palmo, pero sus enormes dientes con forma
de agujas curvadas le dan un aspecto de lo más temible.

Su peor amenaza

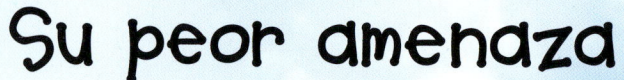

285 La contaminación agrícola

Para facilitar el cultivo de alimentos se utilizan fertilizantes y pesticidas que llegan al agua arrastrados por la lluvia. Esto provoca una disminución de la cantidad de oxígeno en ríos y océanos y, poco a poco, causa la muerte de las especies acuáticas.

286 Pequeños desechos

Los plásticos y latas de refrescos que no se arrojan al correspondiente contenedor para su reciclaje suponen un gran peligro para todos los animales, ya que intentan comérselos creyendo que son alimentos y su organismo no es capaz de digerirlos.

287 La contaminación industrial

En esta categoría los residuos más peligrosos son los nucleares que se almacenan en barriles y se depositan en fosas marinas. Otras veces se vierten, por accidente o descuido, materiales altamente contaminantes como el petróleo, el aceite y otros compuestos químicos.

288 La pesca ilegal

Por los beneficios económicos que reporta, la pesca ilegal de especies protegidas es otro gran problema que ha llevado a la ballena azul y a otras especies a estar en peligro de extinción.

ANIMALES TERRESTRES

Sabana y selva africanas

289 Hogar de los más grandes

En la sabana africana, de inmensa superficie y enormes praderas, habitan las especies terrestres más grandes del planeta. ¡El elefante puede llegar a medir hasta 4 m de alto y pesar tanto como un camión! Su asombrosa trompa tiene casi 100.000 músculos y en libertad el elefante puede llegar a vivir más de 70 años.

Ñu

290 En manadas

Gacelas, ñus y cebras son especies que viven en manadas en las sabanas. A veces, como en el caso de los ñus cuando emigran, ¡esas manadas están compuestas por miles de individuos! Esto garantiza que gran parte del grupo se mantenga a salvo de los depredadores. Las gacelas y las cebras, en su huida, alcanzan velocidades de vértigo.

Cebra

291 Enormes herbívoros

Las jirafas son campeonas en altura, pues su largo cuello las eleva hasta los 5,5 m y así pueden alcanzar las hojas más altas. Los grandes, pesados y fieros hipopótamos son, con permiso de los cocodrilos, los dominadores de los ríos, y los rinocerontes son, tras los elefantes, los animales más grandes e imponentes.

292 Felinos dominantes

El león es el rey, el más poderoso de los mamíferos africanos, ¡aunque la leona es la que hace todo el trabajo de cazar! El guepardo es el animal terrestre más veloz: llega a alcanzar los 115 km/h, ¡como un coche en una autopista! El leopardo es precavido y devora a sus presas en lo alto de los árboles.

293 Otros protagonistas

Las hienas y los enormes buitres «limpian» los parajes de la carroña que abandonan los depredadores. Las hienas, además, son muy inteligentes y mantienen una guerra sin cuartel con los leones. Pero la mordedura más potente la tienen los cocodrilos que pueblan los ríos.

Leopardo

Hiena

294 ¿SABÍAS QUE...?

El avestruz es el ave más grande y pesada que existe, ¡pero sus 180 kg le impiden alzar el vuelo!

Hipopótamo

295 Exuberante diversidad

En las selvas se encuentra el 50% de las especies del planeta ¡y una gran parte está aún sin estudiar! El okapi, por ejemplo, un raro pariente de la jirafa, vive en el corazón de la selva africana y no se descubrió hasta finales del siglo XIX.

296 Hogar de homínidos

En estas selvas vive el más grande de los homínidos, el gorila. ¡Un macho es tan fuerte como 8 hombres y mide cerca de 2 m! Los cercopitecos son los primates más abundantes y los chimpancés son los más inteligentes de la selva; ¡tienen el 98% del ADN igual al nuestro!

Gorila

297 Aves exóticas

El cálao es una de las aves características de estas selvas; puede llegar a vivir 30 años en libertad y encima del pico tiene un cuerno extraordinariamente raro. Por otro lado, el pavo del Congo, descubierto en 1936, vive en lo más profundo de la selva y es todo un ejemplo de adaptación al medio.

Pavo del Congo

Cálao

298 Un acorazado

El pangolín es un extraño animal recubierto de escamas. Para defenderse se enrolla sobre sí mismo; el resultado es una bola acorazada capaz de resistir los ataques de hienas y leopardos.

299 Los más pequeños

Los insectos son los animales más numerosos de la selva. Completan este amplísimo ecosistema arácnidos, anfibios y reptiles. Y no olvidemos que solo se conoce el 20% de las especies y que aún podrían existir animales extraordinarios por descubrir...

Habitantes del desierto

300 Calor y sequedad

En el desierto solo los más duros sobreviven: apenas hay agua y se registran las temperaturas más altas de la Tierra. El dromedario, con una joroba, y el camello, con dos, están especialmente adaptados a este medio. Pueden aguantar una deshidratación con pérdida de hasta el 40% de su masa corporal y, en caso de necesidad extrema, llegar a beber 100 litros de agua en solo 10 minutos y acumularla en su torrente sanguíneo.

301 Una lengua veloz

El camaleón, para cazar insectos, espera inmóvil a que algún desprevenido se ponga a tiro. Entonces lanza su pegajosa lengua ¡a una velocidad de 60 m por segundo! Este espectacular animal puede mover los ojos de forma independiente y así tener una visión de casi 360 grados.

302 Pequeñas maravillas

El pequeño fénec, o zorro del desierto, posee un sentido del oído increíble. Adaptado a la arena del desierto, caza de noche; el día lo pasa en su madriguera a 10 m bajo tierra. El jerbo es un roedor muy curioso y juguetón que da saltitos en vez de andar, un antojo de la naturaleza que parece mezcla de ratón, canguro y liebre.

Fénec

Jerbo

303
En peligro de extinción

El asno salvaje es muy inteligente. Es capaz de aguantar mucho tiempo sin agua y comiendo hasta las plantas más espinosas. El órix blanco, de largos cuernos, ya solo existe en cautividad, pero se trabaja para reintroducirlo en su hábitat natural.

304
Enorme reptil

El varano es un reptil que puede llegar a medir casi 2 m. Se alimenta de pequeños roedores y reptiles, caracoles, insectos… Tiene un apetito enorme. Usa su larga lengua bífida para oler presas y detectar peligros.

Varano

Órix blanco

305 ¿SABÍAS QUE...?

La hormiga del desierto del Sáhara es tan resistente al calor que puede salir a buscar comida aunque la temperatura sea de 70 °C.

Animales de Europa

306 Infinidad de aves

Los bosques europeos están llenos de aves extraordinarias, como el martín pescador, que es capaz de atrapar hasta 80 peces pequeños al día. La abubilla, por su parte, parece una gran mariposa cuando vuela. El carbonero es un acróbata y adopta posiciones inverosímiles para atrapar insectos en la corteza de los árboles.

Martín pescador

307 Depredadores y presas

El zorro come ratones y conejos, pero si escasean también puede llegar a alimentarse de la basura de los humanos. La ardilla roja es una experta trepadora y salta de árbol en árbol. Conejos y ratones son el bocado favorito de las aves de presa y, aunque son miedosos y precavidos, a menudo se despistan y acaban siendo la cena de alguna.

308 Grandes animales

El jabalí no tiene buena vista, pero su olfato es de los más finos: ¡puede detectar a un enemigo a 100 m de distancia! Los ciervos, los reyes del bosque, pierden los cuernos hacia el mes de abril, pero les vuelven a crecer a razón de 2 cm diarios.

Jabalí

309 El guardián nocturno

El majestuoso búho es el terror de los roedores nocturnos, de los que se alimenta. Su vista de lejos es buenísima, tanto de noche como de día, y es el ave con mejor audición que existe. Su vuelo es extremadamente silencioso.

310 Cerca del agua

En todos los bosques hay riachuelos y zonas húmedas, que es donde habitan los anfibios. La salamandra es uno de los más sorprendentes por tener una capacidad singular: si pierde una pata, por ejemplo, es capaz de regenerarla… ¡le vuelve a crecer por completo en tan solo tres semanas!

311 Grandes montañeros

Al llegar la primavera, los riscos y verdes prados de alta montaña se llenan de vida. El rebeco, con vista y oído excepcionales, es capaz de captar la presencia del hombre ¡a 800 m! La cabra montesa tiene unas pezuñas especiales que le permiten escalar riscos prácticamente verticales.

Rebeco

Cabra montesa

312 Depredadores terrestres

Los lobos, aunque quedan pocos, son expertos cazadores en grupo y persiguen a sus presas durante kilómetros para acorralarlas. El lince ibérico, el felino más amenazado del mundo, es el terror de los conejos: se come uno al día durante casi todo el año.

Lince ibérico

313 Desde el aire

Quebrantahuesos

El quebrantahuesos es la única ave que se alimenta de… ¡huesos! Los deja caer desde el aire para romperlos y así poder comerse la médula interior y los trozos pequeños de hueso. El treparriscos es un ave del tamaño de un gorrión que trepa por paredes rocosas en busca de arañas e insectos para alimentarse.

Treparriscos

314 La rapaz suprema

El águila real es la mayor ave depredadora y es capaz de distinguir una presa desde casi 1 km de distancia; además es una de las aves más rápidas que existen y cuando se lanza en picado sobre una presa ¡puede llegar a alcanzar los 240 km/h!

315 Carroñeros majestuosos

El buitre leonado construye sus nidos en zonas inaccesibles de los riscos más empinados y se pasa el día sobrevolando las montañas en grupo, para tener más posibilidades de dar con algún animal muerto. Come casi 1 kg de carne al día. ¡A veces come tanto que luego no puede volver a levantar el vuelo!

316 ¿SABÍAS QUE...?

El halcón peregrino es el animal más veloz de la tierra. ¡Cayendo en picado puede llegar a alcanzar los 320 km/h!

Zonas frías

317 En el Polo Norte

El clima ártico es de los más fríos y extremos de la Tierra, lo que no impide que sea muy rico en diversidad animal. El reno es el único cérvido que se puede domesticar y, además de tirar de los trineos, proporciona carne, mantequilla, queso y pieles.

318 ¿Conoces al más fiero?

Pese a ser un gran desconocido, el glotón es el depredador más temido de estas regiones. Parece una mezcla entre oso y perro, y tiene potentes garras y mandíbulas. Es agilísimo, gran trepador, y no duda en enfrentarse a osos o lobos para arrebatarles sus presas.

319 Pequeños mamíferos

El armiño es uno de los carnívoros más pequeños. Su pelo marrón pardo se vuelve blanco durante el invierno para camuflarse en la nieve. El turón come roedores, aves, reptiles y huevos, que perfora para beberse su contenido.

Turón

Armiño

320 Inseparables

El búho nival, con su plumaje blanco, es una de las aves más bellas. Caza de día y de noche todo tipo de roedores, pero especialmente lemmings, que son unos animalitos muy particulares: forman grandes manadas para migrar, pero tienen las rutas programadas, y si un río pasa por alguna de ellas ¡se tiran sin pensárselo y mueren en masa!

321 ¿SABÍAS QUE...?

El zorro ártico, pese a ser un depredador, logra sobrevivir en el invierno gracias a las sobras que dejan los osos polares.

Lemming

Animales de Norteamérica

322 En las llanuras

A mediados del siglo XIX las praderas de Estados Unidos y Canadá estaban pobladas por más de 80 millones de bisontes; hoy, lamentablemente, ya solo quedan cerca de 320.000. Este animal bovino es el mamífero más grande que vive en América del Norte.

323 Bonitas aves

El águila de cabeza blanca es una gran depredadora. Puede llegar a vivir 30 años en libertad. El gallo de las praderas es otra ave típica de esta región; en abril y mayo los machos cantan, bailan y luchan entre sí mientras esperan a que llegue alguna hembra para elegir pareja.

Marmota plateada

324 Pequeños excavadores

En invierno la marmota plateada puede llegar a dormir en su madriguera durante siete meses seguidos, ¡menuda hibernación! Las zarigüeyas son marsupiales, como los canguros: transportan a sus crías en una bolsa en su vientre.

Zarigüeya

325 Superpoblación

El perrito de las praderas construye galerías de hasta 15 m de longitud, donde descansa, se esconde e hiberna cada año. En Texas ha llegado a crear colonias de nada más y nada menos que ¡unos 400 millones de individuos!

Coyote

326 Otros depredadores

El coyote es un cánido a mitad de camino entre el lobo y el zorro. Se alimenta fundamentalmente de roedores y serpientes, aunque en invierno sobrevive ingiriendo frutos y plantas. Las serpientes, de muchísimas variedades, son otros grandes depredadores y comen todo tipo de pequeños animales.

327 Félidos salvajes

El puma de Norteamérica caza alces, ciervos y pequeños mamíferos; ¡se le conoce como el león de América! Al lince rojo le encanta camuflarse para apresar liebres y roedores.

Puma de Norteamérica

328 Temido por todos

El lobo gris es uno de los mamíferos más antiguos: ¡hace la friolera de 100.000 años que habita este planeta! Es inteligentísimo. Vive y caza en grupo y sus colmillos pueden llegar a medir 6 cm.

329 Maloliente estrategia

La mofeta tiene unas glándulas bajo la cola que le permiten expulsar un líquido apestoso: con él espanta a sus enemigos. Este líquido se usa en perfumes porque fija los aromas de las esencias.

Mofeta

330 Simpáticos y solitarios

Los mapaches son omnívoros y excelentes trepadores. Su pelo dibuja un antifaz en sus ojos y rayas en la cola. Durante las tres primeras semanas de vida no puede abrir los ojos y vive ciego junto a su madre.

331 Sin miedo

La ardilla listada o chipmunk es un tipo de ardilla pequeña con una curiosidad enorme y muy confiada. Casi nunca baja de los árboles, donde le encanta hacer piruetas.

Selvas de Sudamérica

332 Superdepredador

El jaguar es el gran dominador de la selva. Se trata del tercer felino más grande del mundo y es un estupendo nadador. Su mandíbula es potentísima y ¡se puede llegar a alimentar hasta de cocodrilos!

333 El más lento

El perezoso es un animal que vive a cámara lenta. Es tan lento que a máxima velocidad es solo cinco veces más rápido que un caracol. ¡Es incapaz de moverse a más de 200 m por hora! Su digestión puede llegar a durar… ¡un mes! ¡Y a veces se pasa en un mismo árbol un año entero!

334 Enorme serpiente

La anaconda es la serpiente más grande del mundo: ¡puede llegar a medir casi 12 m! Para cazar se enrosca alrededor de su presa y aprieta tan fuerte que la asfixia; luego desencaja sus mandíbulas para tragarse al animal entero. ¡Puede llegar a engullir un caimán!

335 Aves exóticas

El guacamayo es un ave de colores muy llamativos y una inteligencia muy desarrollada que puede llegar a vivir 50 años. El tucán, por su parte, posee el pico más grande de la selva, y le sirve para regular la temperatura de su cuerpo.

Guacamayo

Tucán

336 Curiosos habitantes

El oso hormiguero gigante es capaz de matar un jaguar con sus zarpas. El mono araña negro come frutos y excreta cada día cerca de 60.000 semillas sin digerir.

Mono araña negro

La variedad de Asia

337 La joya de China

El oso panda es el animal más protegido de China y su caza está castigada... ¡con la muerte! Aunque sorprendentemente es un animal carnívoro, el 99% de su dieta consiste en hojas de bambú, su bocado favorito; también pueden comer insectos y huevos.

338 Cazadora nocturna

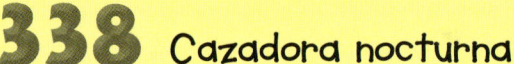

La víbora del templo duerme durante el día y por la noche se despierta para cazar pájaros, ratones, lagartos y ranas, a los que sorprende entre la espesura de los árboles. Su nombre se debe a que, en Malasia, a este tipo de serpientes les arrancan los colmillos y las dejan vivir en los templos.

339 Acorazado

El rinoceronte indio llama la atención por su piel distribuida en forma de placas a lo largo de su cuerpo. Se cree que su cuerno es el origen de la leyenda de los unicornios y, de hecho, es muy utilizado en la medicina tradicional china por sus supuestas propiedades.

340 Portentos reproductores

Los saigas son antílopes cuyas hembras, en el primer parto, siempre tienen gemelos del mismo sexo; pero cuando su población se ve amenazada, ¡paren gemelos de diferente sexo!

Saiga

Irbis

341 Casi recién llegado

Al irbis, o leopardo de las nieves, se le fotografió por primera vez hace menos de cincuenta años. Es el felino que vive a mayor altitud, cerca de los 5.500 m.

342 Belleza en peligro

El tigre está tan amenazado que existen más ejemplares viviendo en cautividad que libres en su hábitat natural. Puede comer casi 30 kg de carne de una sentada y entierra los restos para que no se los coman los carroñeros y así poder hacerlo él más tarde.

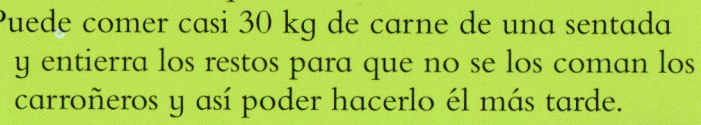

343 ¡No es un pájaro pero «vuela»!

La ardilla voladora tiene una piel extendida entre las patas que le permite planear lanzándose desde los árboles. No vuela, solo planea, pero puede saltar entre dos árboles que estén a 35 m de distancia.

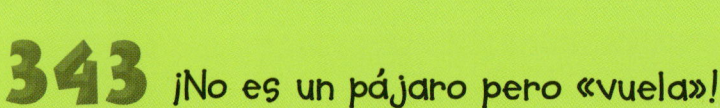

344 Importantes primates

El gibón tiene unos grandes brazos y puede caminar erguido levantando un brazo por encima de la cabeza para mantener el equilibrio.

345 Gigantes arborícolas

El orangután es el mamífero más grande que vive en los árboles. Las crías dependen de la madre hasta los seis años. Son tan parecidos a los hombres que en tiempos antiguos se creía que eran personas que se ocultaban para no trabajar.

Macaco

Gibón

Orangután

Australia

346 Tierra de marsupiales

La forma de reproducción del canguro es única: al pasar unos 35 días, el embrión repta como puede hasta una bolsa externa que tiene la madre en el abdomen. Allí termina de desarrollarse durante unos 250 días más. Todos los marsupiales tienen esa bolsa.

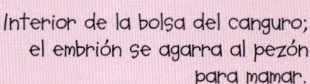

Interior de la bolsa del canguro; el embrión se agarra al pezón para mamar.

347 Belleza abrumadora

Las aves del paraíso son un grupo de varias decenas de especies diferentes reconocidas como las más bonitas del mundo. No solo su aspecto es bello: las danzas que realizan en la época de apareamiento también son espectaculares.

348 Raros, raros

El ornitorrinco es un mamífero de lo más peculiar: pone huevos, su pico y sus patas se parecen a los de los patos, su cola a la de los castores y posee genes que solo se hallan en reptiles, anfibios y aves. El casuario es un ave que no vuela pero es muy violenta y peligrosa, capaz de matar a una persona con sus potentes patas con garras.

Ornitorrinco

349 ¡Adorable!

El koala, que tiene aspecto de oso de peluche, es un marsupial muy dormilón: ¡puede llegar a dormir 20 horas seguidas! Se alimenta de eucalipto, aunque de joven no es capaz de digerir sus hojas y debe nutrirse con los excrementos de su madre.

350 Nuevas enfermedades

El diablo de Tasmania es un marsupial del tamaño de un perro, pero es mucho más fuerte. Desde 1990 se desarrolla en esta especie un tumor facial que ha reducido su población y hoy se considera en vías de extinción.

En el campo y la granja

351 Ágiles en la huida

La liebre puede llegar a alcanzar unos 70 km/h mientras corre, pero lo más impresionante es que es capaz de realizar cambios súbitos de dirección que despistan a su perseguidor; gracias a unas potentes patas traseras.

352 Los comezanahorias

A pesar de ser pequeño y asustadizo, ¡el conejo asusta muchísimo a los elefantes! También ronronea como los gatos y además, aunque no lo parezca, es mucho más sociable que ellos.

353 Mala reputación

Los zorros no son agresivos, al contrario de lo que pueda parecer. No atacan a gatos ni perros y tampoco masacran gallinas, como cuentan algunos cuentos. De hecho, en cautividad son unos animales muy sociables.

354 Ata cabos

El cuervo es una de las aves más inteligentes que existe y razona y aprende acerca de su entorno muy rápidamente.

355 Terror nocturno

La lechuza posee unas garras tan fuertes y afiladas que cuando caza a una presa, esta muere al instante. Si aun así logra seguir con vida, la lechuza usa su fuerte pico para darle muerte.

356 ¿SABÍAS QUE...?

Un conejo puede mirar hacia atrás sin girar la cabeza, ¡pero tiene un punto ciego justo delante de él!

357 Base de la dieta

Los animales de granja están muy presentes en nuestra dieta: se estima que a lo largo de una vida omnívora llegamos a comernos una media de 4 vacas, 21 ovejas, 15 cerdos, 1.200 pollos y unos 13.345 huevos.

358 Limpieza fundamental

En una granja es necesario que convivan dentro de un ambiente limpio y sano varios animales de especies diferentes. Los cerdos, aunque tengan fama de lo contrario, son muy limpios, y las gallinas, por ejemplo, muy sucias.

359 Para trabajar

Aunque cada vez se usan menos en los países desarrollados, los animales de tiro, como el asno o el caballo, a pesar de no dar alimento son muy útiles para el trabajo de labranza del campo y el transporte.

360 En rebaños

Las ovejas no beben agua en movimiento, no les gusta; aparte de esa rareza, son unos animales muy dóciles y tienen muy buena memoria. ¡Pueden recordar y diferenciar a unos 50 individuos diferentes! De ellas se aprovechan la lana, la carne y la leche.

361 La más bebida

Las vacas producen casi el 90% de la leche que se consume en el mundo y son responsables de las mayores expulsiones de gas metano a la atmósfera. Se pasan unas 6 horas al día ingiriendo el alimento y otras 8 horas… ¡masticándolo!

EL MUNDO DE LOS CABALLOS

362 El primer antepasado del caballo fue el Eohippus, que vivió hace 55 millones de años.

Vivía en América del Norte y medía entre 20 y 40 cm de altura, ¡era del tamaño de un perro pequeño! Contaba con cuatro dedos en las extremidades anteriores y tres en las posteriores. Poco a poco fue evolucionando hasta convertirse en el caballo tal como lo conocemos hoy, un animal que ha suscitado mucho interés y ha dado origen a una gran cantidad de mitos y leyendas.

363 Millones de años de evolución

El *Eohippus* fue transformándose a lo largo de millones de años: perdió los cuatro dedos hasta no tener más que uno, terminado en una única uña que se fue endureciendo para convertirse en el casco. Sus patas crecieron para permitirle huir más eficazmente de los depredadores, se le alargó el cuello para poder seguir pastando, y su esqueleto y sus dientes evolucionaron hasta dar lugar hace 5 millones de años al *Equus*, el caballo como lo conocemos hoy.

El *Eohippus*, antepasado del caballo, era del tamaño de un zorro. ¡Mira cómo ha crecido desde entonces!

364 De salvajes a domesticados

Los hombres prehistóricos los cazaban por su carne. Las pinturas rupestres de algunas cuevas muestran la importancia que el caballo tenía para ellos; entonces su relación era exclusivamente la de presa y depredador. Pero hace 5.500 años se domesticaron los primeros caballos en la zona occidental de Eurasia. Entre los muchos usos que se les dieron, se empezó a aprovechar la leche de las yeguas. En Europa se produjo la domesticación 2.000 años después.

Vivir en libertad

365 La familia del caballo

Los caballos viven en manada, siguen una jerarquía que otorga a cada uno su sitio en el grupo. Este sistema les proporciona mayor seguridad ante los depredadores. La manada siempre la lidera la yegua más vieja, mientras que el semental es el dueño y guardián del grupo. Puedes ver la jerarquía de una manada si observas el orden en el que se acercan a beber los caballos.

366 Un largo camino

Los descendientes del *Eohippus* fueron desplazándose desde América del Norte para poblar Eurasia y África hace nada menos que 15.000 años. Y, curiosamente, los caballos se extinguieron en América del Norte hace 10.000 años.

367 No tenían caballos.

Cuando los europeos llegaron, ¡los indios ni siquiera conocían este animal! Fueron los conquistadores españoles quienes lo reintrodujeron en América en el siglo XVI.

368 ¿SABÍAS QUE...?

Es posible observar manadas de caballos casi salvajes en los parques naturales protegidos del sur de Patagonia, en Chile y Argentina.

Una gran variedad

369 ¡Cientos de razas por el mundo!

Existen centenares de razas de caballos en todo el mundo, aunque
es difícil dar cifras exactas, pues entran en juego diversos criterios.
Por lo general, se distribuyen en tres categorías: caballos de monta,
caballos de tiro y ponis. A esta clasificación también se añaden otras:
caballos de sangre caliente y de sangre fría, caballos salvajes, caballos
extinguidos…Y también se pueden clasificar por la zona donde viven,
por su morfología o en función del color del pelaje, por ejemplo.

370 El origen de las razas

Los animales han ido experimentando
adaptaciones a lo largo de su evolución. El
principal causante en el caso de los caballos es
el entorno en el que habitan: no es lo mismo
vivir en una estepa llana y prácticamente
desértica que en altas montañas, en
países cálidos o en países fríos. La
morfología del caballo (su tamaño, su
pelaje, su peso) ha ido adaptándose
a las condiciones ambientales
y climáticas para asegurar la
supervivencia de la especie.

371 El hombre, criador y creador de razas

A partir de esta base natural, los hombres han criado animales desde hace miles de años, dando lugar a razas adaptadas al uso que querían darles: transporte de carga, trabajo en el campo, competición deportiva, etc.

372 Tres aires: paso, trote, galope

Resulta que el Islandés se sale de la norma… ¡y tiene cinco andares! El paso, el trote, el galope, el *flying pace* (paso volador), que es un trote muy rápido, y el *tölt*, parecido al paso con un ligero bote, ¡pero que resulta ser casi tres veces más rápido que este!

373

¿SABÍAS QUE…?

¡El Akhal Teké es un caballo dorado!

374 La yegua más pequeña y el caballo más alto del mundo ¡son de la misma raza!

La yegua mide tan solo 43 cm de alto y pesa 27 kg. ¡El tamaño de un perro! Vive en Estados Unidos y padece de enanismo, una condición genética que hace que sea una auténtica miniatura. El caballo más alto del mundo, que es de la misma raza belga, ¡mide 202 cm!

Poni Fjord (Noruega)

Poni Highland (Escocia)

Purasangre (Gran Bretaña)

Percherón (Francia)

Poni Shetland (Gran Bretaña)

Lusitano Portugal

Pinzgauer Noriker (Austria)

Bereber (Norte de África)

Pura Raza Española (España)

Asno salvaje (África)

Cebra (África)

Quarter (EE UU)

Poni Isla Sable (Canadá)

Appaloosa (EE UU)

375 Los diversos colores de los pelajes

Muchas veces están ligados a su raza. Así, el caballo de Camargue (sur de Francia) siempre es blanco o gris, mientras que el Appaloosa siempre presenta la parte delantera más oscura.

Lunar

Careto

Criollo (Sudamérica)

Máscara

Estrella

Poni Falabella (Argentina)

376 Las marcas, seña de identidad

Se encuentran principalmente en la cabeza y en las patas. Existen denominaciones para cada tipo de marca en la cabeza: estrella, lunar, máscara, careto... pero ninguna es exactamente igual a otra.

Wielkopolski
(Polonia)

Akhal Teké
(Rusia)

Vladímir
(Rusia)

Poni del Caspio
(Irán)

Kiang
(Tíbet)

Przewalski
(Mongolia)

Turcomano
(Turkmenistán)

Árabe
(Península
de Arabia)

Waler
(Australia)

377
Incluso los cascos tienen dos colores.

La dureza de los cascos se conoce por el color
de estos. Un casco blanco o rosado siempre es
menos duro y resistente que uno negro. Los hay
incluso que tienen líneas rosas y negras en un mismo casco.

378 Los asnos, las cebras, las mulas… ¿son caballos?

Estas especies no son caballos, aunque pertenecen a la familia de los
équidos, que engloba también a los caballos. Las mulas nacen de padre
asno y madre yegua. Aunque existen mulos, son más raros
y entre ellos no pueden tener crías. Las
cebras, que viven en África, se dividen en
tres razas.

379 ¿Cómo ven los caballos?

Sus ojos son muy grandes: en proporción a su tamaño ¡más que los de
un elefante o una ballena! Al estar situados a los lados de la cabeza, les
permiten tener una amplia visión lateral y también frontal,
aunque con ciertas zonas ciegas debajo y detrás de la cabeza.

380 No se les escapa una…

Pueden ver al mismo tiempo el pasto que comen,
a los demás miembros de la manada y vigilar a
los eventuales depredadores sin tener que mover la
cabeza. Su visión nocturna es muy buena y parece
que son capaces de apreciar muchos colores, aunque
no hay pruebas seguras de ello.

El caballo y el transporte

381 Transporte público en carruajes

A mediados del siglo XVII, se creó en Francia el primer servicio de transporte público de París, con carrozas que realizaban trayectos fijos y con determinados horarios. Su acceso estaba restringido a una parte de la población, por lo que no tardó en hacerse impopular y cayó en desuso.

382 Signo de distinción

Tener un caballo en la ciudad no estaba al alcance de todos. Era habitual ver a los nobles y a las personas acomodadas paseando por parques y bulevares con sus coches de caballos, algunos de ellos muy lujosos, guiados por elegantes criados.

383 La irrupción de los automóviles

En el siglo XIX aparecieron los primeros automóviles y, conforme fueron mejorando y siendo más baratos, las ciudades se llenaron de ellos. Es curioso que la potencia de un coche se mida en «caballos».

384 Las diligencias, también gracias a los caballos

Para enviar correo, desplazarse o transportar dinero, los hombres usaban la diligencia, un carro tirado por varios caballos. El servicio de «mensajería exprés» se creó a principios del siglo XIX en Estados Unidos debido a las incesantes migraciones hacia el oeste.

385

Adiós al caballo

La primera revista dedicada al automóvil publicada en Estados Unidos data de 1895 y se llamaba *The Horseless Age* («La era sin caballos»): una muestra clara del cambio de mentalidad, que dejaba de lado ese antiguo medio de transporte.

386 200 kg de motor para una potencia de... ¡2 caballos!

El primer automóvil de gasolina fue el Benz Motorwagen, y su motor, como el de todos los vehículos hasta principios del siglo XX, se encontraba en la parte trasera. Esa misma empresa, Benz, sería la que terminaría cambiando la ubicación del motor a la parte delantera; primero en un camión y después en los turismos.

387 Y las motos, ¿cuándo aparecieron?

La primera moto del mundo con motor de gasolina fue inventada por un alemán en 1885. Estaba hecha de madera y metal. ¡Incluso sus cuatro ruedas! Pero todo este proceso había empezado en 1868, cuando un francés creó un prototipo que funcionaba a vapor. Estaba fijado en un eje vertical y daba vueltas alrededor de este, ya que su dueño estaba ocupado en hacer funcionar el motor…

Aún hoy en día podemos encontrar carrozas en algunas ciudades, pero solo como atracción turística.

388 El cambio en España

Al principio del siglo XX se estrenaron 36.000 km de carreteras en toda España. Por ellas circulaban carros, carretas, caballerías y… ¡tres automóviles! Fueron los únicos matriculados en el año 1900.

389 Amazonas contemporáneas

Hasta el siglo XX, casi todas las mujeres montaban al estilo amazona, con ambas piernas del lado izquierdo. Aunque la primera silla se creó en el siglo XIV, era muy rústica y poco segura. En el siglo XVI se mejoró notablemente. Pero las mujeres aristócratas tenían como norma de decoro montar al estilo amazona.

Caballos en la guerra

390 Siempre al servicio del hombre

Desde que el caballo fue domesticado, se empleó su enorme potencia en tareas agrícolas. Pero también trabajó, y mucho, en los campos de batalla. La agilidad de este animal y su fácil manejo hacían que el jinete fuera más peligroso a la hora de atacar.

391 Nueva técnica de combate

La carga a caballo se inventó en la Edad Media. Antes los guerreros se desplazaban a caballo hasta el campo de batalla, pero combatían a pie. Con la aparición del arma de fuego, se buscó para luchar un tipo de caballo más ligero, veloz y ágil.

392 De la carga a caballo al caballo de carga

Los caballos pesados que en época medieval se criaban para soportar el peso del guerrero con su armadura fueron posteriormente destinados a tirar de carros. Tanto para el servicio médico como para remolcar los pesados cañones, su trabajo seguía siendo fundamental.

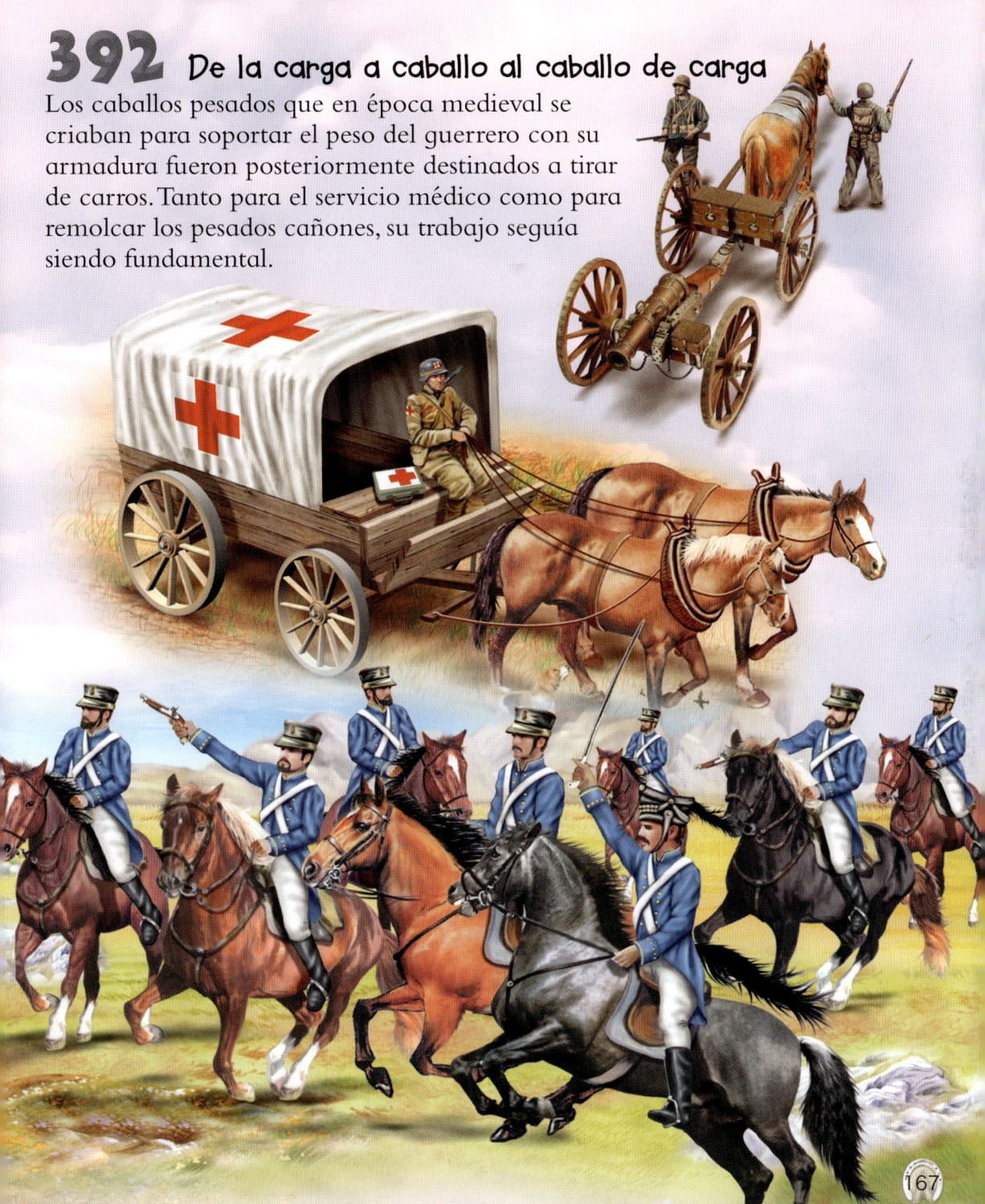

393 Violentos enfrentamientos entre indios y vaqueros

En muchas películas del oeste se representa a los indios americanos como salvajes atacando a los vaqueros en sus diligencias. Sin duda eran luchas muy violentas. Pero lo cierto es que los conquistadores fueron a exterminar a los indios para arrebatarles sus tierras.

394 La caballería en el siglo xx

Ni en la Primera ni en la Segunda Guerra Mundial la caballería fue la primera fuerza de combate. Pero sí se recurrió a los sufridos caballos para tareas de reconocimiento y para transportar municiones y equipamiento.

395 ¿Cuántos caballos para el jefe?

Los hombres de alto rango del ejército solían tener varios caballos. Al emperador Napoleón I se le representaba en los cuadros a lomos de Marengo, que era uno de sus corceles favoritos, ¡pero disponía de unos 130 caballos para su uso personal!

396 Las cruzadas a caballo

Las cruzadas, libradas en un principio para restablecer el control cristiano sobre los musulmanes, duraron casi 200 años. Los cruzados se batían a caballo con espadas, mazas y porras. Desgraciadamente, estas cruzadas son famosas por el enorme reguero de sangre que dejaban.

397 ¿SABÍAS QUE...?

Los carros romanos podían ser tirados por hasta diez caballos.

Valiosos trabajadores

398 Los caballos de tiro, ayudantes imprescindibles

Los especialistas en asistir a los hombres en sus tareas rurales, como arrastrar troncos, arar campos o tirar de carretas, son los caballos de tiro, como el shire, el bretón o el percherón. Pero la mayoría de estas razas no existían antes del siglo XVIII, fueron los humanos quienes las crearon.

399 Miden entre 1,60 m y 1,80 m.

¡Y pesan entre 600 kg y más de 1.000! Suelen tener unas patas anchas con abundante pelo. Los músculos están muy desarrollados y tienen un carácter muy tranquilo.

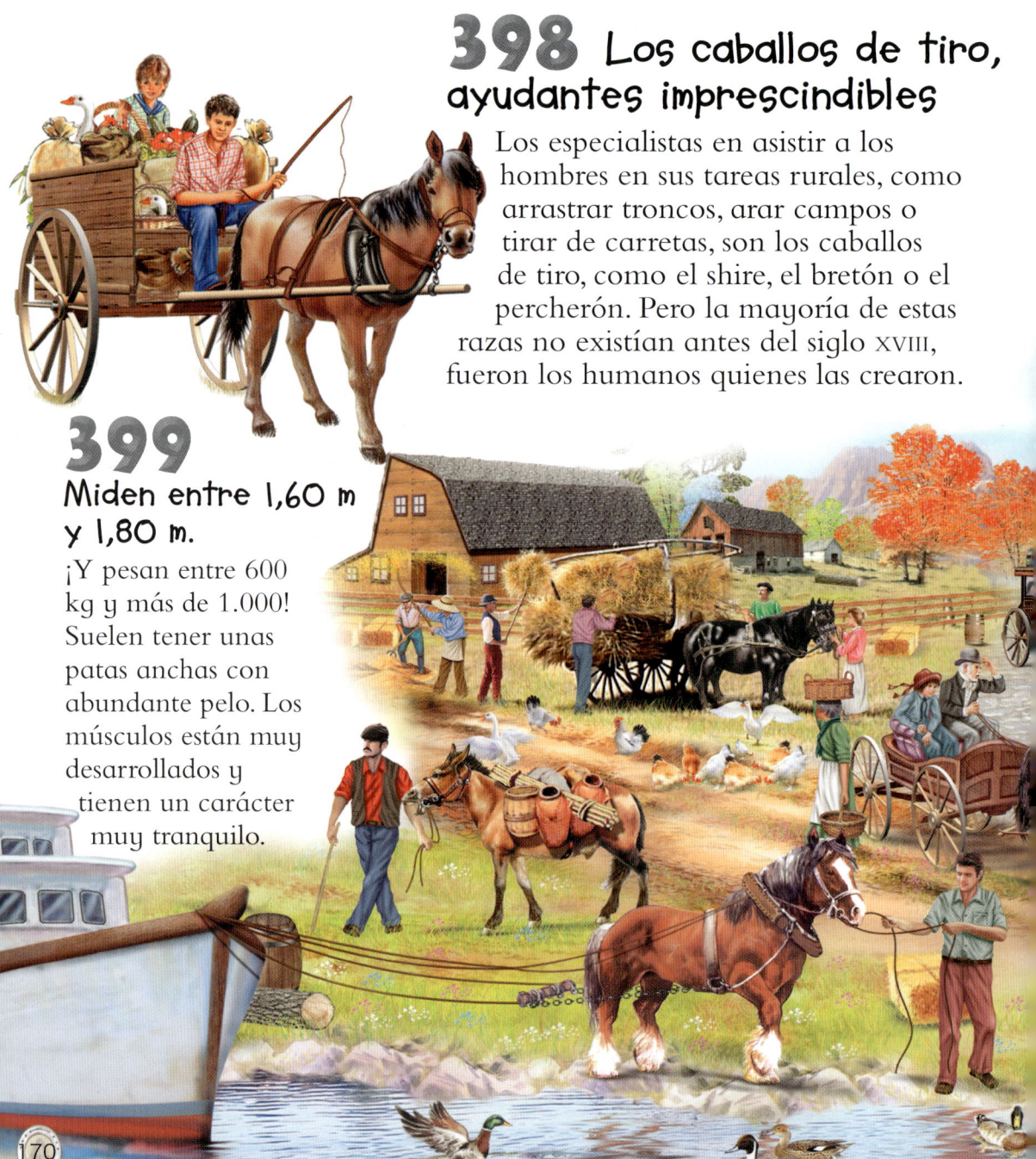

400 América del Sur y Asia, una tradición equina aún muy presente

En países como Chile, Argentina, Uruguay (América) o Mongolia (Asia), el caballo sigue estando muy presente en la vida cotidiana de la gente del campo. Lo utilizan para labrar la tierra, para pastorear el ganado o como medio de transporte.

401
¿SABÍAS QUE...?
La altura de un caballo se mide desde el suelo hasta la cruz, un hueso situado en la base del cuello.

Espectáculo y diversión

402 Un animal fuerte, inquieto, veloz...

Estas cualidades del caballo han hecho que el hombre no se haya limitado a usarlo exclusivamente para el trabajo o el transporte, sino que le haya hecho hueco en el terreno del ocio en todas las épocas, como lo prueban justas, torneos, carreras, acrobacias circenses...

403 Carreras de carros en la Antigua Grecia

Los primeros Juegos Olímpicos tuvieron lugar en el siglo VIII a. C. Incluían las carreras de carros. Muy famosas y aclamadas por el pueblo, eran también peligrosas, tanto para los caballos como para los aurigas, los esclavos que conducían los carros.

404

Y en la Antigua Roma

Los romanos heredaron la afición por las carreras de carros de los etruscos, quienes a su vez la recibieron de los griegos. En Roma se celebraban en el Circo Máximo, que podía albergar a unas 25.000 personas. Los carros eran tirados por 2 o 4 caballos.

405 La leyenda romana de Rómulo

Cuenta la leyenda que, tras fundar Roma, Rómulo organizó una carrera de caballos para distraer a los sabinos, un antiguo pueblo de la Italia prerromana. Durante el concurso, Rómulo y sus hombres aprovecharon para raptar a las mujeres de los sabinos.

406 La leyenda de los Juegos Olímpicos

Según la leyenda griega, nacieron a raíz de una carrera de carros que tuvo lugar entre un rey y los pretendientes de su hija. El vencedor, Pélope, instauró los juegos para conmemorar su victoria.

407 ¿SABÍAS QUE...?

Hay un tipo de doma, llamada «racional», que propugna la no violencia, el respeto y la confianza. Se trata de entender y hablar el lenguaje del animal. Impresiona ver la comunicación gestual entre domador y caballo.

408 El hipódromo, a un paso del palacio

En Constantinopla se encontraba junto al palacio del emperador, que podía acceder a su palco sin tener que pisar la calle. En el año 532, el enfrentamiento entre los seguidores de dos equipos desembocó en revueltas populares sin precedente. El motivo no era deportivo, sino político y teológico.

409 «Dios, mi rey y mi dama»

Este era el lema de los caballeros medievales. Defenderlo implicaba destreza y valor, de ellos dependía su honor. Los duelos por conflictos u ofensas se resolvían en las justas.

410 Preservar el honor

En las justas se enfrentaban dos caballeros para defender el derecho o el honor de alguien. A lomos de su caballo, debían romper tres veces su lanza de madera contra el otro combatiente. Si este caía al suelo, se consideraba rota la lanza.

411 Torneos medievales: la diversión del combate

Estas competiciones, que se celebraron durante la Edad Media y el Renacimiento, incluían varios juegos. El propósito era entretenerse, por lo que las armas, llamadas «armas corteses», eran simuladas.

412 La tradición taurina

Las corridas a caballo (corridas de rejones) siguen practicándose hoy en día en las plazas de toros. En ellas, el torero lidia al toro montado a caballo, y debe tratar de colocarle banderillas en el lomo a la vez que evita sus embestidas.

413 Estrellas en el circo

En el circo, los caballos siempre han sido compañeros de malabaristas, payasos, acróbatas, etc. Aunque muchas veces servían también para tirar de las caravanas. Hoy en día hay muchos espectáculos en los que son los únicos protagonistas.

414 Un espectáculo clásico

En el siglo v a. C., Jenofonte asentó las bases del arte ecuestre. Esa doma clásica consiste en que el caballo ejecute todas las órdenes de su jinete de manera armoniosa y confiada. El entrenamiento es largo e intenso hasta lograr que hombre y animal formen un binomio perfecto.

EGIPTO

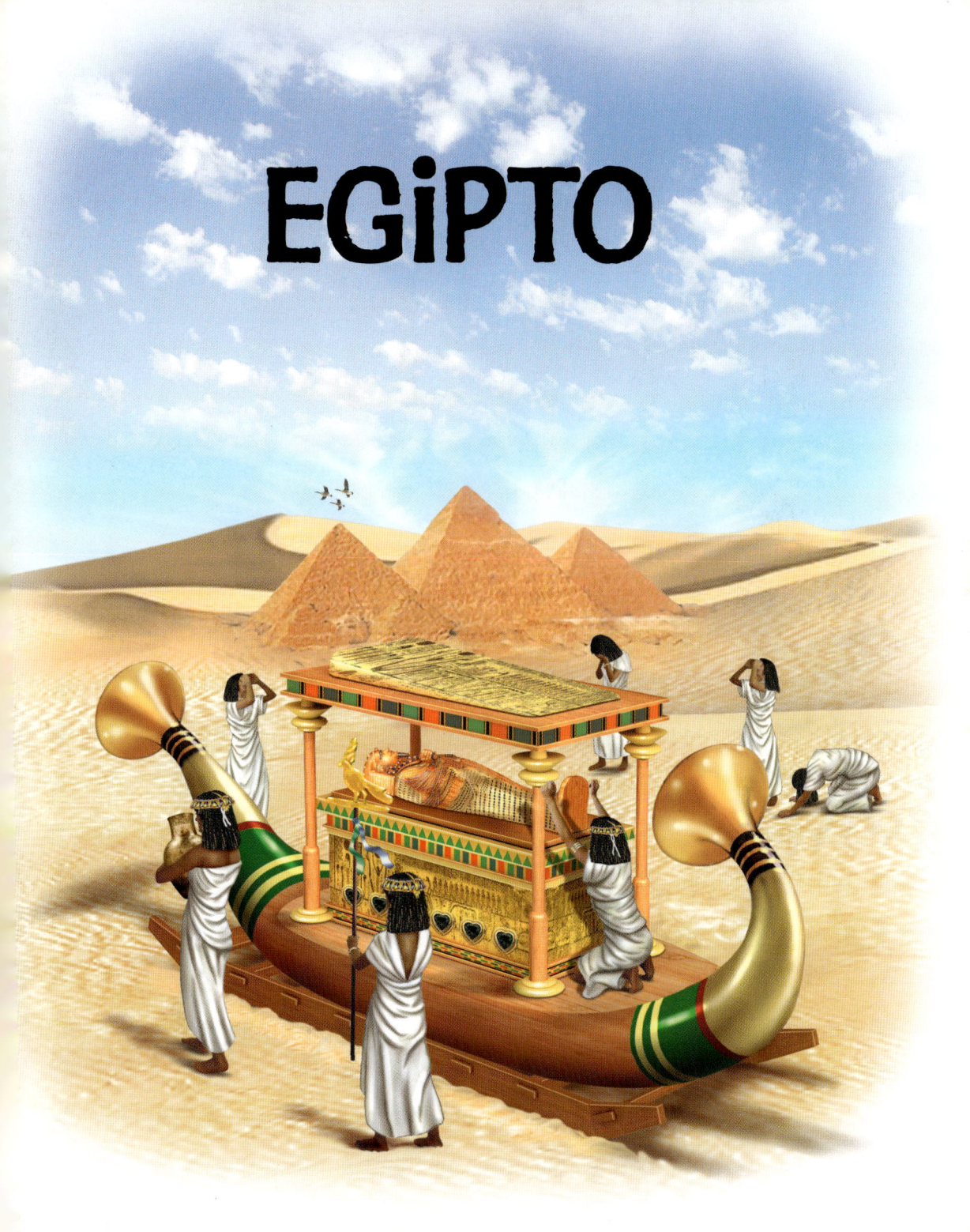

Tierra del Nilo

415 La civilización del Antiguo Egipto nació hace unos 5.000 años, en el 3000 a. C.

Y se extendió a lo largo de los márgenes del río Nilo, que fue su pilar fundamental. A lo largo de 3.000 años de desarrollo, el Antiguo Egipto tuvo tres épocas de esplendor faraónico: Imperio antiguo (2700 a. C. – 2200 a. C.), Imperio medio (2050 a. C. – 1750 a. C.) e Imperio nuevo (1570 a. C. – 1070 a. C.).

416 Rodeado de desierto por tres lados

La única vía de entrada era el delta del Nilo, en el norte, que estaba protegidísimo de posibles invasores. Toda la vida de los egipcios estaba marcada por este río: sus casas, su agricultura, su comercio, sus templos y palacios, sus pirámides... ¡todo!

417 ¿SABÍAS QUE...?

El Nilo es el segundo río más largo del mundo. ¡Tiene unos 6.700 km de longitud!

418 Los dueños del desierto

Debido a la ausencia de amenazas del exterior y a su agricultura de abundantes cosechas, los egipcios podían dedicar más tiempo y recursos a la cultura, el arte y el desarrollo tecnológico.

419 La pirámide escalonada de Zoser, la gran estructura de piedra más antigua del mundo

Esta pirámide fue el prototipo sobre el que se edificaron todas las posteriores. Su diseñador, Imhotep, no solo ha pasado a la historia como el primer arquitecto conocido, sino como un gran médico y astrónomo. Además, los egipcios lo nombraron dios de la medicina y la sabiduría.

420 Las viviendas

Los faraones vivían en enormes palacios de piedra. Las familias adineradas habitaban casas ajardinadas y valladas con anchos muros. La población humilde, sin embargo, tenía frágiles casas de adobe a escasos metros de las grandes obras, donde trabajaban.

421 El Nilo crecía cada año e inundaba sus márgenes.

Cada vez que esto ocurría, sus aguas dejaban una gruesa capa de limo negro extremadamente fértil, que permitía a los egipcios obtener buenas cosechas fácilmente. También les proporcionaba arcilla y canales navegables para el comercio. La calidad de su agricultura era la envidia de los países vecinos.

422 Hapi, dios venerado del Nilo

Hapi era el dios que personificaba el Nilo, y por eso era venerado fervientemente. Los egipcios le pedían que las crecidas del río vinieran puntualmente para favorecer los cultivos y, además, que no causasen ningún destrozo.

423 ¡El agua del Nilo convertida en sangre!

Durante el reinado del faraón Ramsés II (1279 a. C. – 1213 a. C.) en la entonces capital de Egipto, Pi-Ramsés, el Nilo sufrió una sequía que convirtió su caudal en lento y fangoso. Esto propició la aparición de un alga tóxica que teñía el agua de un color rojo similar al de la sangre. Fue la primera de una serie de plagas que asoló la ciudad.

424 El faraón era la máxima personalidad.

Era tratado como un personaje casi divino. La mayoría de las veces eran hombres, salvo algunas ocasiones en las que una mujer, como Cleopatra, accedía al trono. Eran los únicos que podían comunicarse con los dioses.

425 Culto a la muerte

La sociedad egipcia profesaba un acentuado culto a la muerte, ya que creían firmemente en la existencia de otra vida después de esta.

426 La escritura más antigua del mundo

La escritura egipcia se realizaba a través de jeroglíficos, que eran simbólicos, y combinaban pictogramas y caracteres fonéticos. ¡Todo un rompecabezas!

427 Provincia romana

El 30 de julio del año 30 a. C., el romano Octavio terminó con la independencia política de Egipto, que pasó a ser una provincia romana.

Faraones y reinas

428 Intocables... ¡ni mirarlos siquiera!

Los faraones eran tratados como dioses y todos se arrodillaban a su paso. Además, nadie podía mirarlos a la cara ni tocar su cuerpo, y se les profesaba el máximo respeto.

429 Poderes mágicos

A los faraones se les atribuían poderes mágicos, como el de hacer que el Nilo creciera. También se creía que disponían de favores directos de los dioses.

430 Más poderosa que Cleopatra

La primera faraona fue Hatshepsut, hija de Tutmosis I y educada para sucederle. Fue la reina faraona con más poder de la historia, más aún que la famosa Cleopatra.

El anj, símbolo de la vida

La faraona Hatshepsut

431 ¡31 dinastías!

En Egipto, en 3.000 años de historia se dieron nada menos que 31 dinastías (serie de gobernantes que se suceden unos a otros). Sabemos de su existencia gracias a los hallazgos y las investigaciones arqueológicas.

432 La vida tras la muerte

La vida de ultratumba, después de la muerte, era el anhelo de todo faraón. Para alcanzarla debía ser enterrado siguiendo las normas del *Libro de los Muertos,* pasar con éxito el Juicio de los Muertos y mantener su cuerpo incorrupto para que el alma pudiera alojarse en él.

433 El ascenso de los sacerdotes

El faraón, pese a ser el único con capacidad de entrar en contacto con los dioses, delegaba en los sacerdotes la tarea de orar en los diferentes templos. En un principio estos llevaban a cabo las ceremonias en nombre del faraón, pero terminaron teniendo una gran influencia.

El cetro y el látigo eran los símbolos del poder del faraón.

434 Menes, Amenofis III

El primer faraón del Antiguo Egipto fue Narmer (Menes), que gobernó hacia el 3050 a. C. y unificó los territorios egipcios. Otro gran faraón fue Amenofis III, que gobernó de 1390 a 1353 a. C. Su reinado fue el más próspero de toda la historia de Egipto.

Coronas del Alto y Bajo Egipto, respectivamente

435 ¿SABÍAS QUE...?

Los sacerdotes representaban al faraón, pero no todos lo hacían por vocación. Algunos eran auténticos ladrones.

436 El sumo sacerdote

Los egipcios pensaban que el faraón era el único ser humano capacitado para dialogar con los dioses. De ahí su absoluta devoción.

437 El gran conquistador Ramsés II

Ramsés sucedió a su padre a la edad de 25 años. El gobierno de Ramsés II duró 66 años, del 1279 al 1213 a. C., y de su reinado se han encontrado multitud de muestras arqueológicas.

438 Nefertari, esposa de Ramsés II

También llamada «Por la que brilla el Sol», reina de la XIX dinastía, fue deificada en vida, algo infrecuente. Su marido le profesaba una auténtica devoción y la elevó al estatus de un faraón. Ella era la que gobernaba en ausencia de Ramsés II. Era inteligente y tenía una clara visión política. De hecho, intermedió para conseguir la paz entre Egipto y su gran enemigo, el Imperio hitita. Su tumba es una de las más hermosas que se conocen.

439 El gran faraón del Imperio antiguo

Zoser fue el faraón más influyente del Imperio antiguo, la primera época de apogeo en Egipto. Trasladó la capital a Menfis y extendió el imperio. Y durante este periodo se consolidó el sistema político, religioso y cultural que se había empezado a gestar en la época anterior. Los faraones terminaron siendo divinizados de forma absoluta y centralizaron el poder político.

440 El faraón Mentuhotep, el unificador de Egipto

Es considerado el fundador del Imperio medio. Gobernó durante unos 50 años, algo realmente insólito en aquellos tiempos, pues la esperanza de vida no era muy alta. Lidió varias guerras para la unificación de Egipto. Sofocó revueltas, convirtió Tebas en la capital política y restableció la autoridad real.

Símbolos bélicos egipcios: la corona azul y la maza

441 El comienzo del esplendor

El segundo periodo intermedio fue una época de transición entre el Imperio medio y el nuevo. Se caracterizó por la inestabilidad política y la invasión de ejércitos extranjeros, como los hicsos, que se proclamaron faraones. Este pueblo trajo algunos avances tecnológicos, pero finalmente fueron expulsados, y todo el poder volvió al monarca egipcio. Aquí comenzó la dorada época del Imperio nuevo (1570 a. C.).

442 Templo de Abu Simbel

Lo mandó construir Ramsés II durante el Imperio nuevo. Está excavado directamente en una montaña de piedra arenisca. Las gigantescas estatuas que guardan la entrada son representaciones del faraón esculpidas en la roca. Es el símbolo de una época de esplendor para Egipto.

443 Nefertiti, una de las reinas egipcias más bellas de la historia

Nefertiti significa 'bondad de Atón, la bella ha llegado'. Fue la mujer del faraón Akenatón (Amenofis IV), y se cree que ejerció una gran influencia sobre él, tanto que parece que fue clave en la decisión de prohibir el culto a otro dios que no fuese Atón, el dios solar. Poco se sabe sobre esta reina, pero algunos investigadores sugieren que gobernó sucediendo a su marido con el nombre de Semenejkara, aunque nunca se ha podido demostrar.

Alejandro Magno, faraón de Egipto (332 a 323 a. C.)

444 Cleopatra VII

Fue la última faraona y gobernó del año 51 al 30 a. C. Se casó con Marco Antonio y acabó prisionera de los romanos, que pretendían exhibirla como un trofeo. Tras enterarse del suicidio de su marido, se quitó la vida dejándose morder por una cobra áspid, uno de los símbolos de Egipto.

Religión, templos y dioses

445 Politeístas y mitológicos

La religión egipcia fue politeísta (rendía culto a muchos dioses) y de carácter mitológico, excepto durante un corto periodo en el reinado de Amenofis IV, que impuso a Atón, una de las advocaciones de Ra, como único dios y a él mismo como único intermediario entre el dios y la humanidad.

Ra, el dios del Sol. Para los egipcios era el creador del mundo.

446 Solo para los elegidos…

Los templos solo podían ocuparlos los dioses, y su entrada estaba restringida. Los únicos que podían pisar su interior eran los sacerdotes y el faraón. Los demás se quedaban en el patio, nunca traspasaban las puertas que conducían al interior.

447 Culto al dios Amón

En Tebas se organizaban multitudinarias procesiones en honor a este dios del aire. *La fiesta de Opet* y *La hermosa fiesta del Valle* eran fastuosas celebraciones anuales, en las que grandes barcazas trasladaban la imagen de Amón por los templos Luxor y Karnak. A su paso ofrecían pan, cerveza y carnes a la gente del pueblo. Estas festividades solían durar unas tres semanas.

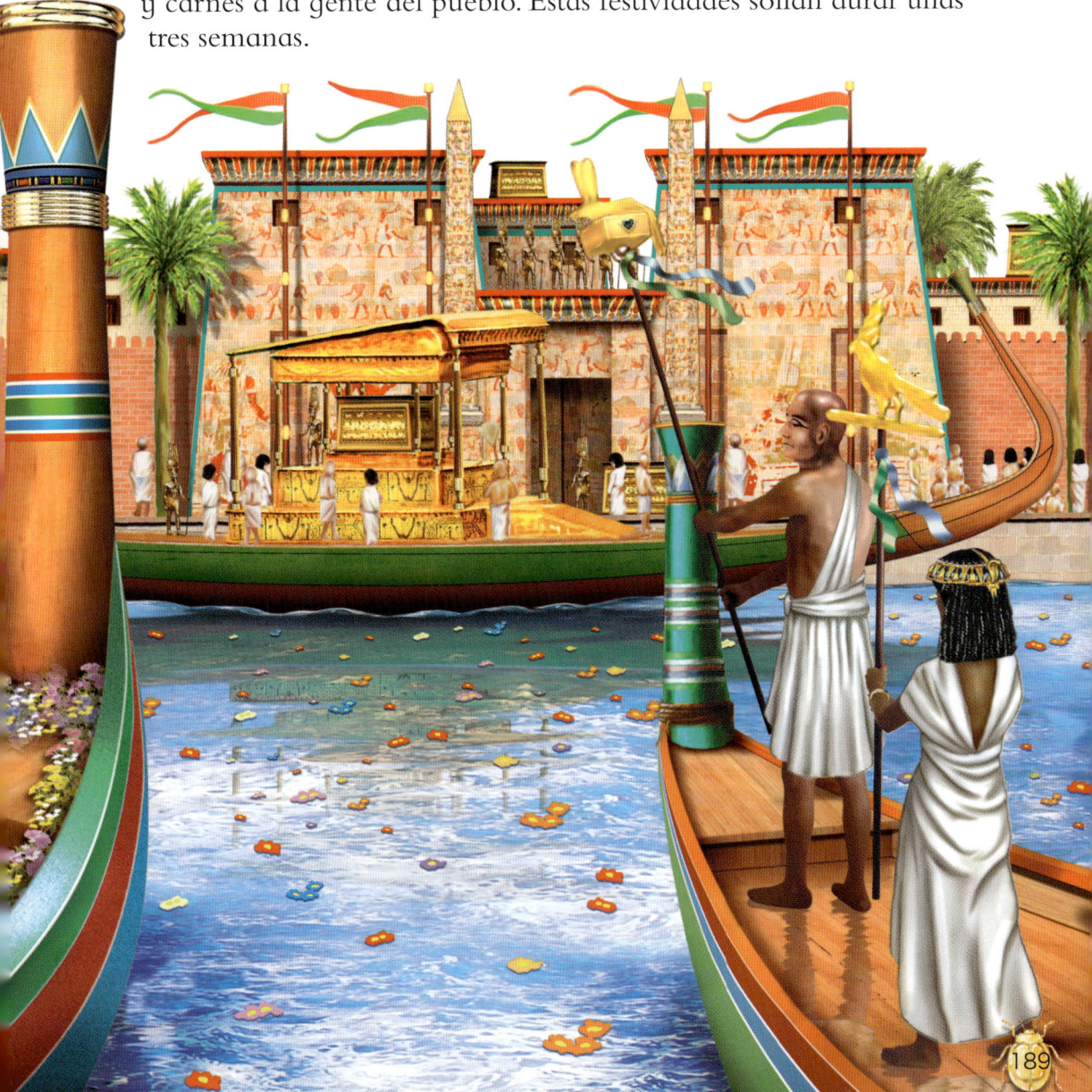

448 El Más Allá

Antiguamente solo los faraones podían acceder a la vida de ultratumba. Durante el Imperio nuevo, en cambio, todos los egipcios tenían esa aspiración y se preparaban para ello con los recursos económicos a su alcance.

449 Una fe ciega

Mientras la procesión cruzaba ante los fieles, estos preguntaban sobre su futuro a Amón, «Hijo de Ra».

450 ¿SABÍAS QUE...?

Uno de los peores castigos que podía recibir un egipcio era que su cadáver se arrojara al agua o al fuego.

Estatua de Amón–Ra

451 El fervor por el dios del aire

Cada día, sin descanso, los sacerdotes acudían a la estatua del dios Amón para asearlo, vestirlo, agasajarlo y ofrecerle suculentos manjares.

Maat, dios
de la justicia

Tot, dios
de la Luna

452 Dioses antropomorfos

Los dioses tenían una apariencia antropomorfa (humana), pero incorporaban ciertos rasgos de animales que simbolizaban sus poderes.

453 Los 4 hijos de Horus y guardianes del Ba, el alma

Duamutef (cabeza de chacal), Quebsenuf (cabeza de halcón), Hapi (cabeza de mono) y Amset (cabeza humana). Eran los representantes de los puntos cardinales y de los vientos, así como los guardianes de las vísceras momificadas de los fallecidos.

Anubis, conductor de los muertos
ante el tribunal de Osiris

454 Tres conceptos: Ka, Ba y Aj

El Ka es la energía que vive en todas las cosas, animales y personas. El Ba es la parte espiritual, lo único que queda tras la muerte. El Aj es el espíritu transfigurado y eterno.

Isis, esposa de Osiris

Osiris, dios del reino
de los muertos

455 Osiris, rey de los muertos

Dios de la resurreción, símbolo de la fertilidad y regeneración del Nilo, así como el de la agricultura. Es el responsable de juzgar a los muertos en la Duat (el inframundo en la mitología egipcia). Fue asesinado por su hermano Seth, representación del mal, pero logró la resurrección. Su historia representa el triunfo del Bien sobre el Mal.

Los secretos de las pirámides

456 Obras prodigiosas

Han pasado más de 4.500 años y muchas de las pirámides siguen en pie. Si pensamos en la época en la que fueron construidas y los medios con los que contaban los egipcios, comprendemos que edificarlas tuvo que ser un trabajo muy duro pero de magnífico resultado, pues hoy son una de las maravillas más antiguas y mejor conservadas del mundo. Estos monumentos funerarios aparecieron en la III dinastía y simbolizaban el culto al Sol.

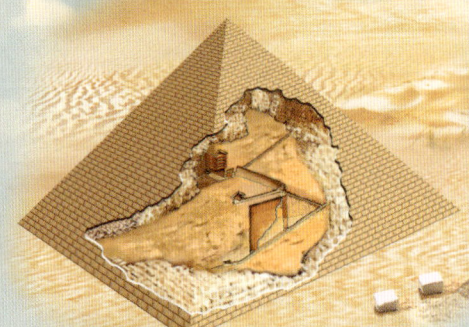

457 Construcciones eternas

Las pirámides eran las tumbas de los faraones. Su principal función era conservar la esencia del rey por toda la eternidad, y para ello debían ser infranqueables.

458 Falsos pasadizos

Cada pirámide tenía una enrevesada red de pasadizos que no llevaban a ninguna parte, para que el difunto estuviese protegido del exterior y nadie interrumpiese su descanso. La construcción estaba pensada para aguantar cualquier inclemencia del tiempo y mantenerse en pie por toda la eternidad.

459 El *Libro de los Muertos*

También llamado *Los Textos de las Pirámides,* es un compendio de sortilegios con fórmulas para ayudar al alma del difunto a llegar con éxito al Más Allá y superar el juicio de Osiris. También la orientaba sobre cómo reconocer a los dioses que le serían favorables. Se depositaba un papiro con estos escritos en la tumba, junto a la momia, para ayudarla en la difícil travesía de la muerte, la cual para los egipcios no era más que un renacimiento.

460 Leyendas...

Las momias se situaban en el centro de la pirámide y después se sellaba la entrada. Se cree que más de un arquitecto fue sacrificado al finalizar la construcción para evitar que desvelase el camino hasta el faraón y su ajuar funerario.

461 Entierros humildes

Las personas con menos recursos se veían obligadas a enterrar a sus seres queridos en la arena del desierto. A menudo el viento terminaba por dejar los cuerpos al descubierto, y acababan desapareciendo por el efecto de la erosión o de los animales carroñeros.

462 La mastaba, el lecho de los primeros faraones

Estas primeras tumbas tenían dos niveles: el subterráneo, donde se situaba la cámara sepulcral, y el superior, donde estaba la capilla, lugar en el que se depositaban las ofrendas.
Con los años, estas construcciones fueron haciéndose cada vez más complejas, con más salas, escaleras y trampas para que los saqueadores no dieran con el faraón. Algunas llegaron a medir 50 metros de largo y 7 de altura.

463 Las pirámides de Guiza: Keops, Kefrén y Micerinos

Se trata de las pirámides de mayor tamaño conservadas. Curiosamente, parece que están orientadas de forma que coinciden con las tres estrellas centrales de la constelación de Orión, que era Osiris para los egipcios.

464 La Gran Pirámide, tumba de Keops

¡Su superficie equivale a ocho campos de fútbol y su altura es similar a la de un edificio de 40 pisos! Para rodearla hay que caminar más de un kilómetro. Se tardó unos 23 años en construirla y en la obra intervinieron nada menos que unos 100.000 hombres.

465 ¿SABÍAS QUE...?

Las tumbas debían situarse fuera del alcance de las crecidas del Nilo, en la zona occidental del río, pues es por donde se pone el Sol y el lugar por el cual el difunto comenzaba su largo viaje al Más Allá.

466 Un trabajo inhumano

La Gran Pirámide está formada por 2.300.000 bloques de piedra de 2,5 toneladas cada una. ¡Imagínate cómo harían para trasladar semejantes moles sin tener las máquinas de hoy en día!

467 Las canteras

Los bloques de piedra se extraían de enormes canteras. Era un trabajo duro que requería la colaboración de miles de trabajadores. A diferencia de lo que aparece en las películas, no se trataba de esclavos, sino de valiosos profesionales a los que se trataba con respeto.

El misterio de la vida eterna

468 Intactos incluso tras la muerte

La firme creencia de la vida tras la muerte hizo que se desarrollasen técnicas cada vez más perfeccionadas de momificación y embalsamamiento. Para poder cruzar al Más Allá, debían conservar el cuerpo en buen estado. Los egipcios alcanzaron tal grado de perfección que hoy en día, al ver algunas momias, cuesta creer que tienen más de ¡4.000 años!

469 El comienzo de todo

La técnica se descubrió casualmente. Los cuerpos que se enterraban en la arena caliente del desierto sufrían una deshidratación natural y no llegaban a descomponerse. Posteriormente, los egipcios imitaron este efecto de manera artificial con una sal llamada natrón.

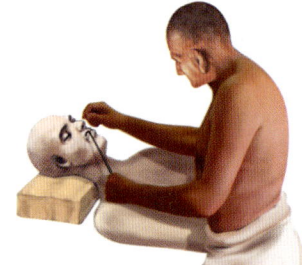

470 Sin cerebro...

Extraían el cerebro pacientemente a través de la nariz mediante unos ganchos de bronce.

471 Junto al difunto se enterraban...

... los vasos canopos, unas vasijas que contenían sus órganos una vez extraídos. También lo enterraban con papiros provistos de instrucciones de carácter ritual, y amuletos para proteger al difunto y ayudarlo en su paso al Más Allá.

472 La momificación: un proceso lento y meticuloso

Primero se extraían con mucho cuidado los órganos, y se introducía el cuerpo en sal natrón durante 40 días. Después, se rellenaba el cuerpo con serrín y resinas vegetales. Por último, cubrían el cuerpo con paños y vendas de lino.

473 Mantener el cuerpo intacto tras la muerte, primordial

De esta forma el Ka o la «fuerza vital» del fallecido podría tener un sitio donde habitar tras la muerte. De ahí la obsesión por un proceso meticuloso de embalsamamiento.

474 Un sarcófago dentro de otro, y este dentro de otro...

Los egipcios decoraban concienzudamente el interior de los sarcófagos, pues pensaban que el difunto podía verlos. El primer ataúd de piedra era revestido de otros más ornamentados aún, a modo de *matrioskas* rusas.

475 Seti I, la momia mejor conservada

Sorprende el buen estado en que se conserva esta momia. Su imagen ha dado la vuelta al mundo y ha inspirado leyendas y películas fantásticas. Su tumba, de un centenar de metros, es una de las más largas.

476 ¿SABÍAS QUE...?

El corazón era el único órgano que solían dejar intacto, pues pensaban que ahí residía la inteligencia de la persona.

477 Solo uno de cada cien egipcios sabía leer

Por esta razón existía el «sacerdote lector», encargado de recitar el papiro en el que se detallaban los pasos para realizar el ritual de forma efectiva.

478 Estatuas muy útiles

En el Imperio nuevo se empezó a incluir en las tumbas pequeñas estatuas, llamadas *ushebti*, destinadas a trabajar en la otra vida en lugar del fallecido. ¡En algunas tumbas se han llegado a encontrar más de 400!

479 Anubis, el señor de los muertos

Era el encargado de guiar al espíritu de los muertos a la Duat, al otro mundo. Se le representaba con cabeza de chacal o perro egipcio negro, el color de la putrefacción y de la tierra fértil. Simbolizaba la resurrección.

Rituales funerarios

480 La procesión hasta el mausoleo

Tras el proceso de momificación, un cortejo funerario trasladaba al faraón hasta la pirámide que le serviría de tumba. Desde el «templo bajo», construido para alojar provisionalmente al difunto, caminaban por el desierto hasta el «templo alto», junto a la pirámide. Llevaban alimentos para dejarlos junto al faraón, así como perfumes y flores. Algunas mujeres tenían que danzar y otras llorar a su paso.

481 El Valle de los Reyes

Se trata de una necrópolis cercana a Luxor donde se encuentran las tumbas de la mayoría de los faraones, reinas, príncipes y nobles de Egipto.

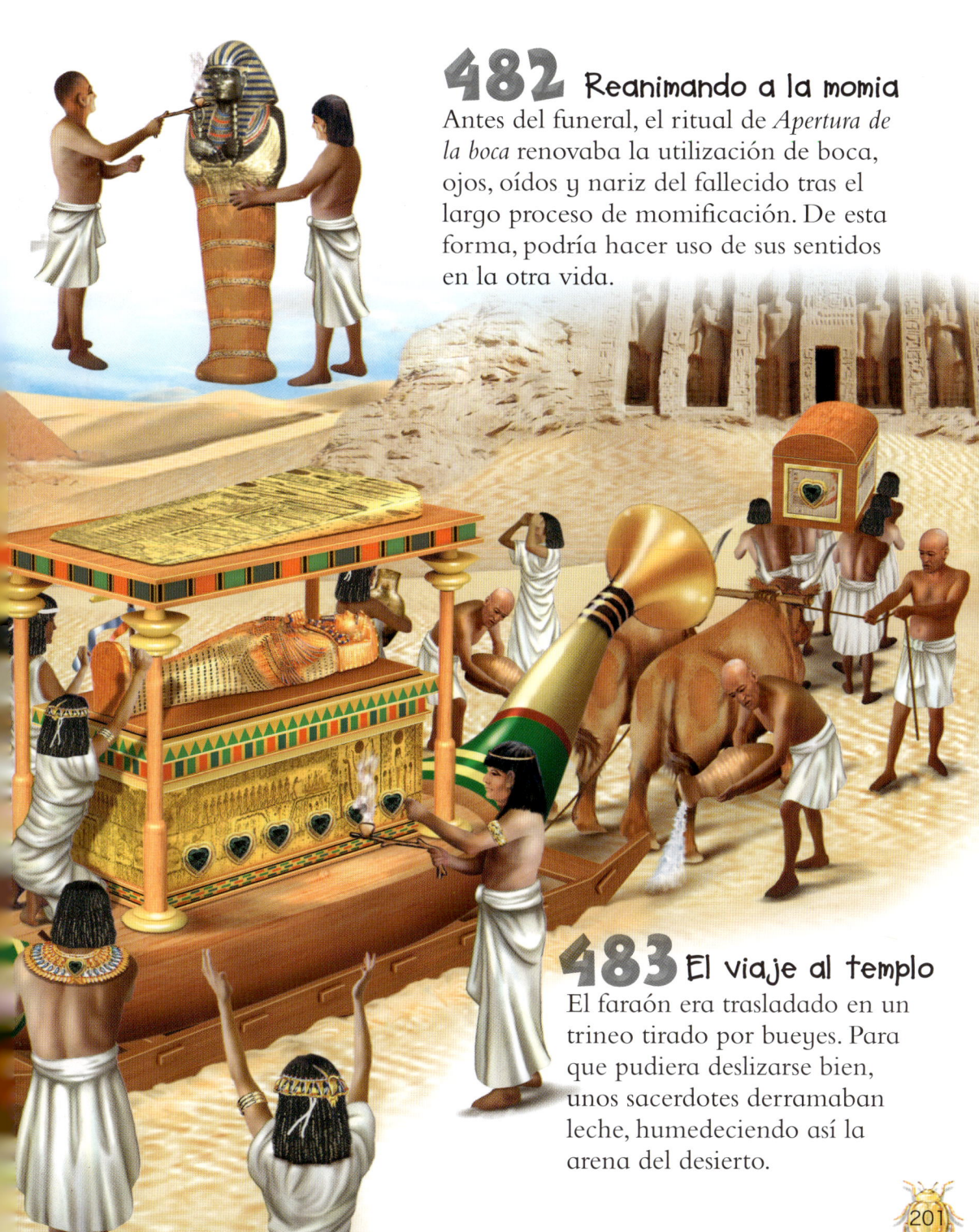

482 Reanimando a la momia

Antes del funeral, el ritual de *Apertura de la boca* renovaba la utilización de boca, ojos, oídos y nariz del fallecido tras el largo proceso de momificación. De esta forma, podría hacer uso de sus sentidos en la otra vida.

483 El viaje al templo

El faraón era trasladado en un trineo tirado por bueyes. Para que pudiera deslizarse bien, unos sacerdotes derramaban leche, humedeciendo así la arena del desierto.

484 A veces el traslado se realizaba en barca.

Se ignora cuál era la diferencia a la hora de elegir una forma u otra para acercar al difunto a su templo el día del funeral. Pero sí se sabe que en ocasiones esta procesión se llevaba a cabo sobre las aguas.

485 Las plañideras

Eran mujeres contratadas para llorar la muerte del fallecido. Sus lamentos no eran los que se le dedican a un muerto, sino a alguien que va a hacer un largo viaje del que no volverá.

486 Para que no le faltara nada en el Más Allá.

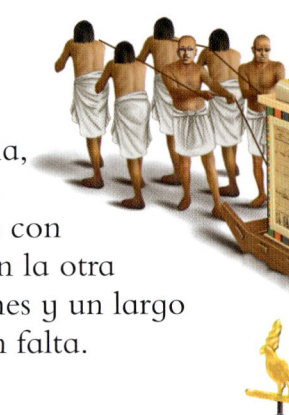

En esta particular procesión funeraria, solían trasladar las pertenencias más queridas del difunto para enterrarlas con él y que así estuviera más cómodo en la otra vida. Joyas, muebles, ropa, tazas, peines y un largo etcétera para que no echara nada en falta.

487 Unas celebraciones muy esperadas

El entierro del difunto se celebraba nada menos que 70 días después de haber fallecido. Es decir, ¡casi 2 meses y medio después! Era el tiempo que necesitaban para la completa momificación del muerto.

488 Adoración del toro sagrado

Ka significaba 'fuerza vital', pero también designaba al toro. En Egipto, el toro Apis fue venerado como la reencarnación de Ptah, el dios que da la vida, y más tarde de Osiris. Se han encontrado varios toros embalsamados y enterrados en enormes sarcófagos tras pasar por rituales.

Los que no podían pagar un funeral en toda regla tenían que conformarse con venerar un busto del difunto hecho en madera.

489 Cambios del Imperio antiguo al nuevo

Las pirámides empezaron a construirse cada vez más pequeñas y surgieron los enormes templos solares. El ritual funerario pasó de reservarse exclusivamente al faraón a poder ser realizado por cualquiera que pudiera costearlo.

490 El juicio de la pluma de Maat

El símbolo de Maat, la diosa de la verdad, la justicia y el orden, era una larga pluma de avestruz. Todos los muertos eran juzgados por Osiris antes de cruzar el umbral que separa la vida de la muerte. El alma del fallecido (su corazón) se pesaba en una balanza. Si estaba libre de impurezas, tenía que pesar menos que la pluma. Si no era así, no podría cruzar al otro lado.

Tutankamón, el Rey Niño

491 Un gobierno de muy pocos años

Tutankamón fue un faraón de la XVIII dinastía que accedió al trono hacia el 1360 a. C. Durante su reinado, restableció el culto tradicional politeísta, que había estado cuestionado en la época anterior, y concedió un gran poder a los sacerdotes de Amón. También hizo que la capital egipcia volviese a ser la ciudad de Tebas. Este faraón falleció con tan solo 18 años y la razón de su muerte sigue siendo un misterio.

Máscara funeraria de Tutankamón. Es de oro batido con incrustaciones de pasta de vidrio y turquesas.

492 Antes de Tutankamón

Su predecesor, Akenatón, devoto y monoteísta del dios solar Atón, promovió una revolución religiosa y política con la que Tutankamón terminó al subir al trono.

493 La única sepultura intacta del Valle de los Reyes

Howard Carter descubrió la lujosa tumba de Tutankamón en 1922. Es prácticamente la única que ha llegado hasta nuestros días sin haber sido saqueada. Esto ha permitido obtener muchos datos sobre la época y la cultura egipcias.

494 La maldición del Rey Dios

Dentro de la tumba había una inscripción: «La muerte llegará rápidamente a aquel que ose perturbar el reposo eterno del faraón». Curiosamente, durante los años posteriores al descubrimiento, varias de las personas implicadas en el hallazgo murieron. Entre ellos, Lord Carnarvon, el aristócrata inglés que había financiado la excavación y que murió tan solo cuatro meses después de abrir la tumba.

495 Una tumba repleta de obras de arte

Relieves, pinturas, capillas de madera recubiertas de oro... Y un sarcófago de cuarcita roja que contenía tres ataúdes de diseño antropomorfo.

En la antecámara estaba el trono de Tutankamón.

En la cámara había una capilla donde se depositaron los vasos canopos.

Los ladrones de historia

496 Tumbas saqueadas

Salvo la de Tutankamón, ninguna tumba faraónica se ha salvado. Ni los pasadizos, ni las cámaras sin salida, ni las puertas bloqueadas con losas de granito pudieron despistar a los ladrones. Se cree que muchos de ellos podían estar compinchados con los constructores de las tumbas, que les indicaban el camino para acceder al botín. También es probable que fueran los nobles e incluso algunos monarcas los que encargaban los saqueos, debido a su avaricia y a la escasez de material para proveer su propio ajuar mortuorio.

497 Castigos severos

A los saqueadores que eran capturados les esperaban técnicas de tortura bastante duras con el fin de que delataran a sus cómplices. Después, se les imponía una pena: mutilación de orejas, nariz, labios... Incluso podían llegar a ser empalados.

498 ¿SABÍAS QUE...?

Una de las razones de tanto saqueo fue el incremento de la hambruna.

Comercio y artesanía

499 Una tierra rica

A falta de una moneda de cambio, el comercio en Egipto funcionaba a base de trueque. El faraón controlaba todo lo que se comerciaba, e incluso existía la figura del recaudador de impuestos. Los egipcios cultivaban y producían más de lo que necesitaban, así que exportaban a otros países cerámica, lino, algodón, bálsamos, papiro y pescado seco. Ellos importaban algunos productos, como incienso, aceite de oliva y madera de cedro; también materiales de lujo como oro, plata, marfil… ¡Incluso caballos!

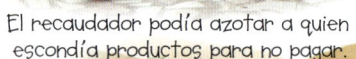

El recaudador podía azotar a quien escondía productos para no pagar.

500 Los reyes del grano

Lo que no les faltaba nunca
era el trigo, hasta el extremo
de convertirse en uno de los
cuatro graneros del mundo.
Cada familia preparaba su
propio pan en el horno de
barro del hogar.

501 Fuente de riqueza

Los egipcios tenían la suerte de poseer tierras muy fértiles debido al constante desbordamiento del río Nilo, que regaba sus cultivos. Además, el comercio fluvial alcanzó un gran esplendor, a pesar del empeño de los faraones en evitar en lo posible el contacto con los extranjeros. Un inconveniente para el comercio fue que los egipcios consideraban las aguas del mar impuras, lo que dificultaba los intercambios de pescado y sal.

502 Las rutas fluviales

La navegación a lo largo del Nilo y sus afluentes era vital para que los egipcios mantuvieran un rico tráfico interior. El puerto de Alejandría, en la desembocadura del río, se convirtió en uno de los más grandes y frecuentados, y allí llegaban naves procedentes de todo el Mediterráneo.

503 Comercio terrestre

Había también comercio por tierra, ya fuera tirando de trineos o haciendo uso de animales de carga, sobre todo cuando el Nilo reducía su caudal.

504 Siempre de blanco

Los egipcios eran excelentes productores y exportadores de telas, tintes, esencias, pomadas y cristales. Sin embargo, ellos no se teñían la ropa que vestían. El blanco simbolizaba la pureza, de ahí que todos vistieran túnicas del mismo color.

505
La baja estima del artesano

En el Antiguo Egipto, el artesano era un ser anónimo, del que se mofaban las clases que tenían mayor prestigio, como los escribas. La mayoría de los artesanos estaban contratados por el faraón y trabajaban en masa, en grandes talleres.

506 La arcilla de orillas del Nilo

El barro lo tomaban de las orillas del Nilo. Con él hacían vasijas y ladrillos para sus construcciones.

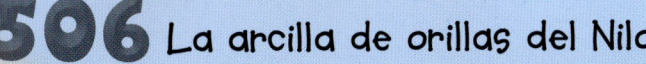

211

507 Maneras de disimular la madera

La carpintería no era de buena calidad, por eso la disimulaban con relieves realizados con utensilios de bronce o cobre, o bien encolaban o clavaban adornos de ébano y marfil. También solían pintar la superficie directamente o sobre una pequeña capa de escayola.

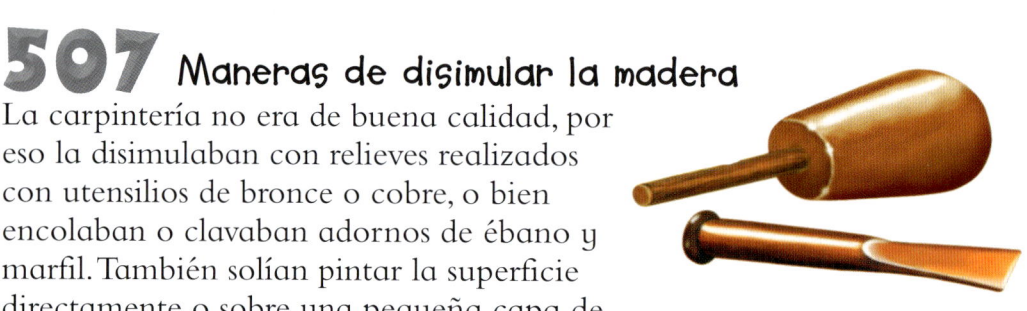

Curiosas técnicas para fundir el hierro

508 El uso de los metales

Los egipcios usaron la técnica de la cera perdida. Realizaban un molde con cera de abeja y lo recubrían con yeso. Cuando este se endurecía, lo metían en el horno para fundir la cera. Así podían quitarla y sustituirla por un metal fundido, generalmente bronce. Una vez se enfriaba, lo separaban del yeso.

509 Las castas sociales

La sociedad egipcia estaba dividida en castas, cada una con una función. Los sacerdotes, escribas, funcionarios y militares formaban las clases superiores y gozaban de privilegios. Por debajo estaban los agricultores, artesanos, pastores, pescadores, comerciantes e intérpretes. El último escalón social lo ocupaban los esclavos.

510 ¿SABÍAS QUE...?

Se dice que los egipcios son los creadores del comercio y los navegantes más antiguos.

213

Educación y costumbres

511 Hasta los 10 años aprendían en casa.

Los más jovenes aprendían en el seno familiar, observando el comportamiento de los adultos. Las madres solían ocuparse de la educación de las niñas y los padres, de la de los niños. Ellos debían aprender el oficio del padre y ellas las labores propias del hogar. Además, se les enseñaba a actuar frente a los dioses, así como conductas morales y tradiciones. También política, economía, ciencias... Todo de la mano de padres o familiares.

512 El colegio

Las familias que podían costearlo llevaban a sus hijos al colegio a partir de los 9 o 10 años.

513 Oficios heredados

Los niños no elegían qué carrera estudiar, pues los oficios eran hereditarios por costumbre. En el caso de un oficial del ejército, por ejemplo, la sucesión era automática.

514 Al alcance de pocos

Los altos cargos solían visitar las escuelas para captar a los alumnos más aventajados y concederles el privilegio de elegir una profesión. El oficio más deseado solía ser trabajar para la Administración.

515 Artistas de la palabra

La figura del profesor no existía en Egipto, pues no era relevante. La palabra y la capacidad de memorizar escritos eran lo más importante. En los colegios había un instructor y los alumnos, a sus pies, canturreaban los textos aprendidos de memoria. De esta forma, los escritos sagrados y las leyes se transmitían de unos a otros y perduraban en el tiempo.

516 El prestigioso oficio del escriba

Era una de las profesiones más difíciles y mejor consideradas socialmente. Los gobernantes confiaban sus órdenes al escriba, que era quien las transmitía. También anotaba y controlaba las actividades económicas. En Tebas había dos grandes escuelas de escribas, unos estudios que comenzaban a los 4 años y terminaban a los 17.

517 Piedra de Rosetta

En 1799 un soldado francés encontró este fragmento de estela egipcia de granodiorita con un decreto inscrito del año 196 a. C. Su importancia radica en que el mismo texto aparecía escrito en tres idiomas distintos. Así se pudo descifrar la lengua en jeroglíficos egipcios, que hasta ese momento seguía siendo un misterio.

518 Analfabetismo

Es sorprendente saber que ni faraones ni nobles sabían leer ni escribir. Ni siquiera comprendían las frases que ordenaban inscribir en sus templos. Solo diez de cada cien egipcios leían, y menos eran aún los que sabían escribir.

Tintero, pluma, guardaplumas y tablilla para escribir.

519 Hojas de papiro

El proceso para crear el papiro era tan arduo que en los colegios, salvo excepciones, prescindían de él. Los alumnos escribían sobre tablillas de madera, y la pluma era un tallo de junco. Se usaban dos tintas, la negra y la roja, esta última solo para destacar determinados pasajes.

520 ¿SABÍAS QUE...?

Los gatos eran sagrados. Si alguien mataba uno, era condenado a muerte. Y si moría de muerte natural, la familia se afeitaba las cejas.

521 El papiro, una planta que servía para escribir.

Había que poner en remojo la planta para ablandarla. Después, se retiraba la corteza del tronco y se cortaba en láminas muy finas que se extendían sobre una tela. Se cubrían con otra tela y se prensaban para aplanarlas y secarlas. Tras muchos días de secado, las hojas de papiro estaban listas.

CASTILLOS
MEDIEVALES

Saqueo y pillaje

522 La lucha por la supervivencia

Desde el principio de los tiempos el ser humano ha tenido que defenderse de multitud de peligros en sus asentamientos. Depredadores animales, ataques de pueblos vecinos, ejércitos invasores venidos de lejos… Durante la Edad Media las pequeñas aldeas estaban a merced de la mayoría de estos peligros.

523 Los saqueadores, el mayor peligro de la época

Sin piedad y con extrema violencia, los saqueadores asaltaban las aldeas y asentamientos para llevarse todo lo que hubiera de valor, sembrando muerte y destrucción a su paso.

524 ¡Las mujeres y los niños primero!

La prioridad era poner a salvo a la parte más débil del poblado, aunque en muchas ocasiones el lugar quedaba devastado y todos sus habitantes eran asesinados. Sus viviendas, en general de paja o madera, a menudo eran devoradas por las llamas.

525 Cualquier cosa valía para defenderse del agresor.

A la hora de defenderse cualquier cosa al alcance podía valer. Los habitantes de las aldeas usaban cuchillos, guadañas, palos e incluso piedras, pero resultaba insuficiente para enfrentarse contra espadas, hachas, lanzas y escudos.

526 Era cruel... ¡y era legal!

El pillaje y el saqueo estaban contemplados como algo normal en época de guerra y los botines eran algo fundamental para las tropas. No había nadie que defendiera a la población de estos ataques. Imagina la sensación de inseguridad que debían de tener...

527 El bosque, el mejor escondite

Cuando la aldea estaba situada cerca de un bosque era frecuente que todos los habitantes intentasen huir buscando cobijo y refugio en su espesura, separándose y desperdigándose; pero aun así las bajas eran numerosas.

528 Un suculento sobresueldo

Un soldado podía llegar a cuadruplicar el sueldo que recibía del ejército si tenía «suerte» y la aldea que saqueaba guardaba joyas y otros bienes de valor.

529 Prohibido el saqueo

Enrique IV prohibió en 1590 (casi cien años después del final de la Edad Media) que el saqueo o el pillaje de las ciudades pudiese prolongarse más de 24 horas.

530 Los vikingos fueron temibles saqueadores.

Los saqueadores procedentes de Escandinavia, fundamentalmente de Noruega, eran los más crueles y despiadados. La escasez en sus tierras les empujó hacia el sur de Europa. Como grandes guerreros que eran, campaban a sus anchas.

531 ¿SABÍAS QUE...?

Los vikingos sobre todo atacaban pueblos costeros. A la velocidad del rayo desembarcaban, arrasaban una aldea y volvían a sus naves.

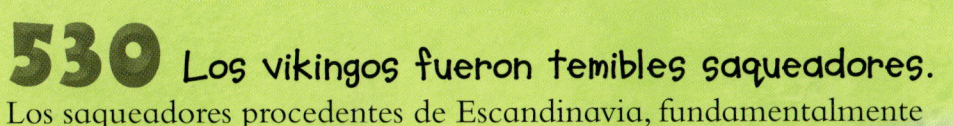

532 ¡El pillaje no fue abolido hasta 1949!

Aunque el pillaje disminuyó considerablemente conforme las sociedades se iban modernizando, todavía siguió existiendo durante muchos siglos, fundamentalmente en épocas de guerra. No se prohibió totalmente hasta la Convención de Ginebra.

Primeras aldeas fortificadas

533 Una vida más tranquila

De manera natural los asentamientos se fueron situando en zonas cada vez más seguras y se protegían con empalizadas para mantener a los intrusos a raya. Si tenían la suerte de encontrarse en un lugar rodeado por agua, vivían con cierta seguridad. Si elegían para asentarse una montaña escarpada, la defensa se hacía más fácil, aunque la vida resultase más incómoda... Lo importante era poder frenar a los posibles agresores.

534 Herencia del Imperio romano

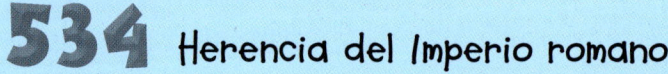

Los primeros asentamientos amurallados siguieron el ejemplo del *castrum* romano, que eran campamentos militares rodeados de altas empalizadas y con puestos de vigilancia en cada puerta.

535 ¿SABÍAS QUE...?

Para mejorar la protección de las aldeas se cortaban árboles y más árboles, pudiendo llegar a talar bosques enteros.

536 La actividad se desarrollaba dentro de las murallas.

Todas las actividades del pueblo, excepto la caza y el pastoreo, solían desarrollarse en el espacio protegido por las murallas. Era normal encontrar en la población huertos, establos para animales y talleres artesanales de todo tipo.

537 El lugar más seguro

La zona preferida para ubicar las poblaciones era en lo alto de una colina o en la ladera de una montaña. Así se podían construir puestos de vigilancia en las zonas más altas y avistar a los agresores con suficiente antelación para huir o preparar la defensa.

538 Más defensas

Tras las vallas y murallas se construían otras torres desde donde se defendían las puertas de acceso. Si se divisaba a los agresores con antelación, se hervía agua o aceite para arrojárselo encima si trataban de entrar.

539 Fosos y puentes levadizos

Los poblados situados cerca de un río solían cavar un foso ancho alrededor de la muralla y lo llenaban de agua del propio río. El único paso para entrar en la aldea era un puente levadizo que se podía levantar para cortar el acceso al enemigo en caso de ataque.

540 Las fortificaciones trajeron grandes avances.

Gracias a que lograron una mayor seguridad, los asentamientos se hicieron más permanentes. Esto favoreció que se empezaran a construir casas más robustas que antes y que sus habitantes disfrutaran de una mayor calidad de vida.

541 Un enorme impulso al comercio

Poco a poco los diferentes asentamientos establecieron entre ellos un intercambio comercial regular y los pueblos se fueron especializando en determinados productos. Empezaba a ser normal, por ejemplo, que los pueblos de pescadores intercambiasen sus mercancías con otros de agricultores o ganaderos.

542 Futuras villas

Con el tiempo, estas aldeas y poblados fueron incorporando entre sus habitantes pequeños destacamentos militares del ejército, que se ocupaban de su defensa a cambio de víveres y alojamiento. Este fue el germen que daría lugar a los grandes castillos y villas feudales.

Los primeros castillos

543 Un trabajo muy largo

Los normandos, procedentes de Escandinavia, tardaban unas semanas en levantar los primeros pequeños castillos de madera, y luego necesitaban varios meses para terminarlos por completo. Sin embargo, cuando se trataba de construir un castillo de piedra, los trabajos se prolongaban durante muchos años.

544 Con permiso del rey

Para construir un castillo era necesario que el rey otorgase lo que se llamaba «permiso para almenar». Si no se pedía este permiso o se fortificaba una aldea ya existente a escondidas, el rey podía tomarla y declararla suya.

545 Un grosor descomunal.

Era importante construir muros gruesos para que el enemigo desistiese de la idea de tirarlos abajo. ¡En ocasiones tenían hasta 6 m de ancho! Normalmente se construían dos paredes paralelas y se rellenaba de escombros el espacio que quedaba entre ellas.

546 Un trabajo de precisión

Muros y torres se hacían con piedras talladas llamadas sillares, que se colocaban a mano y se unían unas con otras usando una especie de cemento llamado mortero o argamasa. Este sistema tradicional de construcción se denomina mampostería. Se usaba un nivel para asegurarse de que cada piedra estaba alineada, si no... ¡el castillo se podía venir abajo!

547 ¿SABÍAS QUE...?

Los clavos eran muy importantes en el proceso de construcción de los castillos. El castillo de York, por ejemplo, tenía almacenados cerca de 43.000 clavos en el año 1327.

229

548 Una impermeabilización sorprendente

Para preservar los muros de la lluvia y evitar que la argamasa perdiese consistencia al mojarse había que protegerlos de alguna manera… De modo que se recubrían las paredes con una mezcla de arcilla, estiércol animal y crines de caballo: parece ser que era muy eficaz.

549 El trabajo de muchos artesanos especializados

Albañiles, carpinteros, herreros… era fundamental contar con trabajadores experimentados. El jefe que dirigía la obra era el maestro albañil y tenía que coordinar todos los trabajos y realizar cálculos para garantizar que la edificación fuera extremadamente sólida. Si eso se hace con una casa pequeña hoy día, ¡imagínate con qué cuidado había que construir por aquel entonces un gran castillo!

550 Las escaleras

Estaban contruidas para obstaculizar al invasor; de esta forma a un defensor diestro le era más fácil blandir su espada para impedir el paso al enemigo. Al invasor del castillo, generalmente diestro también, le estorbaba la pared a su derecha y no podía manejar bien la espada.

551 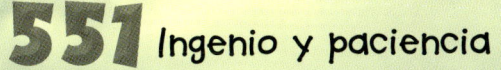 Ingenio y paciencia

Como los animales de tiro y carga no podían acceder a las torres y murallas, se usaban grúas para subir las enormes piedras una a una. Se empleaba la clásica grúa de torno, con dos poleas y un torno donde se enrollaba la cuerda. La curiosa grúa de rueda era también muy común: dos personas se metían dentro de una rueda enorme de madera y caminaban por dentro para hacerla girar y que subiera la carga.

552 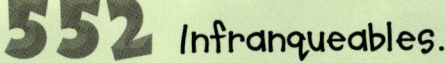 Infranqueables.

Los primeros castillos medievales eran puramente defensivos y se construían en lugares ya de por sí de difícil acceso. Se elegían cerros altos y escarpados para dificultar la llegada de tropas que pretendiesen atacarlos.

553 Las torres redondas fueron las más usadas.

Al principio se hacían cuadradas, pero luego se dieron cuenta de que haciéndolas redondas resultaban más robustas al no tener ángulos. Además, con esa forma se podían repeler ataques desde cualquier dirección.

Grandes castillos

554 Temibles construcciones acorazadas

Desde los castillos, los señores feudales planeaban las estrategias de guerra que se desarrollaban a campo abierto y tomaban importantes decisiones. Eran moles magníficamente construidas para resistir los peores ataques del exterior.

555 Preparados para resistir

Si la guerra iba mal y el enemigo llegaba hasta el castillo, era importante poder defenderlo el mayor tiempo posible. ¡A veces un castillo podía permanecer sitiado, rodeado por el enemigo, durante meses!

556 Con tan solo un puñado de hombres

Los castillos estaban tan fortificados y eran tan inaccesibles que no se necesitaban muchos soldados para mantener a los enemigos a raya. Sin embargo, durante las épocas de guerra solían estar repletos de granjeros y agricultores procedentes de los pueblos cercanos, que acudían a buscar refugio y que también luchaban con uñas y dientes para defenderlo.

557 ¿SABÍAS QUE...?

En ocasiones los castillos contaban con pasadizos secretos solo conocidos por unos pocos que le servían al señor como vía de escape de emergencia.

558 Eran importantes también en épocas de paz.

Los grandes castillos en la Edad Media servían también a los nobles como vivienda y lugar desde donde administraban sus tierras. Poco a poco fueron integrándose en la vida de los pueblos cercanos dando cabida a ferias y mercados dentro de sus murallas.

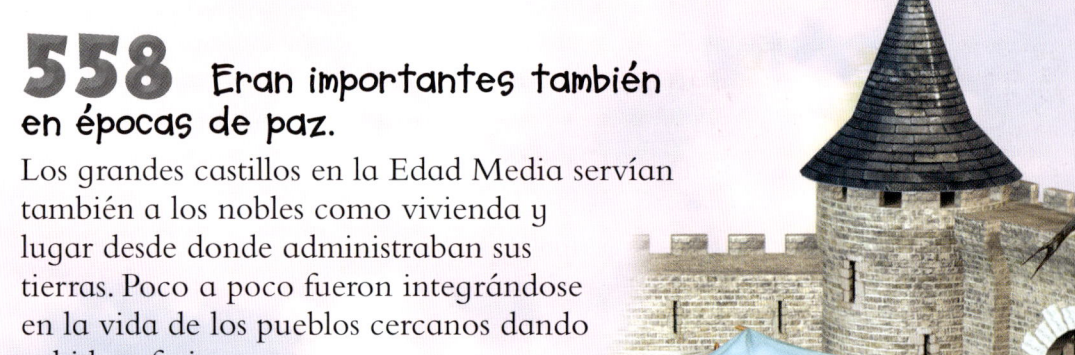

559 Cuanto más grandes eran, más murallas tenían.

Los castillos de grandes dimensiones tenían dos murallas, cada una con su puente levadizo. Con el tiempo los espacios entre las dos murallas se convirtieron en huertos y jardines.

560 En la Edad Media casi nadie sabía nadar.

El foso de los grandes castillos era muy ancho y profundo. Y era útil tanto en épocas tranquilas como revueltas. Como eran pocos los que sabían nadar, tenían que cruzarlo en barca, siendo un blanco fácil para los arqueros del castillo. El foso se usaba también para criar aves acuáticas, como los patos, y se pescaban los peces que vivían en sus aguas.

561 Los reyes, en palacio.

Uno podría pensar que los reyes
vivían en castillos, pero lo cierto
es que no eran nada cómodos.
¡Los inviernos eran muy fríos
entre sus muros! Los reyes vivían
en majestuosos y cómodos
palacios y, aunque pasaban
temporadas en el castillo, no era
lo habitual en tiempos de paz.

562 Un premio para nobles

Durante la guerra el rey se mantenía
lejos del campo de batalla comandando
los ataques y ordenando a sus tropas. En
muchos casos premiaba a los soldados
o caballeros más valientes con tierras
y títulos nobiliarios. Más adelante
llegaba incluso a financiar los castillos
desde los que los nobles gestionarían y
defenderían sus tierras.

563 La iglesia

En la Edad Media la religión siempre
estaba presente. Los castillos incluso
podían tener una iglesia o una capilla
en su interior. Antes de partir a la
batalla, los caballeros solían orar para
preparar sus almas y después eran sus
damas las que lo hacían para pedir
que volviesen sanos y salvos.

564 La torre del homenaje

Era el edificio principal de un castillo. En la última planta se alojaban el señor y su familia, y en el resto se encontraban las estancias más importantes: el comedor —donde celebraban fiestas y banquetes—, la sala de la guardia personal del señor, las despensas y las cocinas. Si el castillo era tomado, los defensores se atrincheraban en esta torre y la defendían hasta el final.

565 El torreón más alto, siempre alerta

En el torreón principal, casi siempre encima de la torre del homenaje, había un puesto de vigía permanente. Desde lo alto se dominaba una gran extensión de terreno y permitía divisar al enemigo si se acercaba.

566 El falso mito de las mazmorras

Debajo de las torres estaban las mazmorras, pero, a diferencia de lo que normalmente se piensa, no eran ni cárceles ni salas de tortura. Generalmente se usaban como almacenes donde se guardaban armas y víveres para varios meses.

567 En la Edad Media se hacían pocos prisioneros.

Los castillos no tenían celdas para los prisioneros porque en esa época no era frecuente hacerlos. La única excepción era cuando se apresaba a un pariente de algún personaje importante del ejército enemigo; en ese caso el prisionero permanecía custodiado por guardias, ¡pero generalmente vivía como cualquier otro «invitado» del castillo!

568 El patio de armas

Junto a la torre del homenaje había una zona descubierta alrededor de la cual se situaban el resto de edificaciones del castillo: era el patio de armas. Allí es donde se pasaba revista a las tropas y se hacían entrenamientos de lucha cuerpo a cuerpo.

Los habitantes del castillo

569 Los señores feudales

Durante la Edad Media se estableció un orden político feudal. El rey o el emperador era quien tenía más poder, pero repartía su reino entre otros nobles para que gobernasen por él y lo protegiesen. Estos nobles, a su vez, repartían sus tierras entre otros nobles menos importantes para que las trabajasen. Luego iban pagando impuestos y tributos desde el más pequeño señor hasta el rey, pasando por los diferentes nobles menores.

570 La ceremonia del homenaje

Es la que da nombre al edificio principal de los castillos. En esa ceremonia el señor de las tierras y dueño del castillo le entregaba a un noble menor, llamado vasallo, unas tierras a cambio de *auxilium et consilium,* es decir, apoyo político y servicios militares.

571 El precio de la protección

Los habitantes de los pueblos y aldeas pagaban tributos (impuestos) al señor del que dependían. Los agricultores le entregaban parte de su cosecha; los ganaderos, carne y pieles, y el resto pagaba un tributo en dinero si es que no se les exigía ningún servicio.

238

572   Un pequeño pueblo

Cuando un gran señor, o incluso el rey, estaba en el castillo, ¡había cerca de doscientas personas viviendo en él! La familia del señor, su guardia personal y los sirvientes constituían la mayor parte. También había representantes de la Iglesia y soldados que ocupaban las estancias fuera de la torre del homenaje.

573   ¿SABÍAS QUE...?

El único que podía burlarse de los reyes sin censura era el bufón.

239

574 La señora y sus doncellas

Por la mañana la señora del castillo disponía qué se iba a comer y daba órdenes sobre las tareas domésticas que debían realizar sus doncellas. Aparte de esto, ocupaba su tiempo en dar paseos por los bosques cercanos y practicar aficiones como el bordado.

575 ¡Compartían habitación!

Para los señores feudales la privacidad a la hora del descanso no siempre era imprescindible. De hecho, a menudo algunos sirvientes, e incluso los perros del señor, compartían la estancia por la noche y dormían en el suelo junto a sus señores.

576 La Iglesia tenía una gran importancia.

Durante la Edad Media la Iglesia tomó un papel protagonista y todo castillo tenía un capellán que se encargaba del funcionamiento de la capilla del castillo.

577 Solo unos pocos privilegiados sabían leer y escribir.

Los escribanos eran aquellos que tenían por oficio escribir, algo raro en la época, y normalmente se dedicaban a copiar documentos a mano. ¡Rara vez había más de una docena de libros en una casa!

578 Los hombres de confianza

Los caballeros eran los militares más importantes. A diferencia del resto de soldados, tenían que pertenecer a la nobleza. Antes de ser nombrado caballero había que haber sido primero paje y después escudero de otro caballero. De esta forma se transmitían los conocimientos y la tradición de la guerra y del honor.

579 Identificar a los caballeros

Cuando los caballeros llevaban puesta la armadura con su yelmo era muy difícil diferenciarlos, por eso cada uno llevaba un escudo diferente decorado con imágenes; permitía saber quién era quién sin necesidad de ver el rostro.

580 Cuando aún no había bancos

En la Edad Media cada noble debía guardar su propio dinero y sus joyas a buen recaudo. Para ello se elegía una habitación muy segura que era custodiada noche y día por varios guardianes. El chambelán, que era quien llevaba al día muchas cosas del hogar, debía controlar estrictamente las cuentas.

Torneos y fiestas

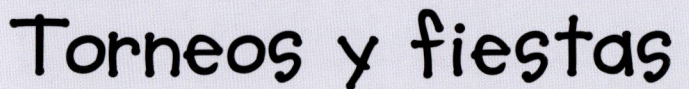

581 Una época de festividades

Durante el siglo XIII, más o menos un tercio del año era festivo. ¡Cada semana tenía dos días de celebraciones y fiestas! Los torneos donde se enfrentaban los mejores caballeros despertaban gran fervor en las zonas de influencia de los castillos.

582 Las bodas en los castillos

El castillo se engalanaba con flores y estandartes y los festejos duraban días. Solían ser en junio por una sencilla razón: el primer baño del año era en mayo… ¡así durante la boda no olerían tan mal como en pleno invierno!

583 El origen de los juegos típicos medievales

Los caballeros con alguna rencilla se retaban para salvaguardar su honor en una «justa», un combate a caballo en el que los contendientes se enfrentaban al galope y trataban de derribar al contrario con la lanza. El que era derribado perdía y a menudo moría o era gravemente herido. Si ninguno caía, ganaba el que más lanzas hubiera roto contra su rival.

584 Una valla de por medio

Una valla de madera separaba a los dos participantes de la justa. De esta forma se evitaba que los caballos chocasen en su carrera o que algún caballero cayese en la tentación de cruzarse y asestar un golpe a traición.

585
¿SABÍAS QUE...?
Cada caballero llevaba consigo el pañuelo de su dama cuando iba a combatir.

586 Las reglas de las justas en los torneos eran muy claras.

Normalmente las lanzas usadas en los torneos tenían la punta plana. Lo mismo ocurría con las espadas usadas cuyo filo, además, no cortaba. Las reglas eran: no herir de punta al contrario; no pelear fuera de filas; no luchar varios caballeros contra uno solo; no herir al caballo del rival; descargar solo los golpes al rostro y al pecho del contrario, y no herir al caballero que alzara su visera.

587 Los grandes eventos de la época

Sin lugar a dudas, los festejos más grandiosos se celebraban cuando se coronaba a un nuevo rey. Algo parecido ocurría cuando entraba en una ciudad un monarca o un noble victorioso de una batalla importante. Todo el pueblo salía a la calle para recibir al homenajeado en señal de fidelidad y respeto; luego se celebraba un gran banquete en el castillo al que asistía la nobleza.

588 Los torneos: grandes acontecimientos

Durante la Edad Media no tenían fútbol, ni cine, ni grandes conciertos de música… en su lugar tenían los torneos. Duraban cerca de una semana y se trataba de una demostración de las mejores cualidades caballerescas en varias disciplinas. Hacían las delicias de los habitantes de las ciudades más grandes, que apoyaban a los caballeros como hacemos hoy con las estrellas del deporte.

589 Participar era emocionante, pero podía ser muy peligroso.

Aunque generalmente los torneos tenían un carácter festivo y servían de entrenamiento a los caballeros, había veces en que se volvían extremadamente peligrosos por la rivalidad tan grande que había entre los caballeros.En un torneo celebrado en Alemania en 1240 murieron nada más y nada menos que… ¡80 caballeros!

590 ¡Premio para el ganador!

El ganador de cada justa se hacía con las armas y el caballo del perdedor, además de lo que hubiera ofrecido el organizador del torneo. Las justas eran los juegos estelares de los torneos y perder era un gran deshonor.

591 Un público entregado

La gente seguía con fervor cada enfrentamiento y aclamaba a los vencedores mientras sonaban marchas marciales. Los jinetes se iban creando fama con cada combate, hasta el punto de convertirse en auténticas leyendas. Los niños jugaban a ser sus ídolos… ¡Eran auténticas estrellas medievales!

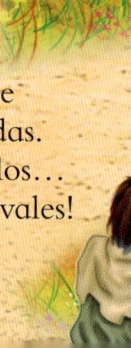

592 La quintena, juego y entrenamiento

En este juego los caballeros embestían con su lanza a un maniquí móvil llamado estafermo o a un escudo. Este, al ser golpeado, giraba sobre un eje con gran fuerza y rapidez, y asestaba un garrotazo o golpeaba con un saco de arena al caballero, que debía ser hábil para esquivarlo. A menudo se producían cómicas caídas y el público estallaba en carcajadas.

593 La sortija, para poner a prueba la puntería

Se trataba del juego para el que hacía falta mayor puntería. Se colocaba una anilla en mitad de los carriles de las justas y los caballeros, en vez de derribar al contrario, debían tratar de ensartar esta sortija con la punta de su lanza.

594 Otras competiciones

Los caballeros también combatían en luchas con espada y escudo, y los escuderos participaban sin armas en competiciones de lucha libre. También había otras competiciones abiertas a más participantes, como el tiro con arco o los dardos.

La vida fuera del castillo

595 Era imposible prosperar.

En las aldeas y pueblos bajo la protección de un castillo, la gente no podía progresar económicamente, pues debían pagar al señor feudal un arrendamiento por las casas y otro por las tierras de cultivo, además de otros impuestos.

596 A merced de cualquier contratiempo

Los habitantes de las aldeas a veces eran sacudidos por temporales que arruinaban las cosechas, brotes de enfermedades que se propagaban fácilmente o simplemente por grandes subidas de impuestos debidas a alguna guerra… Estas catástrofes les condenaban a vivir en la miseria.

597 Viviendas humildes

Durante la mayor parte de la Edad Media las edificaciones del pueblo se construían con madera, adobe y piedra en el mejor de los casos. Como los tejados eran de paja, uno de los principales problemas que tenían eran los incendios, que eran muy comunes y obligaban a reconstruirlas a menudo.

598

¿SABÍAS QUE...?

a orina humana tuvo muchos sos; en las lavanderías servía de blanqueador de tejidos… ¡Hasta como dentífrico!

249

599 ¡Ni siquiera dormían en camas!

Las camas se consideraban un lujo y las personas dormían en lechos de paja en el suelo. Quien podía iluminaba la casa con velas. Lo normal era que no hubiese platos, así que comían sobre trozos de pan. Los niños construían sus propios juguetes y no había lugar para gastos superficiales.

600 Una alimentación muy limitada

La mayoría de la población mantenía una dieta basada en los cereales y lo que se cosechaba en su región. Pocas veces se comía un buen trozo de carne o pescado y las sopas con pan eran muy comunes. ¡Se estima que la dieta se constituía de cereales en un 70 %!

601 Meses sin ducharse...

La época medieval fue una de las menos higiénicas. La gente pasaba meses sin darse un baño… así que nos podemos hacer una idea del olor que reinaba en el ambiente. ¡Encontrarse rodeado de una multitud debía de ser asfixiante!

602 La calefacción más rudimentaria

Lo normal era que la planta baja de las casas fuera un corral o un establo y que las personas durmiesen en un altillo. De esta forma se aprovechaba el calor generado por los animales. Los suelos eran como un estercolero… ¡Imagina el olor tan nauseabundo que tenían que aguantar en la casa!

603 Las calles, focos de infección

Como las ciudades carecían de alcantarillado, las calles estaban embarradas durante todo el año. Todo el mundo tiraba sus desechos al suelo y no había ningún servicio de limpieza. La falta de higiene provocaba que surgieran enfermedades muy mortíferas y que se contagiaran con gran facilidad.

604 ¡No había colegio!

Los niños ayudaban a los adultos en sus tareas y poco a poco iban aprendiendo un oficio. Herreros, albañiles, zapateros… todos tenían aprendices que les ayudaban. Las niñas no tenían las mismas posibilidades y se tenían que quedar ayudando en las tareas de la casa.

605 Riqueza para el señor

Los campesinos eran siervos del señor feudal y le tenían que entregar ¡la mitad de su cosecha! Con el resto alimentaban a su familia y si les quedaba algo, trataban de venderlo en el mercado.

606 La sabiduría popular, en contacto con la naturaleza

Pese a que la economía y la cultura eran muy pobres, la sociedad rural tenía un entendimiento de la naturaleza mucho mayor que el que tenemos actualmente. Conocían las hierbas y sus propiedades curativas, los movimientos del sol, sabían orientarse con las estrellas… Cazaban para alimentarse y talaban árboles con mesura.

607 Una feria dentro de las murallas

Cada cierto tiempo se celebraba una feria en el castillo, a la que acudían comerciantes de toda la región para vender sus animales, frutas, hortalizas, vino… Era todo un acontecimiento donde no faltaban malabaristas, juglares… ¡y algún que otro ratero!

608 Una triste comparación

Se puede decir que vivir en la Edad Media en Europa era durísimo. Pero lo peor es que hoy día, en pleno siglo XXI, aún existen algunos países pobres donde las condiciones de vida son incluso peores que entonces.

609 ¿SABÍAS QUE…?

A los ladrones, si se les pillaba robando, se les cortaba la mano derecha.

¡Nos atacan!

610 ¡Ojo a todos los frentes!

Para asaltar un castillo hacía falta una gran organización si no se querían perder muchos soldados en el intento. Estudiar todas sus defensas resultaba fundamental y no era tarea fácil encontrar el punto débil de un castillo bien construido.

611 Sitiar el castillo, la mejor opción

Si se disponía de tiempo, esta era la mejor opción, puesto que aislar el castillo rodeándolo obligaba a sus habitantes a consumir todas sus provisiones y con el tiempo se esperaba que se rindiesen. Entre otras tácticas, los atacantes contaminaban el foso con animales muertos, y también los lanzaban al interior del castillo para transmitir enfermedades.

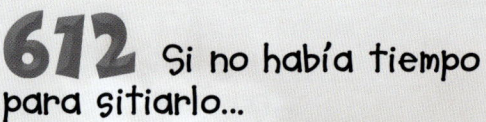

612 Si no había tiempo para sitiarlo...

… entonces se preparaba un ataque. Se elegían varios frentes para dividir a los defensores y se trataba de apabullarlos con ataques feroces y continuados. De esta forma la defensa se iba agotando y bajaba su rendimiento.

613 Las máquinas de ataque a distancia

Las catapultas eran las armas más dañinas contra los muros y el interior del castillo. El trabuquete, una catapulta pequeña, lanzaba piedras a una gran altura que caían dentro del recinto del castillo. También podían lanzar animales muertos y vasijas llenas de cal, que quemaba la piel de los defensores… ¡Incluso lanzaban cabezas humanas!

614 La «derribamuros»

El almajaneque o maganel era otro tipo de catapulta que disparaba proyectiles de trayectoria baja que debilitaban y destruían las murallas. Aunque se necesitaban muchos días de bombardeos incesantes para abrir una brecha, los defensores del castillo no podían contra ella.

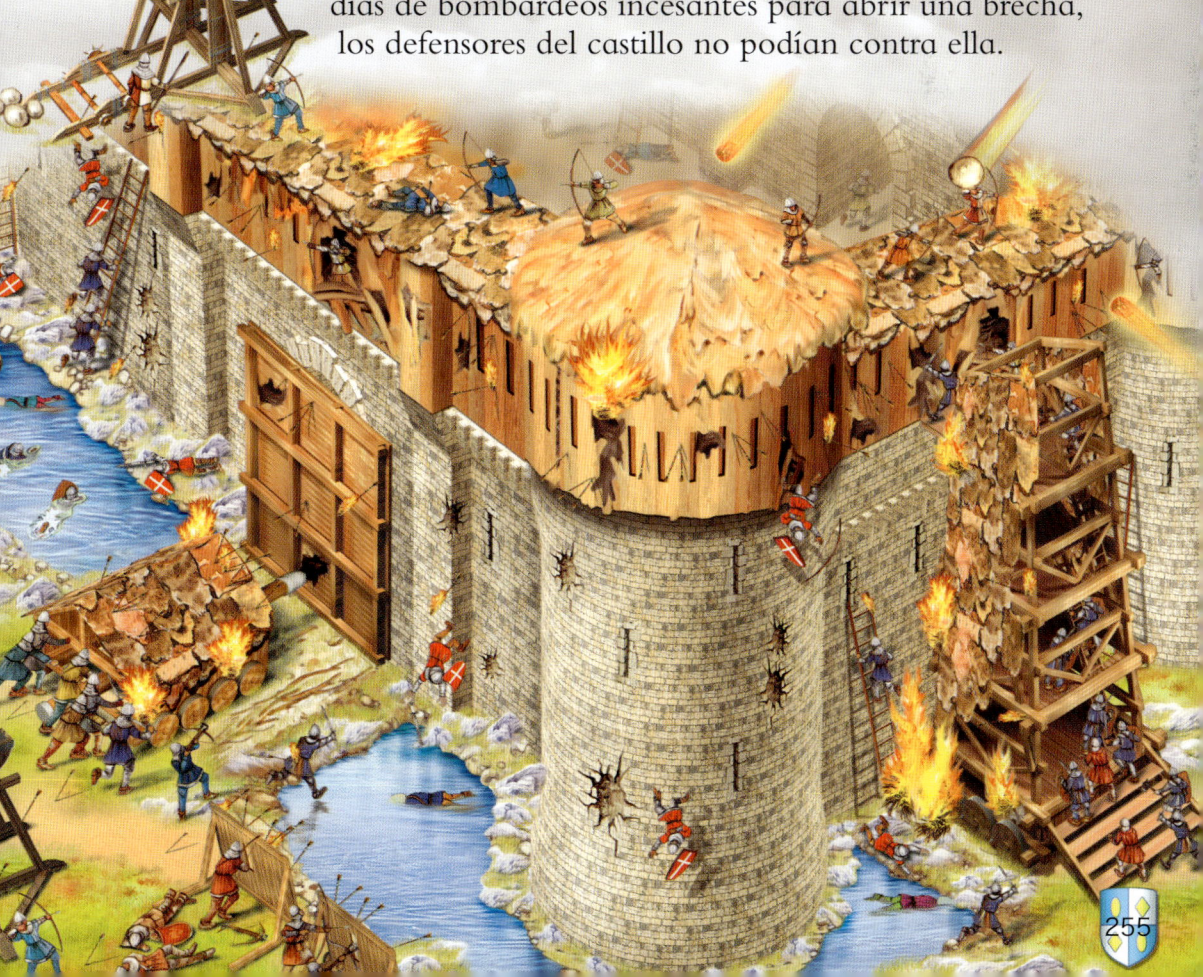

615 La importancia del agua

Ante cualquier ataque, la primera medida consistía en cortar el acceso al castillo. El puente levadizo se levantaba por un sistema de contrapesos, y para volver a bajarlo bastaba con tirar de las cadenas hacia arriba. Además, los castillos más sofisticados disponían de pozos o de aljibes, unos depósitos bajo tierra donde se almacenaba el agua procedente de la lluvia. Esto era vital para garantizar la supervivencia dentro del castillo.

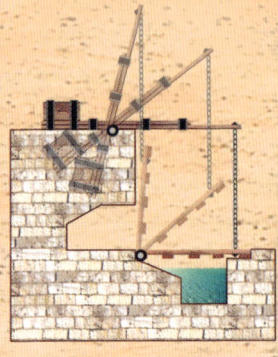

616 Las estratégicas aspilleras

Las aspilleras también se llamaban balistrarias o saeteras y eran unas aberturas muy estrechas por las que disparaban los arqueros. Estaban situadas estratégicamente por todos los muros del castillo y se ensanchaban hacia el interior para que el arquero pudiese disparar cómodamente sin exponerse a que le alcanzasen.

617 Adaptación a las nuevas armas

Las aspilleras fueron cambiando de aspecto conforme los arcos se iban mejorando. Cuando apareció la ballesta, las aspilleras tomaron forma de cruz para permitir a los ballesteros maniobrar mejor.

618 Un último obstáculo antes de la puerta

Para poder entrar al castillo, el enemigo tenía que derribar el portón principal o bien quemarlo. Para evitarlo, justo antes de la puerta se instalaba una especie de reja llamada «rastrillo». El rastrillo era de madera recubierta de hierro o acero para protegerlo del fuego; se dejaba caer para cerrar el paso a los atacantes.

619 Una táctica de defensa cruel: los agujeros asesinos

Cuando los muros principales eran muy anchos había dos rastrillos, uno en cada lado. A menudo se abría el primero para dejar entrar al enemigo y, cuando un buen número de hombres había entrado, se volvía a cerrar dejándolos encerrados. En el techo de la entrada solía haber unos huecos, conocidos como «agujeros asesinos», desde donde se vertía sobre los soldados enemigos agua hirviendo, arena caliente o incluso brea a la que luego se prendía fuego.

257

620 El foso, una trampa mortal

Eran pocos los soldados que sabían nadar y los que se aventuraban a cruzar el foso a nado solían encontrar la muerte ahogados o alcanzados por alguna flecha. Eran un blanco fácil, porque se avanzaba lentamente.

621 Objetivo: atravesar la puerta

Aunque era una de las tareas más peligrosas, a veces se intentaba derribar la puerta del castillo con un ariete. Este era un tronco con punta reforzada que se suspendía en una estructura para poder golpear la puerta repetidamente hasta romperla.

622 Un punto débil: bajo tierra

El ataque más sofisticado consistía en excavar un túnel hasta los cimientos de madera de los muros y quemarlos para que se derrumbasen por sí mismos. Mientras los excavadores hacían su trabajo, otros soldados les cubrían usando como protección unas barreras de madera llamadas manteletes.

623 Escalar los muros tampoco era fácil.

Los soldados intentaban subir por los muros usando escalas y torres de asedio, ataques que la defensa intentaba repeler prendiendo fuego a dichas torres, tirando piedras, aceite hirviendo o brea desde las almenas. O incluso empujando las escaleras con un gancho cuando el soldado estaba muy arriba.

624 Las Armas

Algunas de las armas más utilizadas fueron la ballesta —que era de corto alcance pero capaz de atravesar una armadura—, el hacha de doble filo, las mazas de pinchos y de bola, los arcos con flechas incendiarias y la espada.

625 El final de un castillo

Tras un asedio victorioso, el castillo quedaba totalmente inservible y la mayoría de las veces se abandonaba. Los campesinos aprovechaban las piedras y las maderas en buen estado, y la naturaleza lo iba invadiendo todo poco a poco.

PiRATAS

Soy un pirata

626 El Caribe, nido de piratas

Desde mediados del siglo XVI hasta aproximadamente el año 1720, la piratería se extendió por el mar Caribe y el océano Atlántico. ¡Los piratas llegaron incluso a dominar auténticos estados! En este periodo se gestaron sus mayores aventuras y hazañas. Los puertos caribeños hervían de piratas deseosos de embarcar junto a algún gran capitán y conseguir enormes tesoros. Hasta el siglo XIX asolaron mares y puertos en América.

627 Un clásico pirata

Un verdadero pirata vestía con camisa, chaleco o casaca y calzones; en la cabeza, un sombrero oscuro o un pañuelo le protegían del sol, e iba armado con una espada y cuatro pistolas… aunque también solía llevar un cuchillo bien escondido. Era intrépido y valiente, gran aficionado al juego y al ron, ¡y también era un experto tramposo! Soñaba con la libertad y vivía por ella.

628 «Accesorios» característicos

Los piratas solían sufrir heridas y mutilaciones durante sus combates y en las tripulaciones no era raro encontrar hombres con un parche en un ojo, una pata de palo o un garfio en vez de mano… Les gustaba llevar collares de oro, pendientes y tatuajes. A menudo adoptaban una mascota, por lo general loros y monos.

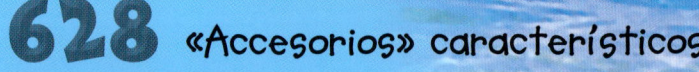

629   Focos de piratería

Madagascar, Bahamas, Jamaica y la isla de la Tortuga se convirtieron en un hervidero de piratas. En la zona del Caribe tenían un enemigo principal: los españoles, cuyos barcos saqueaban en cuanto tenían ocasión. Tanta era la importancia de los piratas que a veces ellos mismos gobernaban las islas, pese a que eran «propiedad» de ingleses o franceses.

630   ¿SABÍAS QUE...?

También usaban el parche durante la batalla para tener un ojo acostumbrado a la intensa luz del sol y otro a la oscuridad de la bodega: ¡así no perdían tiempo en habituar la vista!

631   Amigos de lo ajeno y enemigos de todos

Los piratas eran, por lo general, marinos desarraigados que surcaban los mares a la caza de barcos, fundamentalmente españoles y portugueses, que transportaban mercancías preciadas desde los puertos de América.

632 El mapa del tesoro

En el Caribe hay muchísimas islas e islotes y, aunque no era lo habitual, algunos piratas elegían cuevas remotas o grutas subterráneas naturales como depósito para los botines conseguidos. La tripulación mantenía su paradero en secreto y, si el barco era hundido en combate, esos tesoros quedaban abandonados y olvidados. A veces aparecía un mapa extraño, quizás de un superviviente de alguna tripulación, que mostraba la ubicación exacta de un tesoro. Si caía en manos de un capitán pirata, ¡seguro que zarpaba en su busca de inmediato!

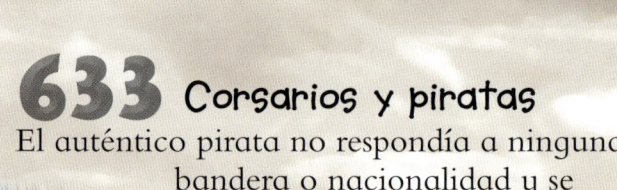

633 Corsarios y piratas

El auténtico pirata no respondía a ninguna bandera o nacionalidad y se dedicaba a saquear a lo largo y ancho del mundo. El corsario, en cambio, tenía un permiso real que le otorgaba alguna nación, llamado «patente de corso», que le permitía piratear barcos de países enemigos. El corsario siempre tenía que entregar a su rey un porcentaje de las ganancias. Muchas veces, cuando el país le retiraba este permiso especial, el corsario seguía surcando los mares de forma independiente y se convertía en un pirata más.

634 Bucaneros

Los bucaneros provenían de la isla de La Española, donde se dedicaban a la caza y al comercio de carne con los barcos que hacían escala allí. Cuando los españoles les expulsaron a la vecina isla de la Tortuga empezaron a dedicarse al saqueo y el pillaje de embarcaciones y posesiones españolas. Estos «piratas de tierra» eran crueles y despiadados y, aunque no eran grandes marinos… ¡dominaban con maestría las armas de fuego!

635 Filibusteros

Los filibusteros también procedían de La Española, aunque la mayoría acabó en la isla de la Tortuga. Eran piratas libres que nunca se alejaban de la costa. Navegaban cerca de esta bordeándola y atacaban y saqueaban las localidades costeras.

636 La piratería en la historia

Aunque la más conocida es la del Caribe, el documento sobre piratería más antiguo data del siglo XII a. C. y narra hazañas y aventuras de piratas en los mares Egeo y Mediterráneo. Ha habido a lo largo de la historia piratas fenicios, griegos, vikingos, turcos, bereberes… ¡Es probablemente una de las «profesiones» más antiguas de la historia!

La organización a bordo

637 Circunstancias difíciles

Los marinos de los siglos XVI, XVII y XVIII tenían que enfrentarse a muchas dificultades durante sus viajes: el sol abrasador, el frío de la noche en alta mar, tempestades, falta de higiene, enfermedades, motines, naufragios, escasez de agua y de comida… Los cargueros transportaban productos de los que se podía sacar una buena suma: oro, piedras preciosas, telas, café…

638 Mejor los barcos ligeros.

Los capitanes elegían barcos pequeños, rápidos y con facilidad de maniobra para que les fuera fácil dar caza a los pesados cargueros llenos de riquezas. A veces otros barcos de guerra zarpaban para hundir un barco pirata y este tenía que escapar a toda vela. ¡Una persecución marítima a gran velocidad podía llegar a durar horas e incluso días!

639
Buena tripulación

Antes de zarpar para buscar un tesoro o interceptar un barco lleno de mercancía valiosa, el capitán debía reclutar una tripulación de entre 30 y 50 piratas para manejar el barco. El contramaestre o primer oficial le ayudaba a elegir a los mejores hombres disponibles y coordinaba los preparativos del navío para zarpar.

640 El capitán

Era la máxima autoridad y debía tener capacidad de mando y ser al mismo tiempo un temible adversario. Debía hacer acatar sus órdenes siempre y ser un líder justo en el día a día y un ejemplo de valor durante la batalla. Ser capitán pirata no era tarea fácil y si no se hacía bien, la tripulación podía amotinarse y elegir un nuevo capitán. ¡A veces incluso condenaban a muerte al capitán depuesto!

641 ¿SABÍAS QUE...?

Había ratas en todos los navíos y eran las responsables de las «enrataduras»: agujeros en la madera del costado del casco, por debajo de la línea de agua, que había que reparar rápidamente para evitar una inundación.

642 El contramaestre

Era la mano derecha del capitán y el gestor: repartía las ganancias de los asaltos, ejecutaba los castigos y racionaba la comida y la munición. Cuidaba de que el código de conducta se cumpliese a rajatabla, bajo pena de castigo, y era el administrador económico del barco. Era también quien decidía qué parte del botín se cargaba en la embarcación y en qué lugar.

643 El carpintero

Era un miembro importantísimo de la tripulación, algo así como un manitas especializado en carpintería. Cuidaba y reparaba el casco del barco, el mástil y otros elementos clave de la nave. Era muy respetado entre la tripulación: ¡sin él el barco podía irse a pique!

644 El cirujano

También era conocido como «físico» y era otro de los miembros más respetados. El cirujano no siempre tenía conocimientos de medicina y a veces solo ofrecía remedios y curas básicas; aun así, eso era mejor que nada. Cuando no había un cirujano a bordo, ¡se encargaban de las amputaciones el carpintero o el cocinero!

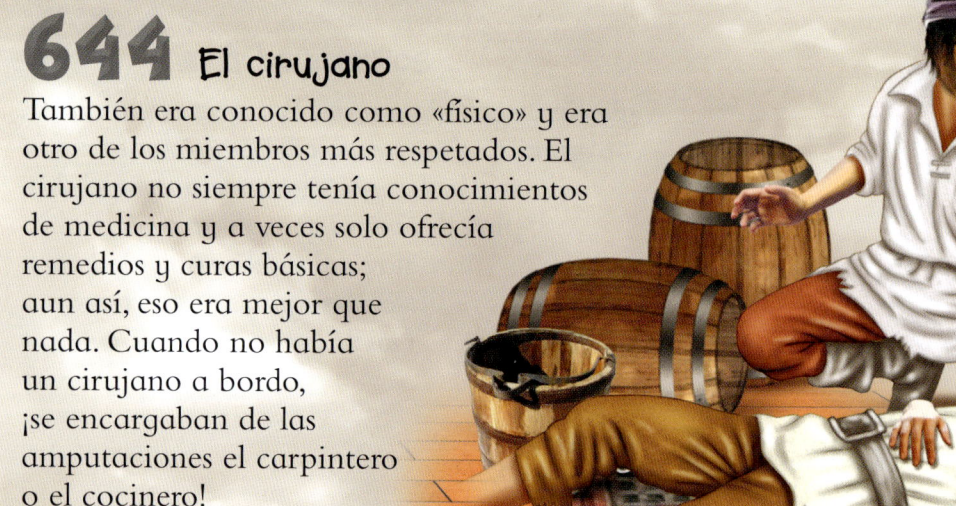

645 Los artilleros

Con los cañones se apuntaba prácticamente a ojo:
los artilleros con experiencia que llegaban a dominar
este arte eran esenciales en cada batalla. Antes de
abordar una embarcación, el artillero usaba los
cañones para destrozar el aparejo y el palo mayor
de la nave enemiga. Una vez detenido el barco, para
facilitar su abordaje se disparaba metralla con
el fin de despejar la cubierta.

646 El oficial de derrota

No siempre había uno, pero era
importante. Este oficial experto en
cartografía y navegación era el
encargado de interpretar la posición
del sol y las estrellas para ubicar el barco
en un mapa. Si no había oficial
de derrota, el capitán o el
contramaestre se encargaban
de esta tarea.

647 Marineros rasos

Obedecían las órdenes de sus
superiores, realizaban las guardias y se
ocupaban de limpiar los cañones y
las cubiertas. Debían tener sus armas
siempre a punto para entrar en
combate en cualquier momento y se
les castigaba si no lo hacían.

648 Músicos

En los barcos era frecuente que hubiese algún músico y su labor casi siempre era la de transmitir mensajes por medio de sonidos usando un tambor o una trompeta. Así se podían dar órdenes comunes a toda la tripulación. Como en el barco también se cantaba a menudo mientras se trabajaba, los músicos acompañaban con su instrumento.

649 Código de conducta

Las normas de convivencia eran muy similares en los barcos piratas, pero algunas variaban levemente, sobre todo en lo referente al reparto de los botines. Cada capitán ofrecía lo que le parecía conveniente, pero en general hacía el reparto de una forma equitativa y transparente, ya que dentro de la tripulación se aplicaba la pena de muerte a cualquier estafador.

650 ¡Cuidado con el agua!

El agua dulce almacenada en barriles de madera se corrompía al pasar un tiempo y podía ser foco de infecciones. Por suerte, los indios de América les enseñaron a los piratas que, si le añadían harina de maíz, el agua volvía a ser potable.

651 Piratas democráticos

Los capitanes solían elegirse por votación y así podían ser también depuestos, de manera que un capitán tenía que hacerse respetar y ser justo en sus decisiones para conservar su cargo. Si el capitán asumía también la tarea de oficial de derrota del barco, su puesto era un poco más seguro: ¡la tripulación temía no saber volver a tierra sin él!

652 Provisiones

La alimentación de la tripulación durante el viaje era muy pobre; se basaba en galletas, carne ahumada y en salazón, pasas… A menudo llevaban gallinas para que pusiesen huevos y pescaban siempre que podían. ¡Pero apenas comían fruta y verdura! En la bodega del barco se guardaban barriles con agua, cereales, legumbres… ¡y ron, por supuesto!

653 Unas galletas poco apetecibles

La auténtica base de la dieta pirata era un tipo de galleta de pan durísima que se llenaba rápidamente de gorgojos y larvas… Para «limpiarlas» de bichos, ponían un pescado grande encima del saco de galletas y, cuando se llenaba de gusanos, lo cambiaban por otro hasta que ya no quedasen más. Aun así, convenía sacudir bien las galletas antes de comérselas, por si acaso…

654 Un gran enemigo: las cucarachas

Estos insectos estropeaban gran cantidad de víveres; eran una auténtica plaga en los buques. Aparte de transmitir mal olor a todo lo que tocaban, roían la ropa y los libros. Los piratas solo podían acabar con las plagas recurriendo al llamado «humazo»: se vaciaba el barco entero, se cerraban las escotillas y se ahumaba todo el interior calentando mercurio en unos hornillos. Así morían todas las cucarachas… ¡pero no sus huevos!

655 Una carga mínima

Cargaban pocos cañones y debían ser ligeros. Lo más importante era garantizar que el barco maniobrara con facilidad y a gran velocidad, ¡y que hubiera espacio para almacenar el botín!

656 Peso bien repartido

Toda la carga era almacenada en las bodegas del barco, tratando de mantener lo más pesado en el fondo y repartiéndola de forma que aumentase la estabilidad de la embarcación. La pólvora era lo único que se guardaba cerca de cubierta, para protegerla de la humedad y para tenerla siempre a mano para cargar los cañones.

657 Los piratas prodigaban mimos...

... ¡pero solo a sus barcos! La mayor parte del tiempo la tripulación se dedicaba a mantenerlos bien cuidados. ¡Unas velas y unos aparejos en perfecto estado podían marcar la diferencia en una persecución! Incluso cada cierto tiempo limpiaban una capa de algas y moluscos que se adherían al casco de la nave, lo que les permitía adquirir más velocidad en travesía.

Tormentas indómitas

658 El mayor de los temores

Si había algún peligro que asustase de verdad a un capitán, este era la cercanía de una tormenta. Como las embarcaciones piratas solían ser pequeñas, una tormenta tropical podía hacerlas trizas y provocar su naufragio.

659 ¡Qué mareo!

Cuando la mar estaba brava todos los marineros sufrían las consecuencias… El vaivén era tan intenso y violento que hasta el más experimentado marino corría el riesgo de acabar con el estómago descompuesto.

660 Olas gigantescas

En el Caribe, durante una tormenta violenta se pueden registrar olas de entre 25 y 30 m de altura… ¡Tan altas como un edificio de 10 plantas! Estas olas colosales podían engullir embarcaciones enteras.

661 ¡Agárrense!

Ante una gran tormenta había que quedarse en cubierta y agarrarse bien fuerte a algún cabo asegurado para no caer al mar. Si alguien se quedaba en la bodega corría el riesgo de ser aplastado por la mercancía que transportaba el barco.

662 ¿SABÍAS QUE...?

Las ráfagas de viento de un huracán tropical pueden llegar a superar los 300 km por hora.

663 ¡Arriad las velas!

Antes de que la tempestad se les echase encima del todo, los marineros debían subir a los mástiles para plegar las velas y dejarlas aseguradas. Esto se hacía porque los fuertes vientos podían llegar a romper el mástil, averiar los aparejos… ¡e incluso llevar el barco a pique!

664 Horas de dura lucha

Una gran tormenta podía durar varias horas y el capitán y sus marineros debían trabajar a destajo y sin descanso para gobernar la nave y evitar el naufragio. Eran horas tensas y extenuantes en las que la muerte rondaba a cada golpe de mar y de viento…

665 Tres meses fatídicos

Los meses de agosto, septiembre y octubre son los más proclives a los huracanes y tormentas tropicales en el Caribe. Durante esos tres meses la probabilidad de tener que enfrentarse al mal tiempo era grande y los piratas preferían atacar ciudades costeras en lugar de navegar por alta mar.

666 La peor de las torturas

El viento y el mar rugían de forma ensordecedora y enmudecían cualquier grito de auxilio. Las corrientes alocadas arrastraban todo a su paso y en un segundo las olas gigantes sepultaban con toneladas de agua a los tripulantes que caían al mar. Si, además, la tormenta arrastraba el barco hasta la costa, las olas lo lanzaban una y otra vez contra las rocas haciéndolo pedazos. Los hombres que caían al agua eran mutilados a cada embestida…

667 Pillados por sorpresa

Se cree que la actividad de los huracanes en el Caribe durante los siglos XVI y XVII no era tan furiosa como hoy en día y precisamente por eso las grandes tormentas pillaban a los barcos por sorpresa. ¡A principios del siglo XVI una sola tempestad mandó al fondo del mar nada más y nada menos que a 20 naves!

El fragor de la batalla

668 ¡Terror en el horizonte!

Si había algo que amedrentaba a los barcos mercantes de la época, incluso cuando iban escoltados por navíos de guerra, era la aparición de otra nave en el horizonte, porque siempre existía el peligro de que se tratase de piratas. ¡Los temían tanto o más que a los huracanes!

669 ¿Qué bandera es esa?

La bandera pirata más conocida es la *Jolly Roger*, que generalmente representa una calavera sobre dos tibias cruzadas. Pero lo cierto es que cada capitán usaba su propia variante. Se trataba de una «tarjeta de visita» que con el tiempo podía llegar a infundir terror y respeto en sus víctimas potenciales.

670 La más sanguinaria

Las banderas piratas de color rojo simbolizaban la sangre y declaraban sin ninguna duda sus intenciones resumidas en un lema: «No se perdonará una vida, no se harán preguntas». Estas banderas generaban pánico, pero incitaban a las víctimas a ofrecer la mayor resistencia antes de rendirse, por lo que en ocasiones la batalla conducía al hundimiento del barco y a la pérdida del botín.

671 ¿SABÍAS QUE...?

La deserción del barco durante la batalla estaba castigada con la muerte o con el abandono del cobarde a su suerte en el mar...

672　El abordaje perfecto

Cuando un capitán se había ganado
la reputación de ser respetuoso con
la vida de sus víctimas, pero sanguinario si
se le plantaba cara, comenzaban a crecer los
botines que atesoraba: los barcos mercantes,
al reconocer su bandera, solían rendirse
esperando así salvar la vida. ¡Entonces no era
necesario disparar un solo cañón y se conseguía
apresar el botín intacto!

673　Para empezar, la artillería

Si el navío que se quería abordar no se rendía, el barco
pirata izaba su bandera de ataque y se preparaba para
librar una batalla. Normalmente más rápidos y
ágiles, era cuestión de tiempo que neutralizaran
a su objetivo disparando cañonazos a su palo
mayor y su aparejo, obligándole a detenerse.
¡El objetivo era detenerlo, no destruirlo!

674　Un trabajo para corsarios

Los navíos mercantes cargados de plata y oro solían
viajar escoltados por naves de guerra que hacían muy
difícil su captura. Los piratas gobernaban
naves solitarias, como mucho agrupadas
en parejas, y no atacaban estos barcos
porque solían estar en inferioridad
de condiciones. No era el caso
de los corsarios, que, al estar
«patrocinados» por una nación,
solían disponer de pequeñas flotas
para realizar sus saqueos.

675 Antes de abordar

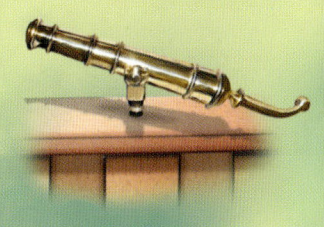

Con cuerdas y garfios trataban de unir las dos embarcaciones para el abordaje; pero antes usaban unos pequeños cañones situados en cubierta, llamados pedreros, para disparar metralla y despejar el lugar de enemigos. A continuación entraban con fiereza a conquistar el barco.

676 ¡Al abordaje!

Normalmente se asaltaba el barco y un grupo de piratas rompía el velamen con hachas y alabardas mientras que otro entraba en combate cuerpo a cuerpo. Empuñaban pistolas y mosquetes como primera opción y, como solo tenían una bala por pistola y se tardaba en recargar, después continuaban la lucha con armas blancas.

677 ¡La pólvora mojada no servía!

El mayor problema de las armas de fuego era que la humedad a bordo era grande. Si se mojaba la pólvora ya no se podía disparar y por eso la cuidaban mucho. La solían conservar bien seca en cuernos con una boquilla delgada que permitía recargar las armas.

678 Distintas armas de fuego

La pistola era pequeña y manejable, pero no muy precisa, así que era útil solo a corta distancia. El arcabuz era parecido a un rifle y tenía un alcance de solo 50 m, ¡pero podía perforar una armadura! El mosquete era más largo y ligero que el arcabuz y además ofrecía más precisión y alcance. Servía para atacar al barco enemigo durante la aproximación para abordarlo. Al primero que se apuntaba era al timonel.

679 Las armas cortas

El hacha de abordaje servía para romper e inutilizar las velas, evitando así la posible huida del barco, aunque también era contundente en el combate cuerpo a cuerpo. El alfanje era una espada corta de hoja curva y ancha, parecida a un sable; era el arma más usada en los abordajes. La daga era más grande que un puñal y más pequeña que una espada, y resultaba muy útil en los abordajes porque era muy manejable en caso de tener poco espacio.

680 Las armas largas

Alabarda y espontón… ¡qué nombres más raros! Eran lanzas de unos 2 m de largo que se usaban más en los ataques en tierra firme. El chuzo, por su parte, era una lanza muy rudimentaria que consistía en un asta de madera con una punta de hierro, como un punzón gigante.

681 Trucos de combate pirata

La mayoría de los marineros de los cargueros caminaban descalzos por cubierta y los filibusteros, sabiéndolo, arrojaban una especie de chinchetas de varias puntas que dificultaban sus movimientos al herirles los pies en el momento del abordaje.

682 ¿Bombas de mano?

Algunos piratas sabían cómo elaborar rudimentarias bombas de mano llenas de metralla y las usaban para tirarlas al barco enemigo justo antes de abordarlo. Estas bombas mantenían a los enemigos a resguardo dando tiempo a los piratas para saltar al barco enemigo de manera segura.

683 Derroche de vidas

Cada abordaje traía consigo muerte y destrucción. Y los piratas no hacían prisioneros... ¡a no ser que se tratase de personalidades por las que pudieran pedir un buen rescate! Muchos hombres quedaban mutilados de por vida y si algunos soldados enemigos se rendían, los asesinaban o los abandonaban en una balsa en medio del mar.

684 ¿SABÍAS QUE...?

Los piratas, al contrario de lo que se ve en las películas, no solían ser buenos espadachines. De hecho, preferían armas más contundentes, como el hacha o la pistola.

685 Hermanos de combate

Algunos filibusteros se hermanaban, de manera que durante el combate se ofrecían defensa y apoyo mutuo. Las normas eran claras: si uno de ellos abandonaba al otro en combate… ¡el resto de los piratas lo ajusticiaría en la horca!

686 Orgullo militar

En ocasiones, cuando un convoy de varias naves mercantes estaba a punto de perder una con un cargamento valioso, los mandos daban la orden de hundir su propia nave. ¡Preferían perder la nave antes que entregar su mercancía! Esto enfurecía a los piratas y los corsarios, que terminaban ensañándose con sus enemigos.

687 ¡De prisionero a capitán!

A veces los piratas invitaban a los marineros de los barcos apresados a unirse a la tripulación y convertirse en uno de ellos. Bartholomew Roberts, por ejemplo, llegó a ser uno de los piratas más famosos del Caribe pese a que cuando le capturaron se negó a convertirse en pirata. ¡Con el tiempo terminó siendo capitán de la misma nave que le apresó!

688 Privilegios y premios

Los miembros más valerosos de la tripulación obtenían una serie de privilegios y premios a la hora de repartir el botín. Las hazañas más comunes que recibían premio eran: ser el primero que pusiese pie en barco enemigo, ser el primero en avistar en el horizonte a un barco mercante y abatir al mando de la nave asaltada provocando la rendición.

689 Además del botín...

Para el capitán había una cosa que a veces era incluso más preciada que las riquezas que pudiesen saquear: las cartas de navegación. En esa época cualquier mapa detallado podía abrir nuevas rutas que interceptar y ampliaba el campo de acción de los piratas.

Motín a bordo

690 La moral minada

Un capitán debía cuidar que sus hombres mantuviesen la moral alta. La escasez de comida y agua, las enfermedades y los largos periodos en el barco iban deteriorando el espíritu de la tripulación. El ron ayudaba a mantenerlos calmados, pero cuando se acababa algunos piratas comenzaban a conspirar contra el capitán...

691 Era importante actuar con rapidez.

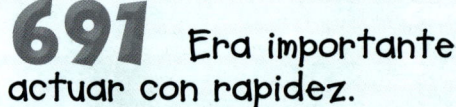

Para que un motín prosperase había que neutralizar al capitán, al contramaestre y a sus hombres de confianza, lo que no era difícil si la tripulación estaba descontenta. Se les detenía y encadenaba para luego abandonarlos en algún puerto... ¡o en una isla desierta si estimaban que merecían un castigo severo!

692 Una decisión arriesgada

Cualquier tripulante de un barco pirata debía estar muy seguro antes de amotinarse, porque si no era secundado por una gran parte de sus compañeros... ¡la muerte podía ser su destino! En ocasiones simplemente se castigaba a los amotinados con una serie de latigazos, pero un capitán no solía ser tan benévolo si el motín era motivado por la codicia y no por otras razones más comprensibles.

693 Momentos tensos

Tras un abordaje difícil había muchos muertos y heridos de gravedad. El cirujano trabajaba a destajo amputando miembros y tratando heridas graves; la escena en cubierta resultaba desoladora.

694 Paradas para calmar los ánimos

Un buen capitán se anticipaba a la tensión que crecía en su tripulación. Si había heridos en el barco o pocos víveres, debía realizar una parada en Jamaica, en la isla de la Tortuga o en Bahamas, fundamentalmente para permitir que sus hombres se relajaran en las tabernas.

¡Tierra a la vista!

695 Las mejores noticias

Para una tripulación diezmada, exhausta y desmoralizada no había nada mejor que avistar tierra firme. ¡Por fin! Agua dulce y fresca, frutas tropicales y espacio más que suficiente para dormir una buena siesta con tranquilidad se convertían en los más preciados lujos para los maltrechos marineros.

696 Una isla secreta

Debido a la poca exactitud que solían tener los mapas de navegación que usaban, a veces se pasaban días buscando un destino concreto sin dar con él. De vez en cuando incluso se encontraban con una pequeña isla desierta por casualidad… ¡y la convertían en su isla secreta!

697 Toda precaución es poca…

Una vez cerca de una isla los piratas debían inspeccionar la costa y asegurarse de que era seguro desembarcar… ¡al fin y al cabo, eran proscritos y debían tener cuidado! Rodeaban la isla discretamente y buscaban indicios de amenazas y actividad reciente.

698 ¡Cuidado, arrecifes!

Cuando se aproximaban a una isla tenían que tener especial cuidado con los arrecifes, que eran bancos de arena o rocas a poca profundidad que se formaban alrededor de algunas islas. En los días con niebla era fundamental ser muy cautelosos porque podían terminar encallando.

699 ¿Dónde aparcamos el barco?

Lo ideal era que la isla en cuestión tuviera un pequeño golfo donde poder fondear la embarcación y ocultarla a la vista de otros barcos que navegasen por esas aguas. Si una nave de la armada española llegase a vislumbrar un navío pirata y reconocerlo, se lanzaría inmediatamente al ataque…

700 Piratas exploradores

Antes de desembarcar en la isla con total tranquilidad, se enviaba a un grupo de exploradores elegidos por el capitán para adentrarse en ella e investigar si estaba habitada y si había agua y caza.

701 ¡Carne fresca para todos!

Después de varias semanas de travesía los víveres
solían escasear y la carne ya se había acabado.
En muchas islas, si era la época idónea, se
podían encontrar tortugas gigantes y entonces se
daban un festín y reponían sus reservas de carne.
El hígado de este animal era considerado un
manjar entre los piratas y la sopa de tortuga
era uno de sus platos típicos.

702 Y para redondear el menú...

En las islas caribeñas se podían surtir de una gran variedad
de carne: monos y serpientes eran los animales más comunes
para variar un poco la dieta, pero también podían cazar
algunas aves.

703 ¡Siempre alerta!

Aunque la isla encontrada estuviese desierta,
el barco permanecía con la mayoría de sus
tripulantes a bordo. Había que estar siempre
a punto para cualquier contratiempo, tanto
para salir a perseguir un carguero que se
divisase a lo lejos como para escapar
si atacaban o aparecían barcos de
guerra.

Mitos y leyendas

704 Una visión romántica

La literatura y el cine han forjado una imagen de los piratas, sobre todo en el Caribe, bastante distorsionada respecto a la realidad. Casi todos los piratas eran mercenarios sanguinarios, ¡gente ruda y violenta que no se detenía ante nada con tal de robar las riquezas de los demás!

705 Barcos fantasma

Los marinos siempre han sido extremadamente supersticiosos y las historias de barcos fantasma despertaban entre los piratas un miedo irracional. *El holandés errante* es quizás el más famoso de los barcos fantasma, un navío capitaneado por un holandés que traía la muerte a todos los marinos de los barcos que se cruzaran con él…

706 ¿Tesoros escondidos?

¡Nunca! La vida de un pirata era muy incierta y corta, tanto que en lo último que pensaban era en guardar alguna riqueza para el futuro. Cada botín robado lo gastaban inmediatamente en los principales puertos piratas y, salvo alguna forzosa excepción, no enterraban sus tesoros ni los guardaban en cuevas.

707 El pirata sin cabeza

Se cuenta que dos piratas, a escondidas de su tripulación, se hicieron con un magnífico tesoro que enterraron junto a un río cercano al mar. Uno de ellos asesinó al otro, que era hijo del diablo, y le cortó la cabeza…, pero el diablo lo poseyó y se levantó persiguiendo al traicionero pirata, que huyó para siempre. Desde entonces se dice que aparece con la luna llena esperando a toda la tripulación para repartir el tesoro.

708 Inspirados en Barbanegra

Muchos de los piratas del cine y de la literatura están inspirados en Edward Thatch, Barbanegra. Este pirata, desde luego, se salía de lo común: era culto, tenía buen gusto y un gran carisma. Piratas de ficción como Jack Sparrow, protagonista de *Piratas del Caribe*, o el capitán Garfio, del libro *Peter Pan* de J. M. Barrie, se inspiran en este increíble personaje.

709 ¿Historias de amor con piratas?

En las películas estamos acostumbrados a ver cómo una dama noble se enamora de un pirata al que, sorprendentemente, le saca su lado más romántico… ¡Pero la verdad es que eran tremendamente machistas y maltrataban a todas las mujeres que caían en sus manos!

Identidad pirata

710 Port Royal, nido de piratas

Este puerto de Jamaica fue, durante el siglo XVII, su meca. Los ingleses controlaban la isla, pero como no podían defenderla, se incentivó la llegada de piratas y corsarios. Estos la manejaron la hicieron a su medida mucho tiempo. ¡Había una taberna por cada diez habitantes!

711 La isla de la Tortuga

Desde tiempos de Colón muchos esclavos, aventureros y fugitivos se establecieron en La Española, isla que hoy comparten Haití y la República Dominicana, y comerciaron con carne ahumada. Pero en 1620 los españoles los expulsaron a la vecina isla de la Tortuga, donde establecieron la Cofradía de los Hermanos de la Costa, origen de la hermandad pirata más importante del Caribe.

712 ¡Incluso tenían leyes propias!

En la isla de la Tortuga los miembros de la Cofradía de los Hermanos de la Costa elaboraron unas leyes fundamentales: en la isla no había prejuicios por nacionalidad ni religión; no existía la propiedad privada de la tierra; se respetaba la libertad individual; no había obligaciones ni castigos y se podía abandonar la hermandad en cualquier momento; no se admitían mujeres a excepción de las esclavas; se dispuso una cantidad como indemnización para quienes resultaran heridos o lisiados.

713 Derechos y deberes

Realmente cada embarcación tenía sus propias normas, dictadas por su capitán, en las que se establecían los derechos de los piratas, los castigos por desertar o robar y las obligaciones de mantener siempre el armamento limpio y a punto para el combate.

714 ¡Lección para los criminales!

Cuando un pirata era capturado por ingleses, franceses o españoles, solía tener un mismo final: la horca. Tras la ejecución se llegaba incluso a exhibir su cabeza a modo de advertencia para cualquiera que se estuviese planteando enrolarse como pirata…

715 Barcos comunes

La Cofradía de los Hermanos de la Costa decidió que todo barco que atracara en la isla pasaba a ser propiedad de todos y estaba disponible para quien lo necesitara. Este método funcionó durante mucho tiempo y contribuyó a convertir la isla de la Tortuga en una auténtica leyenda.

716 ¡Menudo castigo!

Uno de los castigos más angustiosos consistía en atar al prisionero al extremo de una cuerda y pasar el otro extremo por debajo del barco; entonces lo empujaban al agua y tiraban con fuerza de la cuerda haciendo que el pobre hombre se desgarrase la piel con los moluscos que había adherido al casco y con las cabezas de clavo que sobresalían de la madera.

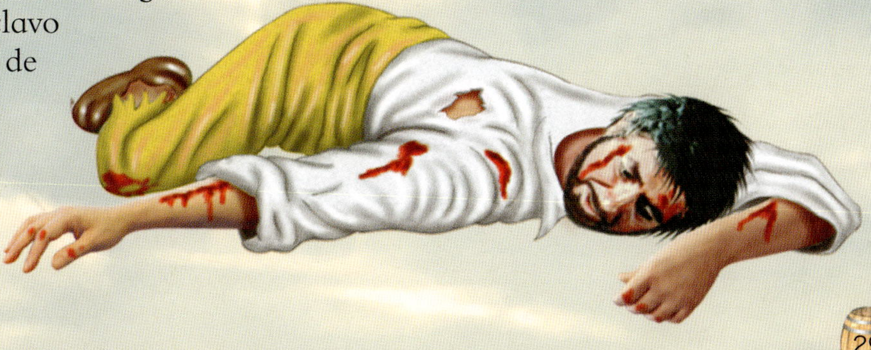

717 Cosas de las películas

Obligar a un traidor o a un prisionero a saltar desde una pasarela a un mar lleno de tiburones es una invención del cine… Los piratas eran más rudos y si querían deshacerse de alguien no se andaban con rodeos y lo mataban directamente.

718 ¿SABÍAS QUE…?

Estaba prohibido apostar dinero a bordo.

719 ¡Implacables!

Los desertores que delataban a sus compañeros eran perseguidos hasta el final y generalmente encontraban la muerte a manos de los piratas. A veces, sin embargo, el castigo aplicado consistía en cortarles las orejas y la nariz y dejar que viviesen así mutilados: todo el mundo sabría que eran unos traidores.

720 Abandonado en una isla

El llamado *maroon* era un castigo pirata ejemplar… Consistía en abandonar al condenado en una pequeña roca en medio del océano y lejos de las rutas de navegación. Tan solo le dejaban agua, ron, un arma de fuego con una bala y pólvora. ¡El condenado casi siempre acababa emborrachándose y suicidándose!

721 Mujeres piratas

Pese a que estaba prohibida su presencia en cualquier tripulación, hubo varias mujeres que pasaron a la historia como valientes piratas. Las más conocidas del Caribe fueron Anne Bonny y Mary Read; ambas navegaron junto al capitán John Rackham, conocido como Calicó Jack.

GUERREROS

Los samuráis

722 Los guerreros más importantes de Japón

Desde finales del siglo XII hasta el siglo XIX los samuráis representaron los valores máximos de su país y su ética se convirtió en el alma de Japón. No solo eran adversarios temibles, sino que además cultivaban una enorme sabiduría y actuaban como consejeros del *shogun* —el general que comandaba el ejército y ayudaba a gobernar el país— y del emperador.

723 Letales en la guerra

En el campo de batalla desplegaban una cuidadísima estrategia y su superioridad en el combate era incontestable. No temían a la muerte y siempre se mantenían serenos ante la adversidad. Eran expertos jinetes y arqueros; pese a que la catana ha pasado a la historia como el arma más representativa de los samuráis, lo cierto es que durante siglos el arco y la flecha fueron su principal recurso para el combate.

724 Leales hasta la muerte

Los samuráis eran siervos fieles y defendían a su señor hasta la muerte. Para ellos lo más importante era el honor y tenían el cometido divino de defender Japón hasta el último aliento. A lo largo de los siglos desarrollaron el *bushido*, un código de conducta no escrito basado en determinadas prácticas éticas y jurídicas, que seguían a rajatabla.

725 Las armas del samurái

Un samurái portaba dos espadas, una larga llamada catana y otra corta llamada *wakizashi*; casi nunca se separaba de ellas… ¡ni para dormir! En combate también empleaba el arco y muy a menudo hacía uso de unas lanzas llamadas *naginata* y *yari*. Otras armas empleadas en menor medida eran las dagas, los abanicos de guerra y los bastones de madera.

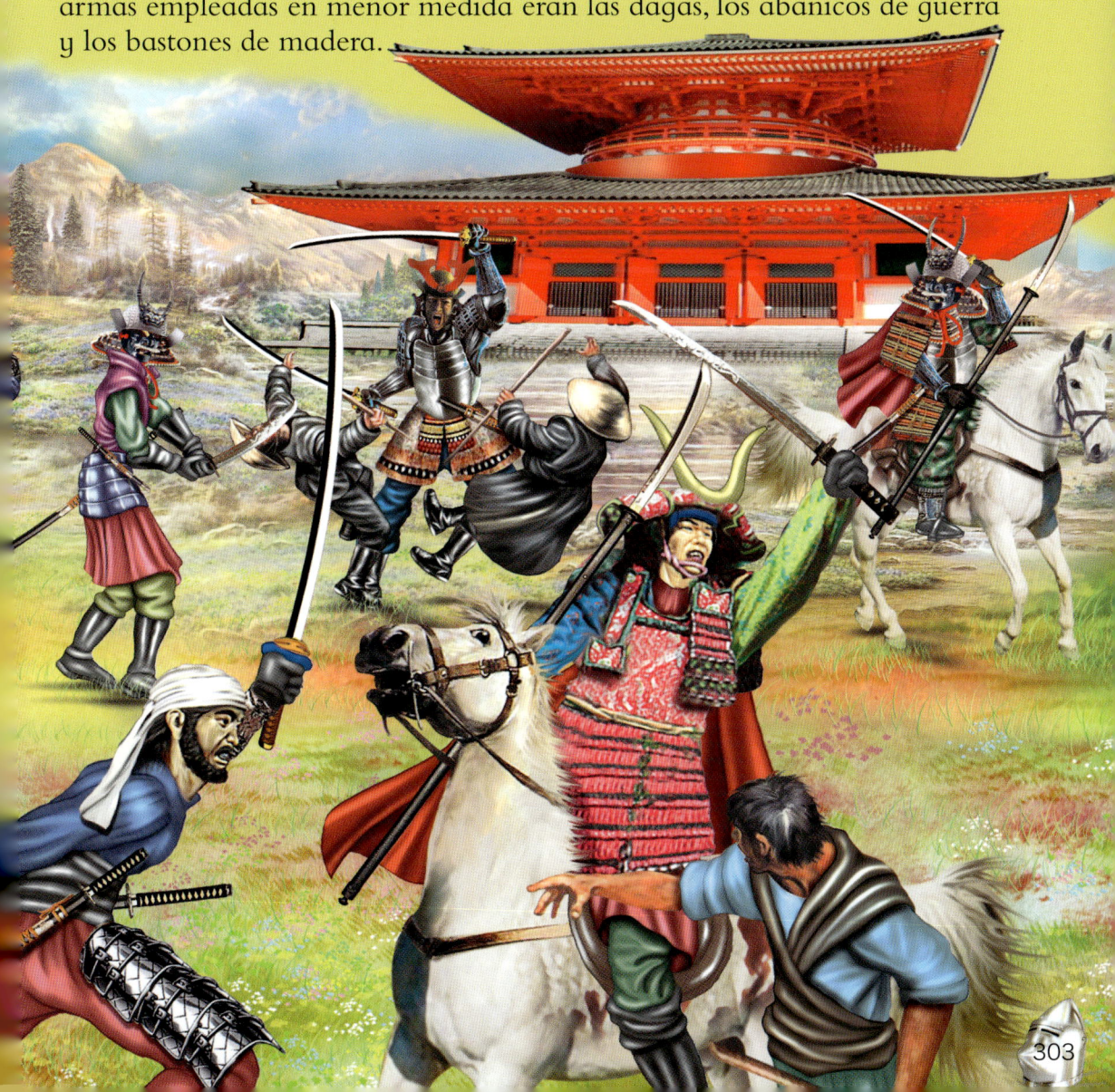

726 El camino del samurái

Ser samurái era una tradición que pasaba de padre a hijo y desde muy pronto los niños recibían entrenamiento en las artes marciales y en el uso de las armas. A los cinco años se les rapaba la cabeza y a los quince ya podían ejercer como samuráis oficialmente. Su larga coleta era característica y cortársela era considerado una desgracia.

727 La armadura

Los samuráis otorgaban gran importancia a su armadura y enfundársela era todo un ritual. Estaba compuesta por varias capas y protegía los puntos débiles del cuerpo, como el cuello, las axilas o la entrepierna. Era robusta pero ligera, pues debía permitir al samurái moverse con agilidad e incluso nadar con ella puesta.

728 Cascos terroríficos

Los samuráis llevaban unos espectaculares cascos que evocaban a fantasmas o demonios. Protegían la cabeza y el cuello e incorporaban una máscara para la cara. En la parte superior los samuráis de mayor rango solían lucir un adorno en forma de media luna.

729 Arte tradicional

Las *geishas* son jóvenes japonesas instruidas en música, danza y literatura tradicionales, además de expertas conocedoras de la ceremonia del té. Desde finales del siglo XVII se convirtieron en musas de los grandes samuráis, pues solo los más poderosos y adinerados podían acceder a sus servicios. ¡Apenas quedan unas mil en la actualidad!

730 El haraquiri

Para los samuráis el honor era mucho más importante que su propia vida y por eso tenían una ceremonia ritual, llamada haraquiri o *seppuku*, con la que ponían fin a su vida si consideraban que habían caído en deshonra por un delito o un acto desafortunado.

731 El último samurái

Saigõ Takamori es considerado el último verdadero samurái; murió en 1877. En una revuelta, acorralado por el enemigo, este guerrero tradicional le pidió a un compañero que lo decapitara para así morir preservando su propio honor y respetando el *bushido*. ¡Los samuráis habían guiado a Japón durante siete siglos!

Los guerreros de Xian

732 Un ejército de arcilla

El emperador Qin Shi Huang, que gobernó China hace unos 2.200 años, encargó hacer una réplica en arcilla de uno de sus ejércitos para que le acompañase en su mausoleo. En 1974 se descubrió el primero de varios fosos donde el ejército permanecía enterrado.

733 ¡Más de 6.000 guerreros!

El enorme ejército se muestra listo para entrar en acción apoyado por caballos y dos carros. Cada guerrero lleva una armadura modelada también de arcilla. Su misión era proteger al emperador en la otra vida.

734 Guerreros únicos

Cada figura muestra atributos particulares, cada militar con su rango correspondiente y distintos peinados, bigotes... ¡se distinguen incluso edades y etnias! También hay un grupo de guerreros infantiles, sin vello facial, que tendrían unos diecisiete años.

735 Armas reales para el más allá

La mayoría de los soldados portaba armas de verdad, como lanzas, arcos, espadas y escudos. Pero tras la caída de la dinastía Qin, la tumba fue saqueada por los campesinos, que se llevaron las armas.

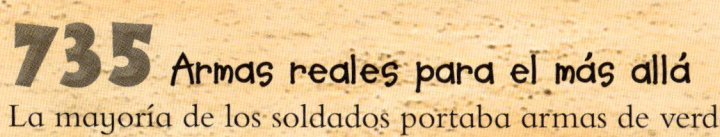

736 Una gran obra

Se estima que la construcción del mausoleo para el emperador requirió cerca de treinta y ocho años de trabajo. Unos 700.000 obreros y soldados se encargaron de llevarlo a cabo. Los cuerpos se hacían por un lado y las cabezas y las manos se modelaban aparte con extraordinario detalle.

737 ¿SABÍAS QUE...?

Las figuras están pintadas de colores vivos y brillantes, pero pierden su color tan solo 5 horas después de ser expuestas a la oxidación del aire. Por eso no se desenterrarán más hasta que se encuentre una solución al problema.

Los gladiadores

738 Múltiples orígenes

Aunque la mayor parte de los gladiadores eran esclavos, prisioneros de guerra o incluso ciudadanos romanos condenados por diversos delitos, cualquier hombre libre estaba en su derecho de dedicarse a los combates de gladiadores si era su deseo. Para llegar a luchar en los circos romanos se entrenaban en escuelas especializadas cuya fama dependía de la fiereza y el valor que demostraban sus gladiadores.

739 ¿SABÍAS QUE...?

¡La esperanza de vida de los gladiadores era tan solo de unos 27 años!

740 El espectáculo más exitoso

Aunque en sus inicios se trataba de un rito funerario propio de las clases altas, la lucha de gladiadores se convirtió en el mayor divertimento de la Roma antigua. Tenía el éxito que hoy día tiene el fútbol, y los gladiadores más famosos eran tratados como estrellas y aclamados por el pueblo.

741 ¡Día de combate!

En los circos romanos se formaban grandes colas para conseguir las mejores localidades y poder ver a los ídolos de turno. Los combates entre gladiadores eran a muerte, y muy a menudo tenían que enfrentarse también con animales salvajes, como tigres o leones.

742 Una vida dedicada a la lucha

Los gladiadores vivían bajo una disciplina férrea y en unas durísimas condiciones para prepararse física y mentalmente para el combate cuerpo a cuerpo. Si conseguían victorias y fama, algunos gladiadores podían incluso recuperar la libertad, siempre que le cayeran en gracia al emperador…

743 Su indumentaria

Cada gladiador elegía sus armas y atuendo de forma muy personal, buscando el equilibrio entre movilidad, protección, capacidad de ataque y velocidad. A menudo solo se protegían con coraza el brazo que portaba el arma y llevaban un casco completo que les cubría la cara.

744 Las armas

Las más comunes eran la espada, la lanza,
el tridente, la maza y el hacha, pero cualquier
arma de combate cuerpo a cuerpo valía. Se
llegaron a ver infinidad de accesorios bélicos y armas
únicas desarrolladas por los propios gladiadores.
¡Era el mayor espectáculo de la época!

745 Las señas de identidad

La historia de cada gladiador era diferente. A menudo usaba algún tipo
de escudo o de casco característico como sello personal. Un gladiador
podía conseguir gloria, fama, dinero… e incluso convertirse en un mito.
Los poetas componían canciones sobre los más grandes y los retratos de
los preferidos del público adornaban vasijas y joyas.

746 Una tarde en el circo

Antes de cada espectáculo se organizaba un
desfile protagonizado por quienes iban a
luchar ese día. A veces se representaban
batallas famosas, otras veces
las luchas eran entre equipos
distintos de gladiadores, casi
siempre en parejas. El caso
era ver a esos extraordinarios
guerreros en acción.

747 El «jefe» del circo

El *munerarius* era el más alto cargo en el circo romano y, si se encontraba presente, siempre lo ocupaba el emperador. Cuando un gladiador era vencido, el *munerarius* podía perdonarle la vida elevando el pulgar, o sentenciarlo a muerte llevándose el pulgar hacia la garganta. ¡Entonces el vencedor debía ejecutarlo a sangre fría! Otras veces el *munerarius* podía otorgar la libertad a algún gladiador que hubiese luchado con gran honor.

748 Emperadores gladiadores

Tan grande era la afición y el espectáculo del circo romano, que incluso algunos emperadores lucharon en la arena como un gladiador más.

La legión romana

749 La base de un imperio

La legión romana es la unidad militar de infantería más poderosa y efectiva que ha existido en la historia. Se componía de unos 7.000 soldados y cerca de 300 jinetes. El imperio romano se apoyó en esta maquinaria bélica para expandir su territorio; era el orgullo de Roma.

750 Infantería ligera

Era la parte menos profesional de las legiones; la formaban lanceros que provenían de las clases sociales económicamente más desfavorecidas y era la sección más desprotegida y expuesta de toda la legión.

751 Infantería pesada

Esta era la unidad principal del ejército y la formaban legionarios con capacidad para pagarse su equipo: lanza, espada corta, escudo largo, armadura y casco de bronce. A diferencia de la ligera, la infantería pesada estaba bien instruida y desarrollaba modernas estrategias de combate y defensa.

752 La caballería

En esta unidad, la más prestigiosa del ejército, los futuros políticos de Roma recibían su formación militar y servían al imperio. Los jinetes debían pagarse su equipamiento, consistente en un caballo, un casco, una armadura, un escudo redondo, una espada y una jabalina, y eran apoyados por una caballería más ligera, formada en su mayoría por ciudadanos sin los recursos necesarios para entrar en el ejército regular.

753

¿SABÍAS QUE...?

Los centuriones romanos se hacían la manicura y se depilaban el vello de las piernas antes de cada batalla.

754 Famosas por su estrategia

Las legiones romanas se dividían en grupos de 80 soldados llamados centurias, cada una de las cuales era comandada por un centurión, y en unidades de caballería de 30 jinetes con un decurión al mando. Las formaciones tácticas de ataque y defensa eran lo que distinguía a las legiones romanas del resto de ejércitos de su tiempo.

755 ¡Todo un espectáculo!

Tanto para el ataque como para la defensa, la legión adoptaba diferentes formaciones. En defensa, la más famosa era la «formación en tortuga», muy útil para proteger a los soldados de armas arrojadizas como lanzas y flechas.

Formación en círculo

Formación en tortuga

Formación en cono

756 Una carrera de 20 años

Al terminar su carrera en el ejército, los soldados recibían tierras como recompensa, aunque casi siempre eran fronterizas o en zonas ocupadas... Sin embargo, esta era la razón de que muchos ciudadanos romanos sin tierras se alistaran, ¡aunque el servicio durase nada menos que 20 años!

757 La dura instrucción

El periodo de adiestramiento de los legionarios duraba cuatro meses y practicaban con las armas un par de veces al día. Se entrenaban con herramientas muy pesadas de madera para que las armas reales les parecieran ligeras y las manejasen con más soltura. También eran instruidos en las formaciones tácticas, tiro con arco, equitación y hasta natación.

758 Un ejército rapidísimo

Durante la instrucción, tres veces al mes realizaban una marcha de unos 30 km en 5 horas, cargados con todo el equipo, que pesaba algo más de 35 kg, ¡lo mismo que nueve sandías! Las legiones eran increíbles marchando y en ocasiones llegaban a cubrir cerca de 75 km… ¡en un solo día!

759 Un hito en la historia

La legión romana supuso una innovación bélica nunca antes vista y el nivel de organización que tenía es comparable al de los ejércitos modernos. De hecho, un buen número de los enemigos que lograron vencer a estas legiones estaban comandados por soldados instruidos durante años en el propio ejército de Roma.

Los infalibles ninjas

760 Las sombras de Japón

Los ninjas, también conocidos como *shinobi*, son los guerreros más misteriosos que nunca ha habido. Eran maestros del espionaje y del asesinato silencioso, y expertos en saberes tan dispares como artes marciales, espiritualidad, explosivos, farmacología y astrología. Ejecutaban sus misiones nocturnas sigilosos como sombras y mantenían siempre su identidad en secreto.

761 Complemento de los samuráis

Aunque se tiene constancia de su existencia ya en el siglo VI, el periodo de esplendor de los ninjas coincidió con el de los samuráis, en el siglo XV. De hecho, estos contrataban a los ninjas para realizar misiones que ellos, por honor, no podían llevar a cabo. Un ninja era considerado como un arma mortal eficaz para llevar a cabo misiones secretas.

762 Independientes

Los ninjas eran agentes que realizaban el «trabajo sucio» de los samuráis, pero tenían una naturaleza independiente y no se regían por su código de honor. Un ninja decidía en cada momento en qué bando luchaba y no servía a nadie más que a sus líderes ninja.

763 El entrenamiento

El arte del *ninjutsu* se transmitía casi siempre de padre a hijo, con frecuencia en familias de clase social baja. Los ninjas se entrenaban en el uso de la espada, el arco y otras armas específicas, pero se centraban sobre todo en su preparación física: artes marciales, escalada, natación, salto… Sin dejar de lado la espiritualidad y el control del propio cuerpo.

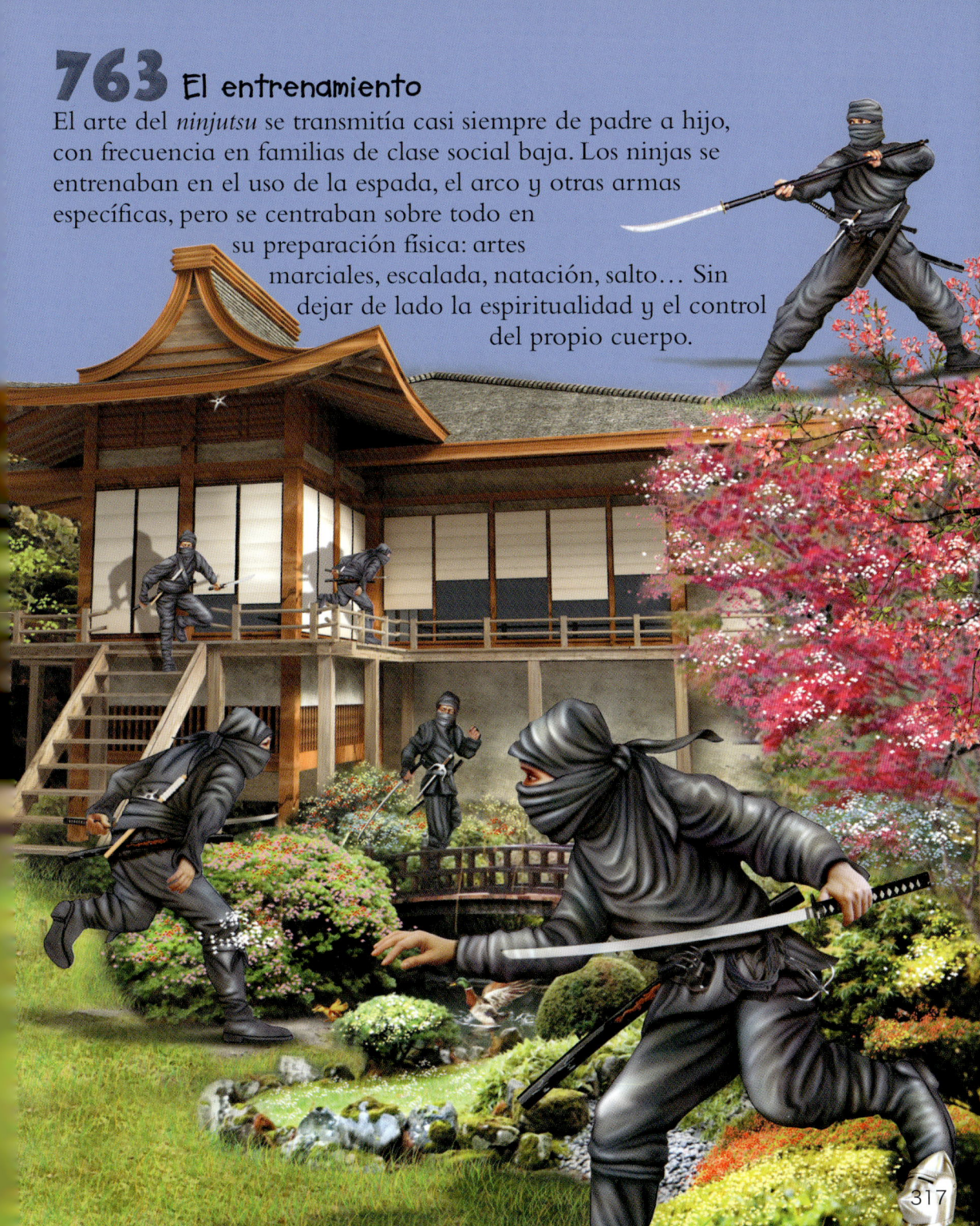

764 Genios del camuflaje

Probablemente esta habilidad era su arma más letal. Su uniforme más famoso, el de las incursiones nocturnas, era negro prácticamente en su totalidad, aunque también utilizaban disfraces de diferentes profesiones y dominaban distintos acentos, jergas y costumbres para pasar desapercibidos en cualquier ambiente.

765 Espías escurridizos

Un ninja se podía disfrazar de monje, de titiritero, de mercader… Sus misiones consistían, principalmente, en recopilar información del enemigo, como planos de ciudades amuralladas, turnos de vigilancia y número de soldados a su servicio. Luego se escabullía sin hacer uso de la fuerza…

766 Armas arrojadizas

Los *shuriken* eran discos ligeros de metal con puntas afiladas que arrojaban a sus enemigos; es su arma más característica. Las *fukiya* eran cerbatanas con las que disparaban dardos envenenados. El *kyu* era un arco cuyas flechas usaban a menudo cuando necesitaban atacar a distancia. El *kunai* era un cuchillo con una arandela en la empuñadura, donde se podía atar una cuerda para lanzarlo.

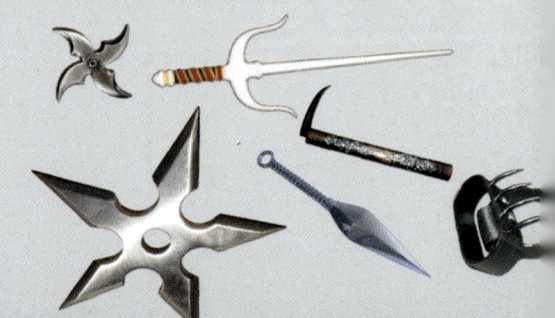

767 Lucha cuerpo a cuerpo

La variedad de armas usadas por los ninjas era asombrosa; predominaban las de pequeño tamaño, pues resultaban más fáciles de ocultar. El *wakiashi* y el *ninja-to* eran catanas de menor tamaño y más manejables. El *sai* era una daga de acero muy efectiva para romper espadas y lanzas. Las *tonfas* eran contundentes porras de madera. El *nunchaku* estaba formado por dos palos de madera unidos por una cadena, un arma muy versátil tanto para defensa como para ataque.

768 ¡Incluso caminaban sobre el agua!

Ukigeta era el nombre de un calzado de madera diseñado para caminar por el agua. Los *ashikos* y los *shukos* eran garras para los pies y las manos que les servían para escalar, así como el *kaginawa*, un gancho atado a una cuerda. Además los ninjas adaptaban todo tipo de herramientas del campo para su uso y empleaban explosivos para crear confusión y escabullirse.

769 ¿SABÍAS QUE...?

Los ninjas solían llevar unas pequeñas bolas compuestas de sustancias corrosivas, cristal machacado o metal molido que usaban para arrojar a los ojos del enemigo y dejarle fuera de combate rápidamente.

Los vikingos, reyes del mar

770 Una civilización singular

Procedía de Escandinavia (Suecia, Dinamarca y Noruega) y era un pueblo de fuertes y altos guerreros que dominó la navegación en su tiempo. Debido a las duras condiciones meteorológicas de su tierra, se aventuraron a colonizar y saquear gran parte de Europa occidental. Vivieron su época de esplendor entre los siglos IX y X.

771 Valores vikingos

El más importante era la amistad entre hombres. Los niños pasaban largas temporadas en el seno de otra familia para desarrollar fuertes lazos con los otros niños y cuando crecían se ofrecían apoyo incondicional los unos a los otros. Esta práctica, llamada *fostr*, era un pilar fundamental de la sociedad vikinga y de la hermandad de sus hombres.

772 Guerreros precoces

Los niños vikingos aprendían a luchar con espadas y escudos de madera, y cuando cumplían catorce años ya eran considerados como adultos. Entonces, si sus padres eran guerreros exploradores, ya tenían permiso para acompañarles, inseparables, en sus viajes. Así emprendían el verdadero camino del guerrero vikingo.

773 Sin miedo al dolor

Los vikingos eran duros de roer y muy robustos, por eso apenas hacían uso de armaduras. De vez en cuando empleaban cotas de malla pero, salvo su casco y su escudo, no llevaban mucha más protección. ¡Debían de coleccionar un buen número de cicatrices!

775 Sus armas

Las más comunes eran la daga —cada vikingo llevaba la suya al cinto—, la espada ligera que se podía manejar con una mano y la contundente hacha, tanto arrojadiza como de combate. El martillo también era apreciado por su capacidad para hacer añicos los huesos del rival...

774 ¿SABÍAS QUE...?

Aunque los vikingos navegaban guiándose por las estrellas, a veces también llevaban cuervos para soltarlos en alta mar e interpretar su vuelo para determinar el rumbo.

776 La forja vikinga

Los vikingos solían fabricar sus armas usando sus propias técnicas. La forja era un conocimiento importante y todo guerrero tenía nociones sobre este arte. Los herreros eran muy respetados porque no solo fabricaban armas de calidad: también eran imprescindibles para construir sus temidas embarcaciones.

777 Los amos de las aguas

Los vikingos navegaban diestramente con sus barcos, los *drakar* (dragones), y se adentraron incluso por ríos para asolar gran parte de Europa. Estas naves eran capaces de navegar por aguas muy poco profundas y llegaron a saquear y destruir ciudades a lo largo y ancho de Francia, Rusia, Alemania y el Reino Unido.

778 Guerreros en trance

Había un tipo de guerrero vikingo llamado *berserker* cuya sola visión atemorizaba al enemigo. Estos guerreros luchaban semidesnudos, sin protección o cubiertos de pieles, y entraban en un trance en el que atacaban con una furia extrema y sin sentir dolor. ¡Eran temidos hasta por los de su propio bando!

779 América

Los guerreros y exploradores vikingos bautizaron como Vinlandia a un territorio en la actual Canadá, adonde llegaron casi 500 años antes de que Colón partiera con sus carabelas... Sin embargo, tras varias disputas con los indios americanos, decidieron no colonizar el lugar porque vieron que nunca llegarían a entenderse con los nativos.

780 Rumbo al Valhalla

Todo vikingo anhelaba ingresar en el Valhalla una vez que encontrase la muerte. Se trataba de un majestuoso lugar en donde Odín, su dios principal, gobernaba a los elegidos en espera del Ragnarök: la batalla del fin del mundo. La única forma de llegar era mostrando valor y honor heroico en la lucha.

Los sarracenos

781 Duros como el desierto

Los guerreros sarracenos eran nómadas que vivían en tribus a lo largo de todo el norte y el centro de lo que hoy conocemos como Siria y Arabia Saudí. En el año 732 avanzaron hasta Francia en nombre del islam y la palabra de Mahoma, y dejaron una profunda huella cultural allá por donde pasaron.

782 Expertos jinetes

Además de ser unos estupendos jinetes, los sarracenos eran excelentes criadores de caballos. Sus monturas eran fuertes y rápidas, y su estrategia en combate se basaba en su superioridad a caballo.

783 Sus armas

La espada que más usaban, de forma curva y un solo filo, se llamaba alfanje, aunque también recurrían a la porra y la lanza. Dominaban un tipo de arco distinto al que se utilizaba en Europa; disponía de diferentes puntas que eran usadas según la necesidad.

784 Sus enemigos

Los visigodos también se enfrentaron a los sarracenos, no menos agresivos que ellos. Como armadura estos últimos usaban una robusta cota de malla a la que añadían protección extra alrededor del cuello.

785 El temido Saladino

Saladino fue el nombre del gobernante sarraceno más respetado. Este defensor del islam luchó encarnizadamente contra los cruzados. Los cristianos lo asociaban con el demonio, porque cuando los doblegaba los ejecutaba sin piedad.

El ejército mongol

786 Un ejército impresionante

A caballo entre los siglos XII y XIII, el ejército
mongol, comandado por Gengis Kan, dominó
completamente el territorio asiático y
estableció el imperio contiguo más extenso
que se ha conocido. Los mongoles eran
nómadas y en ello basaban su potencia
militar: eran expertos en adoptar
conocimientos y técnicas de los
lugares por donde pasaban.

787 De diez en diez

El grupo más pequeño de soldados en
el ejército mongol contaba con diez
hombres y era importantísima la lealtad
entre ellos. Si un solo soldado desertaba
en combate, tanto él como sus nueve
compañeros eran condenados a muerte.

788 Entrenamiento

Una de las cosas que marcó la diferencia en
este ejército fue el entrenamiento constante
en tácticas de combate, equitación y tiro
con arco. Con disciplina trabajaban las
diferentes formaciones y rotaciones que
luego pondrían en práctica durante las
batallas. No había civiles: ser mongol
significaba ser un guerrero.

789 Un ejército cazador

Los mongoles solían realizar grandes expediciones por las estepas y se dedicaban a cazar usando tácticas de guerra. Los jinetes organizaban un gran círculo que iban cerrando hasta dejar a los animales apresados dentro y luego les daban muerte para llevarlos a sus campamentos.

790 ¿SABÍAS QUE...?

Aprendieron a domesticar a los enormes elefantes persas para darles un uso militar.

791 Arqueros a caballo

La mayor parte de los soldados eran arqueros a caballo; esta caballería ligera, con su extrema rapidez, les permitía desarrollar tácticas que sorprendían a sus enemigos. Cada uno de estos jinetes llevaba un par de jabalinas y dos arcos, uno para distancias cortas y otro para las largas, ¡y más de 60 flechas!

792 Caballería pesada

El resto de soldados eran lanceros mejor armados pero más lentos. Aparte de su inseparable arco, también llevaban una lanza de 3,5 m de largo, un sable curvado y mazas pequeñas. Además, su armadura era más gruesa y su caballo iba más protegido.

793 Suave protección

Los mongoles en muchos casos llevaban camisa de seda bajo una armadura ligera, lo que les proporcionaba una protección extra contra las flechas: cuando una atravesaba la armadura y penetraba en el cuerpo, la seda envolvía la punta y penetraba con ella, de manera que sacarla limpiamente sin empeorar la herida era tan fácil como tirar de la camisa.

794 Sin piedad

Los mongoles eran crueles enemigos y cuando tomaban una ciudad normalmente ejecutaban tanto a los soldados como a los civiles. Solo se salvaban los ingenieros, artesanos y hombres jóvenes, de quienes se valían para construir trincheras en el siguiente asedio.

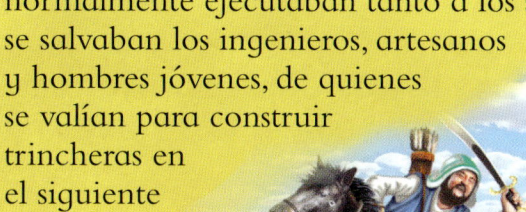

795 Amigo caballo

Para los mongoles sus caballos eran compañeros de armas. Cada soldado llevaba tres caballos y se encargaba de atenderlos con mimo hasta que se hacían viejos; entonces se les liberaba para dejarles pastar tranquilamente el resto de su vida.

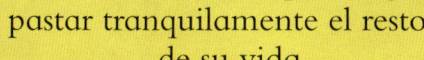

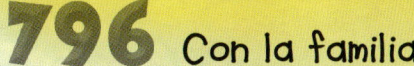

796 Con la familia

Como eran nómadas, los guerreros mongoles viajaban con su familia en todas sus campañas. ¡Había incluso mujeres guerreras! Cada soldado era responsable de su alimentación y equipamiento, y tan solo compartían los grandes rebaños que llevaban con ellos y la caza, que se hacía en común.

Los cruzados

797 Guerreros cristianos

Entre los siglos XI y XIV tuvieron lugar las cruzadas, unas
guerras promovidas por la Iglesia cristiana contra los
musulmanes con el fin de reconquistar Tierra Santa: Jerusalén
y otros lugares sagrados de Palestina. Los integrantes de los
ejércitos cristianos se denominaron «caballeros cruzados».

798 Su indumentaria

Los cruzados tenían muchas características en común con el resto de
los caballeros medievales, pero su vestimenta era particular: llevaban
una túnica blanca con una cruz roja o negra pintada en el pecho.

799 Sus armas

La espada de doble filo era el arma que
más utilizaban, aunque también eran
muy comunes las mazas con cabeza
de aristas afiladas y las hachas de un
solo filo. Usaban además unas lanzas de
madera con punta de hierro afilado que
podían llegar a medir… ¡hasta 4 metros!

800 Y como defensa...

La cabeza la llevaban bien protegida con un casco que generalmente cubría la cara entera y tenía formas muy diversas. El resto del cuerpo estaba protegido por una cota de malla o una armadura completa. ¡Llevaban armadura hasta en los pies! Un escudo triangular completaba su defensa.

Los caballeros de la Orden Teutónica llevaban la cruz latina en negro.

801 ¿SABÍAS QUE...?

Como los cruzados luchaban por su fe, contaban con ser perdonados por sus pecados y acogidos en el cielo, por eso no mostraban temor en el campo de batalla.

802 La Orden del Temple

Esta orden es la más famosa entre los cruzados. Su propósito era defender a los cristianos de Jerusalén, pero creció hasta alcanzar una enorme magnitud. En un momento dado el Papa disolvió la orden, pero hay leyendas que sugieren que aún hoy permanece activa…

803 «Contagio» de culturas

Pese a que los consideraban sus enemigos, los cruzados adoptaron buena parte de la cultura islámica a la que tuvieron acceso en los lugares remotos donde combatían. Hubo ocho cruzadas y los caballeros cruzados trajeron consigo a Europa conocimientos que fueron fundamentales para el desarrollo de su sociedad y su economía.

804 Sin paz en Jerusalén

Jerusalén fue siempre el objetivo principal de las cruzadas. El nombre de la ciudad quiere decir «princesa de la paz» y, curiosamente, hace más de dos mil años que no hay paz en Jerusalén… Es considerada una ciudad sagrada por tres de las religiones más importantes: el judaísmo, el cristianismo y el islam.

MiTOS Y LEYENDAS

Sirrush, protector de Babilonia

805 Dragón, águila y felino

Con garras de águila en sus patas traseras
y zarpas de felino en las delanteras,
Sirrush, también llamado Mushussu, era
un imponente defensor de Babilonia.
Estaba cubierto de finas escamas y una
buena cornamenta coronaba su cabeza.

806 Elegido por Marduk

Marduk, dios del sol y protector de
Babilonia, eligió personalmente a
Sirrush para defender la puerta de su
templo. Su sola presencia atemorizaba
a los enemigos hasta el punto de
paralizarlos por el miedo.

807 Una duda razonable

En el arte babilónico los animales mitológicos sufren
transformaciones a lo largo de los siglos; todos salvo Sirrush.
Por esta razón se tiende a pensar que fue un animal real y
su imagen mítica puede que se inspire en algún ejemplar
prehistórico fosilizado. Algunos zoólogos sugieren que podría
tratarse de un Mokele-mbembé, una criatura prehistórica,
quizá un dinosaurio superviviente que capturaran
en África Central y trasladaran hasta Babilonia.

808 Daniel y Sirrush

En el Antiguo Testamento se habla del profeta Daniel, que para defender la existencia de su propio dios se enfrentó a la bestia sagrada babilonia: logró envenenarle. Sin embargo Sirrush, ya envenenado, continuó defendiendo la ciudad hasta su último aliento.

809 Su cuerpo era tan grande como el de un elefante...

… y la cola y el cuello le daban una envergadura aún mayor. En la batalla las escamas protegían su cuerpo de lanzas, flechas y espadas, y sus potentes patas lanzaban rápidos ataques fulminantes. Era casi imposible vencerle, ya que nunca luchaba en campo abierto, únicamente defendía el templo de Marduk.

810 Enterrada miles de años.

La puerta de Istar, una de las ocho puertas monumentales de la ciudad de Babilonia, fue construida hacia el año 575 a. C. y albergaba en su fachada imágenes de Sirrush. Quedó enterrada y no se descubrió hasta principios del siglo XX.

Quetzalcóatl, hombre y dios

811 Terrorífica serpiente emplumada

La forma de este animal mitológico representa la tierra y el cielo en un único ser. La serpiente simboliza al poder que la tierra tiene para el nacimiento y la muerte de los seres. Las plumas representan el cielo y su poder creador y destructor. Cuando dejó a su pueblo lo hizo incinerándose en una balsa construida con serpientes. Tras arder, dicen que su corazón se elevó como un quetzal (preciosa ave multicolor) y, llegado al cielo, se convirtió en el lucero del alba.

812 Un hombre alto, rubio y con barba

Algunas hipótesis sobre el origen de Quetzalcóatl hablan de que se habría inspirado en un hombre, un vikingo o un cruzado, que habría llegado a México unos doscientos años antes que Colón, Pizarro o Hernán Cortés. Esto explicaría que los indígenas ya estuviesen familiarizados con símbolos como la cruz y ceremonias similares a otras católicas, como el bautismo o la confesión.

813 El nacimiento del mito

Quetzalcóatl imprimió un carácter místico y austero a la sociedad y cultura aztecas de su tiempo. Cuando desapareció, su mito comenzó a crecer, fundiéndose con otros elementos mucho más antiguos de los pueblos americanos y convirtiéndose en una figura fundamental entre los dioses prehispánicos.

814 Extraño entre indígenas

El hombre extranjero, rubio y de ojos azules que se considera posible origen de la figura de Quetzalcóatl vestía una túnica blanca con una cruz en el pecho y llevó a los aztecas y los mayas conocimientos hasta entonces ignorados. Quetzalcóatl cambió la naturaleza de los sacrificios humanos, hasta entonces sangrientos y despiadados, para entregar otro tipo de ofrendas a los dioses.

815 Una gran influencia

Sus enseñanzas llegaron a varias civilizaciones, entre las que estaban los olmecas, los mayas, los mixtecas, los toltecas y, fundamentalmente, los aztecas. Lo sorprendente de este hecho es que todos esos pueblos lo describían de forma muy similar.

816 Una predicción equivocada

Una predicción azteca anunciaba el retorno de Quetzalcóatl a la ciudad de Tula justo cuando, en 1519, Hernán Cortés desembarcó en su costa. Por ese motivo los aztecas le recibieron con regalos y joyas. Poco después los españoles acabaron con todo su imperio sin encontrar apenas resistencia.

817 Referencia fundamental para los aztecas y los mayas

Quetzalcóatl, o Kukulkán para los mayas, es recordado por ser inventor del calendario, descubridor del maíz, maestro agricultor, rey de los toltecas, gobernante ejemplar y dios civilizador y unificador del mundo. Para ellos fue también el inventor del arte de fundir metales, tallista de piedras preciosas y juez.

818 Tezcatlipoca, el hermano antagonista de Quetzalcóatl

En la cultura nahua, estos dioses hermanos eran los más importantes y tenían las mismas virtudes y atributos, pero una esencia contraria: Quetzalcóatl era el creador y Tezcatlipoca el destructor. Ambos simbolizaban el bien y el mal, los dos extremos de un mismo concepto.

819 El origen del mundo

Según las leyendas centroamericanas sobre el origen del universo, los hermanos Tezcatlipoca y Quetzalcóatl crearon el mundo a partir de Cipactli, un monstruo que moraba el océano ocupándolo todo y al que capturaron mediante una trampa: Tezcatlipoca ofreció su pie como señuelo y cuando emergió Cipactli lo apresaron. Extendiendo su cuerpo crearon la Tierra.

820 Quetzalcóatl, en una trampa

Tezcatlipoca, a quien no le gustaban la labor y la actitud bondadosa y condescendiente de Quetzalcóatl con los hombres, se disfrazó de anciano y le regaló una planta que emanaba un líquido exquisito, que en realidad era pulque, una bebida alcohólica muy fuerte. Quetzalcóatl, bajo los efectos de este brebaje, perdió el control e hizo cosas de las que luego se avergonzó mucho. Entonces construyó una balsa con serpientes y zarpó rumbo a donde se pone el sol, pero prometiendo volver para vengar la afrenta.

821 La humanidad rescatada del inframundo

Después de cuatro intentos fallidos para crear unos humanos decentes para habitar la Tierra, los dioses decidieron esconder los huesos originales en el inframundo y dejarlos a cargo de Mictlantecuhtli, señor de los muertos, para no sentirse tentados de volver a intentarlo. Entonces Quetzalcóatl bajó al inframundo a recuperarlos. Tras una dura disputa, los huesos quedaron esparcidos, picoteados y roídos por las codornices. Pero Quetzalcóatl recuperó los restos y con ellos terminó por crear a los humanos.

Teseo y el Minotauro

822 Un temperamento indomable

Con cuerpo de hombre y cabeza de toro, el Minotauro es uno de los seres más salvajes de la mitología griega. Pese a ser hijo de una reina, se trataba de un ser violento y despiadado que se alimentaba de carne humana. Su fuerza y aspecto provocaban auténtico pánico.

823 El origen

En una ocasión el rey Minos de Creta, una importante isla griega en el mar Mediterráneo, ofendió gravemente a Poseidón, el dios del mar. Este, como venganza, hizo emerger de las aguas a un toro blanco del que la mujer de Minos se enamoró sin remedio. El resultado de su unión fue el Minotauro. El rey, para esconder su vergüenza y proteger a su pueblo, decidió encerrarlo.

824 Dédalo y el laberinto

El rey Minos le encargó al gran inventor Dédalo la construcción de un laberinto tan perfecto que el Minotauro no pudiese nunca encontrar la salida. Una vez que estuvo terminado, abandonaron al Minotauro en el único pasillo que llegaba hasta el centro de aquel laberinto-prisión.

825 Un laberinto impenetrable

Dédalo perdió el favor del rey y fue encerrado, junto con su hijo, Ícaro, en una torre dentro del laberinto, sin posibilidad de escapar.

826 ¿SABÍAS QUE...?

El laberinto se encontraba exactamente bajo el palacio de Cnosos, en Creta.

827 Un sacrificio de 14 jóvenes

Minos había condenado a los atenienses a entregarle en sacrificio cada año siete jóvenes varones y siete doncellas, que eran ofrecidos como alimento al Minotauro.

828 Luto por los desgraciados

El barco que llevaba a los jóvenes atenienses que iban a ser entregados al Minotauro tenía las velas negras en señal de luto por el destino oscuro que esperaba a sus pasajeros.

829 Un inventor con recursos

Dédalo y su hijo Ícaro deseaban escapar del laberinto, así que el padre ideó unas alas con plumas y cera. Con ellas acopladas a la espalda, se marcharon volando. Pero el joven desoyó los consejos de su padre y se acercó demasiado al sol, que derritió la cera. De este modo cayó al mar, donde se ahogó.

830 Un héroe para acabar con el terror

Teseo, hijo del rey de Atenas, se ofreció para dar muerte al Minotauro y que de ese modo los atenienses pudieran dejar de pagar tributo a Minos.

831 El fin del sufrimiento

Tras una dura y violenta pelea, Teseo consiguió doblegar al Minotauro y acabar así con los sacrificios humanos. Pero, ¿cómo podría volver a salir del laberinto?

832 Amor e ingenio

Antes de entrar en el laberinto, la princesa Ariadna, hija del rey Minos y enamorada de Teseo, le dio un ovillo de hilo de plata para que lo atara a la puerta del laberinto. Según avanzaba lo fue desenrollando y así pudo encontrar la salida tras derrotar al Minotauro. Una vez fuera, hundió los barcos cretenses para evitar que los ejércitos del furioso rey Minos le persiguiesen, y huyó a la isla de Naxos.

El canto de las sirenas

833 Nacieron en la mitología griega

La palabra sirena proviene del griego y significa 'encadenado'. Parece ser que las sirenas nacieron en la mitología griega como unos seres marinos fabulosos, mezcla de mujer y ave. Poseían una voz hermosísima e hipnótica, y quien escuchaba su canto se sentía atraído por ellas sin remedio. Más adelante se las representaría como bellas mujeres con cola de pez, y así han llegado hasta nuestros días.

834 Increíble y tenebrosa belleza

Pese a tratarse de seres con una voz de una belleza incalculable, su existencia estaba siempre ligada a la muerte; no solo porque sus víctimas morían, sino porque parece que ellas mismas eran las encargadas de conducir las almas de los muertos al Hades (inframundo).

835 Una trampa irresistible

Las sirenas habitaban en una isla del Mediterráneo, que parece que era la actual Capri. Sus cantos irresistibles atraían a las embarcaciones a sus costas, donde encallaban en las rocas. Allí los marinos terminaban siendo devorados por las sirenas.

836 El héroe griego Jasón venció a las sirenas.

Para ello recurrió a Orfeo, quien con su propio canto logró ocultar el de las sirenas cuando su barco pasaba junto a la isla donde vivían. De este modo Jasón y su tripulación se salvaron de caer en las garras de estas peligrosas criaturas.

Ladón, el guardián

837 Una criatura pavorosa

Ladón era sencillamente imponente. Tenía cien cabezas y por cada una de ellas hablaba un idioma distinto, además de escupir fuego, que para eso era un dragón.

838 ¿Dragón–serpiente o serpiente–dragón?

Ladón es un ser de la mitología griega, una criatura que parece una mezcla entre serpiente y dragón. De hecho, su padre bien podría haber sido Tifón, un poderosísimo dios alado que en vez de dedos tenía cabezas de dragón y en las piernas poseía abundantes serpientes.

839 Una entrada infranqueable

Ladón fue enviado por Hera, la esposa de Zeus, «padre de los dioses», al jardín de las ninfas Hespérides para protegerlo. Este jardín era su huerto particular y las manzanas de oro que crecían en los árboles proporcionaban la inmortalidad; por eso Ladón también es conocido como el dragón de las Hespérides. Con sus cien cabezas se hacía casi imposible acceder al jardín, ya que Ladón estaba siempre alerta en todas direcciones.

840 Los doce trabajos de Hércules

El héroe Hércules servía al rey Euristeo, que le encomendó doce tareas dificilísimas. Una de ellas consistía en robar las manzanas del jardín de las Hespérides, custodiadas por Ladón. Para conseguirlo, Hércules le pidió ayuda al titán Atlas, padre de las Hespérides, ya que Ladón se mostraría confiado con su presencia.

841 Un jardín muy cercano

Los relatos sitúan el jardín de las Hespérides en un lejano rincón del occidente, cerca de la cordillera del Atlas, en el norte de África, al borde del océano que circundaba el mundo... ¡Nada más y nada menos que en las islas Canarias!

842 Ayuda titánica

Atlas, un titán al que Zeus había condenado a cargar con la bóveda celeste sobre sus hombros por toda la eternidad, accedió a prestarle ayuda a Hércules, pero este le tendría que sustituir en su tarea mientras robaba las manzanas.

843 Un flechazo certero

Justo antes de sostener el peso del globo celeste, Hércules mató a Ladón lanzando una flecha por encima de la tapia del jardín. La flecha atravesó la garganta de la cabeza principal de Ladón y cayó muerto.

844 A veces no hay que fiarse...

Cuando Atlas hubo robado tres manzanas de oro de los árboles del jardín, se dirigió a Hércules y le dijo que él se las podría llevar al rey Euristeo mientras Hércules se quedaba sosteniendo el peso del firmamento unos meses más. Pero Hércules desconfió de él; simuló que accedía, pero le pidió que antes de irse le relevase un momento para que pudiera colocarse un almohadón en sus hombros doloridos. En cuanto Atlas cargó con el firmamento, Hércules recogió las manzanas y se marchó burlándose de él.

845 Por siempre en el cielo

Hera y Zeus honraron los leales servicios de Ladón situándolo en una constelación del firmamento, la del Dragón, que se encuentra cerca del polo norte, mirando justamente a otra constelación vecina, la de Hércules.

846 Sangre de Ladón

Cuando Ladón pereció, su abundante sangre corrió por la tierra y germinó en forma de un árbol conocido como drago. La savia de este árbol es de un color rojo intenso y su forma, con ramas retorcidas que nacen de un grueso tronco, se asemeja a la del antiguo guardián del jardín de las Hespérides.

El feroz Fenrir

847 Un lobo en tierra vikinga

En la mitología nórdica, Fenrir es un lobo monstruoso con un crecimiento descontrolado. Creció y creció hasta que alcanzó un tamaño descomunal, y cuanto más crecía, más incontrolable era.

848 Hijo de un dios y una gigante

La gigante Angrboda y Loki, un dios timador en la mitología nórdica, tuvieron tres hijos. El primero fue Fenrir y más tarde llegaron sus hermanos Jörmundgander, la serpiente marina, y Hela, la diosa del reino de los muertos.

849 Azote de pueblos y campos

Fenrir, con su tamaño titánico y temperamento feroz y descontrolado, asoló muchos pueblos sembrando la destrucción a su paso. Hizo de los campos lugares inhóspitos por donde la gente no se atrevía a pasar.

850 Ragnarök, la gran batalla

En la mitología nórdica el Ragnarök es la batalla del fin del mundo que enfrentará a los dioses liderados por Odín y a los del bando de Loki. Una profecía anuncia que el lobo Fenrir matará a Odín en esta batalla.

851

¿SABÍAS QUE...?

Fenrir ha inspirado multitud de videojuegos y personajes de ficción en la literatura.

852 ¡Imposible de encadenar!

Los dioses, temerosos de las profecías, intentaron encadenarle varias veces, pero Fenrir siempre acababa rompiendo sus ataduras. Finalmente los dioses encargaron a los enanos la fabricación de una cuerda irrompible.

853 La atadura definitiva

Los enanos fabricaron una cinta para atar y retener a Fenrir, a la que llamaron Gleipnir. Era ligera, fina y sedosa; usaron el sonido de la pisada del felino, las raíces de la montaña, el soplo de los peces, los nervios del oso, la saliva del pájaro y el vello de la mujer barbuda.

854 Un reto peligroso

Los dioses retaron a Fenrir a romper la cuerda que ni siquiera ellos eran capaces de romper. Fenrir aceptó el reto: se dejaría atar por Tyr, hijo de Odín, con la condición de que este pusiera su mano derecha en la boca del lobo como prueba de buena voluntad…

855 Atado hasta el final de los tiempos

Cuando Fenrir se dio cuenta de que aquella ligadura era irrompible, furioso le arrancó la mano derecha a Tyr. Pero ya estaba condenado a permanecer atado a una roca hasta el Ragnarök.

856 El fin del mundo

La leyenda dice que en el Ragnarök, cuando Fenrir rompa su prisión milenaria, la Tierra será invadida por las aguas subterráneas y el fuego. Fenrir matará a Odín y será ajusticiado por su hijo Vidar, dios del silencio, la venganza y la justicia.

Leviatán, furia marina

857 El mayor azote de los océanos

Leviatán es un monstruo marino mencionado seis veces en la Biblia. Se trata de una especie de serpiente gigante o cocodrilo con la piel cubierta de escamas impenetrables, con afiladísimos dientes, de aspecto y dimensiones realmente terribles.

858 Solo en la inmensidad marina

Según algunas interpretaciones del Génesis, Dios creó un Leviatán masculino y otro femenino, pero decidió matar a la hembra y dársela de comer a los justos, ya que, si hubieran procreado, Leviatán y su estirpe habrían sometido al mundo.

859 Una fuerza descomunal

Las ilimitadas espirales de su inmenso cuerpo agitaban el agua con tal fuerza que las profundidades por donde pasaba hervían como una enorme caldera.

860 Dimensiones más que respetables

Si tenemos en cuenta que un galeón medía unos 40 m de largo y que Leviatán era capaz de zampárselo entero sin problemas, podemos estimar que solo sus fauces medían como el ancho de un campo de fútbol. ¡Y eso era solo la boca!

Los centauros

861 Mitad hombre, mitad caballo

Su nombre significa 'matador de toros' o
'cien fuertes'. Se trata de una raza de seres
de la mitología griega con torso y cabeza
de humano en un cuerpo de caballo. Las
hembras se llamaban centáurides.

862
Una raza bárbara
Los centauros eran
unos seres sin leyes ni
hospitalidad y por lo
general eran salvajes. Se
abandonaban a menudo
a sus pasiones animales y
les encantaban el vino y
la comida.

863 Dos únicas excepciones

Entre estos seres tan salvajes, Folo y Quirón
destacaron por desarrollar enormemente
la parte buena de su naturaleza. Ambos
destacaban por ser centauros amables
y poseedores de una gran sabiduría.

864 Quirón, el sabio

Sin duda fue el centauro más sobresaliente por su inteligencia, sabiduría y buen carácter. Fue un gran maestro en música, caza, medicina, cirujía, arte y moralidad, e instruyó a famosos héroes griegos como Aquiles, Teseo y Hércules, entre otros.

La Esfinge y su enigma

865 Un demonio indeseable

Su nombre significa 'la estranguladora' y tiene origen en la mitología griega. La Esfinge era un ser demoniaco y destructor que presagiaba mala fortuna.

866 Enseñada por las musas

La Esfinge aprendió el arte de formular enigmas de las musas y era muy aficionada a ellos. De hecho, solía plantear alguno a sus víctimas antes de ajusticiarlas. Normalmente lo hacía cantando. ¡Debía de ser pavoroso!

867 El azote de Tebas

Procedente de Etiopía, la Esfinge terminó instalándose en uno de los montes de Tebas y desde ahí se dedicó a asolar los campos, matando a todo aquel que no fuese capaz de resolver su enigma.

868 Enigma resuelto

Al llegar a Tebas, Edipo se topó con la Esfinge bloqueándole el paso. Ella le planteó el siguiente enigma: «¿Cuál es el animal que por la mañana camina sobre cuatro patas, al mediodía sobre dos y al anochecer sobre tres?». La respuesta de Edipo fue: «El hombre, pues cuando es bebé gatea, de adulto camina y de mayor se apoya sobre un bastón».

869 Avergonzada

Cuando Edipo dio la respuesta correcta a su acertijo, la Esfinge se sintió derrotada, vulnerable; ya no era invencible… Poco después se lanzó desde un risco y desapareció para siempre.

870 Un ser pavoroso

La Esfinge tenía la boca llena de veneno, los ojos rojos como brasas incandescentes y sus alas siempre estaban manchadas de sangre. ¡Para echarse a temblar!

871 También ocupaba un lugar importante en la mitología del Antiguo Egipto.

En ambos casos, el griego y el egipcio, la Esfinge tenía cuerpo de león, torso humano y, en ocasiones, alas. Pero en Egipto el torso era de hombre y en Grecia de mujer, además de tener también una cola de serpiente.

872

Hasta en Mesopotamia

Allí las Esfinges se representaban como toros con alas y larga barba; eran espíritus protectores de la ciudad y los palacios.

873 ¿SABÍAS QUE...?

La Esfinge tenía la cruel costumbre felina de juguetear con sus víctimas antes de devorarlas. Tal y como hace un gato con un ratón antes de comérselo.

El mago Merlín

874 El mago más famoso de Europa

Merlín fue el más increíble mago y adivinador de la cultura celta. Vivió en Gales a comienzos de la Edad Media. Fue el consejero fundamental de varios reyes y una pieza clave en la famosa corte del rey Arturo.

875 Poderes prodigiosos

Comprendía la esencia de todas las cosas y por eso podía descifrar el presente con una profundidad tal que le permitía predecir el futuro. Además, estaba íntimamente ligado a la naturaleza y podía hablar con los animales y comunicarse con las plantas.

876 Un mal comienzo

Se piensa que el mago Merlín pudo ser obra de una maligna fuerza mágica de la Antigüedad o incluso hijo de un demonio. Lo que es seguro es que el mago estaba destinado a hacer florecer en los hombres su lado más malvado… Afortunadamente, terminó convirtiéndose en el referente espiritual de varios reyes y sacó lo mejor de ellos.

877 El mago sobre el que giró un reino.

Cuando Arturo Pendragon tenía 16 o 17 años, Merlín le llevó a un lugar donde había una espada clavada en una roca; se decía que quien pudiera arrancarla de dicho lugar sería rey de Inglaterra por pleno derecho. Arturo lo consiguió y Merlín le acompañó y le aconsejó en su reinado.

878 ¿Druida o mago?

Algunas hipótesis apuntan a que Merlín fue en realidad un druida, que para los celtas era algo así como un mago, médico, líder espiritual y juez. El resto de las habilidades que tenía Merlín, como hacerse invisible o convertirse en diversos animales, encajan dentro de esta posibilidad.

879 ¡Encerrado para siempre en un árbol!

Cuando Merlín ya era muy anciano se enamoró de una joven llamada Nimue, la Dama del Lago, y le enseñó poderosos conjuros. Pasado un tiempo, la mujer terminó empleando esa magia para encerrar a Merlín dentro de un árbol. De hecho, se cuenta que Merlín aún está esperando en un robledal de Gales a ser liberado.

365

MEDIOS DE TRANSPORTE

Barcos y puertos

880 Todo comenzó hace mucho tiempo

… ante la necesidad del hombre de desplazarse por río o por mar para buscar alimento, comerciar o intercambiar útiles o bienes para subsistir. Así ideó embarcaciones que le permitieran trasladarse y transportar mercancías; desde simples balsas hasta los barcos tal como los conocemos hoy.

881 ¿Dónde «aparcamos» el barco?

Poco a poco se construyeron y perfeccionaron espacios donde atracar, al abrigo del oleaje, de la furia de los vientos y de posibles enemigos. En el siglo XIII a. C. los fenicios edificaron puertos de piedra en Tiro y Sidón usando una técnica tan perfecta que estos puertos perduran aún en sus partes fundamentales.

882 Una ubicación bien pensada

Los fenicios edificaron los puertos más importantes de la Antigüedad. La ubicación de cualquier nueva población debía tener en cuenta la defensa y el acceso a un puerto. Era necesario que los barcos pudieran atracar con facilidad, por eso la elección del cabo era primordial.

883 ¡Cuidado con los invasores!

Pueblos enfrentados, piratas o corsarios hicieron que se tomaran todo tipo de medidas para protegerse ante posibles ataques por mar. Por este motivo, en muchas poblaciones incluso se levantaron fortalezas para proteger los puertos y defender a los habitantes de los ataques enemigos.

884 Tanto viaje tuvo consecuencias...

Pueblos navegantes como fenicios, griegos, vikingos y polinesios hicieron uso de sus naves tanto para el comercio como para actos de piratería y para sus migraciones. Pero la navegación trajo consigo también un regalo inesperado: el intercambio cultural.

885 Rutas de navegación

Las rutas marítimas más antiguas se crearon en el Mediterráneo. En el siglo XVI, tras el descubrimiento de América, quedaron establecidas tres grandes rutas transoceánicas: a las Indias, a Centroamérica y a América del Sur. Y en el siglo XIX el descubrimiento de oro en California y en Australia instauró dos nuevas rutas. Hoy en día se han multiplicado las vías marítimas que unen a los pueblos de todo el mundo, resultado del desarrollo del comercio internacional.

886 Veo, veo...

… un lugar construido por el hombre. Suele estar situado en bahías, ensenadas o desembocaduras de ríos. Sus infraestructuras, instalaciones y servicios permiten a las embarcaciones y a las personas realizar operaciones de carga y descarga, de embarque y desembarque, de aprovisionamiento o de almacenaje de mercancías en condiciones de seguridad. ¿Qué es? ¡Un puerto!

887 Actividad frenética

En los puertos se prestan muchos servicios a los barcos: la consigna, el practicaje, el remolque, el avituallamiento, la carga de combustible, la reparación o el mantenimiento de las embarcaciones.

888 Comerciales, pesqueros, deportivos...

No todos son iguales. Los puertos comerciales se destinan a la carga y descarga de contenedores con mercancía para la compraventa. En los puertos pesqueros las embarcaciones hallan abrigo tras realizar sus capturas y se encuentran las lonjas de pescado. En las zonas de amarre de los puertos deportivos lo que atracan son barcos de recreo, yates, etc.

889 Como miniciudades

Un tipo de puerto especial es el militar, que alberga una flota de la Armada. Está muy vigilado, porque en él hay buques de guerra o portaaviones. A veces son auténticas miniciudades, pues cuentan con talleres, hospitales, bancos, escuelas, tiendas, centros deportivos y viviendas para los militares y sus familias.

890 ¿SABÍAS QUE...?

Solo en la provincia de Asturias hay dieciocho puertos pesqueros con lonjas para realizar la primera venta de la pesca.

La evolución

891 Maravilloso invento

Un barco es una construcción con forma cóncava, ovalada y alargada que puede estar fabricada de diversos materiales: paja, madera, acero, hierro… Si es más ligero que el agua, parece normal que flote. Algo más de tiempo se tardó en descubrir cómo podían flotar las grandes embarcaciones más pesadas.

892 Los comienzos de la navegación

Todo empezó de una forma muy simple, con tan solo unos troncos tallados para desplazarse por el agua, quizá para buscar alimento. Hay datos que confirman que el hombre ya usaba troncos manipulados para hacer de ellos un medio de transporte ¡hace más de 10.000 años!

893 Máquinas cada vez más perfectas

El tiempo ha permitido la evolución y el perfeccionamiento en la construcción de embarcaciones. Para ello ha sido clave la influencia de unos pueblos sobre otros como consecuencia misma de los viajes. Por poner un ejemplo: en la Edad Media y en la Moderna, la coca nórdica se transformó en la carraca portuguesa, y esta, junto con la nao, dio lugar al galeón español.

894 Enrique el Navegante

El infante Enrique de Portugal fue una figura imprescindible en los grandes descubrimientos del siglo xv. Reunió a experimentados geógrafos, cartógrafos, astrónomos y navegantes para crear la Escuela de Sagres. Por allí pasaron personajes como Cristóbal Colón o Vasco de Gama. En la escuela se gestaron grandes avances técnicos y científicos para el arte de la navegación. Además, se organizaron numerosas expediciones.

895 Más rápido

Al principio se utilizó el remo para no ir a la deriva. Más tarde el hombre descubrió que podía aprovechar la fuerza del viento para impulsarse e ideó las velas. Durante siglos se empleó la fuerza de los remeros combinada con la ayuda de las velas, ¡hasta que se inventó el barco de vapor en el siglo XVIII!

896 ¿SABÍAS QUE...?

Los barcos que los vikingos utilizaron en sus incursiones guerreras entre los siglos VIII y XI se llamaban *drakar*, que significa 'dragón'. Solían llevar en el mascarón de proa una cabeza de dragón.

897 ¿Por qué flotan?

Aunque su estructura es muy pesada, un barco no se hunde porque en su interior tiene un espacio lleno de aire, que es una sustancia menos densa que el agua, de manera que la densidad total del barco es menor que la del agua. ¡Funciona como si de un flotador gigante se tratara!

898 Zonas clave de un buque

Zonas muy importantes de un buque son: el puente de mando, lugar desde donde el capitán dirige la embarcación, comunica órdenes y maneja los controles de navegación y de trayectoria; la zona de radio, donde se establecen las comunicaciones marítimas y se mantienen los sistemas electrónicos del barco; y la sala de máquinas, donde se trabaja para su manejo, mantenimiento y posible reparación mecánica.

Mástiles, antenas, radares y luces

Puente de mando

899 Y elementos fundamentales

Son esenciales las hélices, que propulsan la embarcación; el timón, que marca el rumbo hacia el que se desea llevar el barco; brújulas y sistemas de navegación GPS, ordenadores de a bordo, radio… ¡y tripulantes experimentados que sepan manejar todo esto!

Sala de máquinas

Timón y hélices

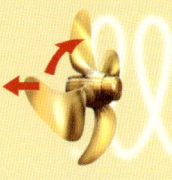

900 Cada cual, según su función

Dependiendo del uso al que se reserve la embarcación, adquiere unas u otras características físicas. Así, por ejemplo, los barcos de pesca tienen un gran calado (profundidad en el agua) y espacio en cubierta para faenar; y los petroleros, increíblemente resistentes, transportan su carga en tanques bajo condiciones estrictas de seguridad, son más largos y su puente de mando está en la popa, que es la parte posterior de una embarcación.

901 Un tipo peculiar: el submarino

El submarino es un tipo de buque especial, con unas particularidades que le permiten navegar bajo el agua para no ser avistado, además de por la superficie, como un barco normal. ¡Algunos pueden permanecer sumergidos hasta un año y medio! ¡Y los hay que han logrado bajar a 6.000 metros de profundidad con tripulación a bordo! Los de uso turístico permiten observar el fantástico fondo marino en zonas de aguas claras.

Los faros

902 Guardianes de los marinos

Los faros son torres de señalización situadas en lugares estratégicos cerca de la costa, en ella misma o incluso a veces dentro del mar. El potente haz de luz que emite la lámpara desde su parte más elevada sirve de guía a los barcos en las rutas de navegación durante la noche. Porque imagínate ir a ciegas con un gran barco y encontrarte con las rocas de la costa golpeando el casco...

903 ¿Cómo empezó todo?

La palabra «faro» proviene del griego y hace referencia a la isla de Faro, cerca del puerto de Alejandría, en Egipto. En el siglo II a. C. en esta isla se edificó una gran torre de avisos, y en el siglo I los romanos la dotaron de una gran hoguera y espejos reflectantes en su parte superior para guiar a los navegantes.

904 Con su «documento de identidad»

Cada faro se identifica por los intervalos de luz que emite y también por el número, el ancho, el color y la separación de sus haces de luz. De esta manera, desde el mar las embarcaciones pueden identificarlos y conocer su posición geográfica exacta.

905 Bien visibles

Durante la noche, cuando los faros se encuentran en funcionamiento, sus lámparas emiten haces de luz a través de sus lentes, que giran 360°. Algunos incluso disponen de sirenas para poder servir de orientación en días con niebla, cuando el haz luminoso no resulta efectivo.

906 Memoria del pasado

Se cree que los fenicios hacían uso de grandes hogueras en lo alto de torres de vigía en lugares de costa. ¡Y esto pudo suceder nada menos que en el 1200 a. C.! Más tarde, griegos y romanos construyeron faros a la entrada de sus puertos. Ejemplos aún en pie son los romanos del castillo de Dover (Inglaterra) y la Torre de Hércules (La Coruña, España).

La Torre de Hércules es el faro más antiguo aún en uso.

En el faro de Alejandría, en Egipto, se encendía una hoguera en lo alto.

907 Sin grandes novedades

Durante siglos no hubo avances técnicos —en los faros se encendían hogueras con madera, carbón, alquitrán, brea, aceite…—, solamente estéticos, de acuerdo con la arquitectura de cada época y lugar.

Coloso de Rodas, en Grecia

908 ¡Aires nuevos!

Habría que esperar a la llegada del siglo XVIII para la aparición de adelantos, como las primeras linternas metálicas y, luego, las luces giratorias. Aunque los logros importantes comenzaron en el siglo XIX, con las lentes que Fresnel inventó y que, mejoradas, se siguen usando hoy, y con el uso de diferentes fuentes de alimentación.

909 ¡Aún son útiles!

Aunque en la actualidad los sistemas de navegación por satélite, como el GPS, han restado importancia a la labor de los faros, estos siguen siendo claves para verificar la posición de la embarcación en la carta de navegación durante la noche.

910 Otras señales

Como complemento a la función de los faros, existen otros elementos de señalización que ayudan a guiar a los barcos. Es el caso de las boyas o de las luces de tierra que crean un pasillo en canales de acceso, para evitar que la embarcación choque o encalle.

911 Una profesión con un halo de romanticismo

El oficio de farero está casi extinguido, pues el funcionamiento de los faros hoy se controla a distancia, desde ordenadores. Antes, el guarda se encargaba del cuidado y el funcionamiento del faro, y por ello solía tener su vivienda allí mismo, en el faro, un edificio solitario en la costa.

Grandes naufragios

912 Hundimientos

En ocasiones, las embarcaciones se encuentran en situaciones que ponen en peligro su estabilidad mientras navegan y pueden terminar hundiéndose. Los motivos pueden ser diversos, pero suele tratarse de fenómenos meteorológicos adversos, del efecto de acciones bélicas, fallos en la navegación...

913 La mala suerte de la White Star Line

Esta naviera británica destaca porque sufrió varias tragedias en los viajes de sus embarcaciones. La que alcanzó más renombre fue la del Titanic, pero también se hundió uno de sus buques gemelos, el Britannic. Además el Atlantic naufragó y el Naronic desapareció. El Republic colisionó con el Florida y el Olympic con un acorazado de guerra. ¡Menudo gafe!

914 Una gran tragedia

El choque con un iceberg hizo que el mayor y más lujoso barco del momento (en igualdad de condiciones con su gemelo Olympic) se hundiera a unos 600 km de Terranova en 1912 durante su viaje inaugural. El transatlántico viajaba con más de 3.600 personas a bordo; sobrevivieron unas 700.

915 Peor todavía

El británico Titanic es tristemente famoso,
pero peor fue la tragedia del transatlántico
alemán Wilhelm Gustloff, que durante la
Segunda Guerra Mundial evacuaba civiles: se hundió
torpedeado por un submarino soviético y fallecieron más de 9.000 personas.
¡La mayor tragedia marítima de la historia!

916 Si el barco es muy viejo...

… y continúa en funcionamiento, existen más posibilidades de que sufra una avería en el mar y se rompa. Dependiendo de la carga que transporte, puede ocasionar un grave desastre en el ecosistema marino, como sucedió cuando se hundió en Galicia el petrolero Prestige.

917 Todo en su sitio y bien atado

Es esencial que la carga esté bien colocada y distribuida adecuadamente según su peso y volumen: una embarcación puede naufragar si existe exceso de carga o esta se desplaza durante el trayecto.

918 ¿SABÍAS QUE...?

Los naufragios han sido motivo de inspiración para artistas, y así ha quedado reflejado en cuadros de Géricault, Turner o Friedrich, y, por supuesto, en numerosísimas películas.

919 Lugares para la catástrofe

Hay quienes sostienen que el Triángulo de las Bermudas o el Triángulo del Dragón, y hasta doce zonas del mundo, son áreas cuyas características favorecen la desaparición de barcos y aviones en circunstancias misteriosas. Sin embargo, ni los científicos les dan credibilidad ni navegantes o habitantes locales las reconocen como tales.

920 Para hundimiento exprés...

... el que experimentó el Lusitania, que trasladaba pasajeros entre Europa y Estados Unidos. En tan solo dieciocho minutos este transatlántico británico se sumergió torpedeado por un submarino alemán en 1915. Fallecieron casi 1.200 personas. Este hecho, que conmocionó al mundo, contribuyó a que Estados Unidos participara en la Primera Guerra Mundial. Su lujo y comodidad sirvieron de inspiración a la competencia para construir el Titanic.

921 Algunos naufragios singulares

Por ejemplo el del velero Grosvenur, de la Compañía Británica de las Indias Orientales, causado por un ciclón en 1782. La gran peculiaridad de este naufragio es el cargamento que se hundió con el barco: ¡portaba un trono índico de pavos reales de Delhi, fabricado en oro macizo!

922 ¡Mujeres y niños primero!

Existe una ley del mar no escrita que dice que cuando se produce un naufragio se debe evacuar en primer lugar a mujeres y niños; a continuación, a los hombres y a la tripulación, y que el último en abandonar el barco ha de ser el capitán. Pero un estudio reciente, basado en los casos del Birkenhead y del Titanic, demuestra con sus estadísticas que ante un peligro de muerte se produce una actitud de «¡sálvese quien pueda!»...

¡Pasajeros a bordo!

923 Viajar en barco

Un barco de pasajeros es el que está específicamente diseñado para el transporte de personas. Podemos imaginarnos desde un práctico ferry para trayectos cortos hasta un inmenso barco de lujo como los que realizan cruceros de vacaciones por medio mundo. El ferry o transbordador enlaza dos puntos llevando pasajeros, y a veces también vehículos, siguiendo un horario regular.

924 El primer crucero

En el año 1835 el periódico *Shetland Journal* publicó los primeros anuncios de un crucero; esta novedosa propuesta vacacional incluía la visita de Escocia, Islandia y las islas Feroe. Nadie se imaginaba entonces el enorme éxito que los cruceros tendrían en el siglo XIX. Poco después se harían famosos los viajes transatlánticos entre Europa y América.

925 Por fortuna estaba cerca...

El transatlántico Carpathia, del que poca gente parece acordarse, cumplió un importante papel en la historia de los cruceros: alertado por las llamadas de socorro, llegó al lugar donde naufragó el Titanic dos horas después de que este se hundiera, y logró rescatar a cientos de personas que habían podido abandonar el barco en los botes salvavidas.

926 Auténticas ciudades flotantes

En algunos barcos de recreo es posible encontrar todo lo
que se pueda necesitar para disfrutar de unas vacaciones
de ensueño: restaurantes con menús internacionales,
cines, teatros, discotecas, piscinas, solarios,
gimnasios, casinos, tiendas… ¡incluso
balnearios, campos de golf, museos
y planetarios!

927 ¿SABÍAS QUE…?

Desde Battery Park, al sur de la isla de Manhattan, se
toma un ferry muy emblemático. Ese barco es el único
medio de acceso para que los turistas puedan llegar
hasta Liberty Island y así visitar la famosa Estatua
de la Libertad, que recibe nada menos que unos
tres millones y medio de visitantes al año.

928 Una tripulación impecable

La tripulación permite que la estancia en un barco de crucero sea perfecta: desde el capitán al jefe de máquinas y al de radio, desde los oficiales y marineros hasta los cocineros, camareros, animadores o personal de limpieza y seguridad. ¡Y también hay médico!

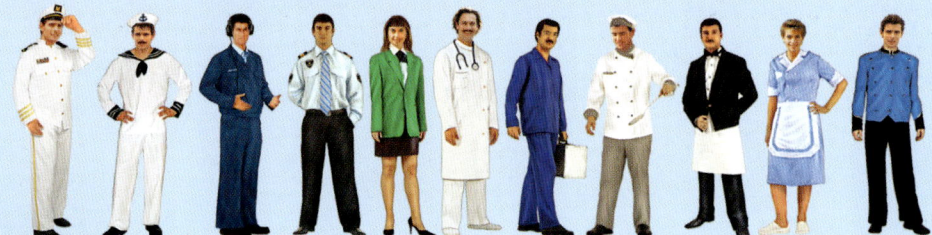

929 Con el sabor de ayer

Hoy en día parten desde Nueva Orleans barcos de vapor a imagen de los que en el siglo XIX recorrían el río Misisipi. Aunque hoy cuentan con lujos como gimnasio, campo de minigolf y balneario entonces inimaginables... Se trata de cruceros fluviales suntuosos y de ritmo pausado. ¡Solo falta que Tom Sawyer salude desde la orilla!

930 Queen Mary 2

El Queen Mary 2 es el transatlántico más grande, más lujoso y más caro construido en la historia. Con un coste de unos 900 millones de dólares, su interior ofrece al pasajero todo el lujo imaginable. Participaron más de 20.000 personas en su construcción y cuenta con nada menos que 1.253 en su tripulación.

931 Freedom of the Seas

Este barco desbancó al Queen Mary 2 en capacidad de pasajeros, y más tarde le superó el Oasis of the Seas. En este crucero, de tamaño algo mayor que el Titanic, se disfruta de todas las comodidades y diversiones habituales, aunque cuenta con algunas sorpresas: ¡dispone de una pared para practicar escalada y una piscina con olas para hacer surf!

932 Grandes navieras

Las grandes navieras actuales no pretenden construir los buques más rápidos, sino ofrecer a los pasajeros todo el lujo posible. Para inspirarse

siguen a los antecesores que marcaron hitos, como el Lusitania o su gemelo Mauretania, que además sirvió como transporte militar y buque hospital durante la Primera Guerra Mundial.

933 Alrededor del mundo

Cruceros y transatlánticos cumplen el sueño de muchas personas de surcar mares y océanos, dando a conocer preciosos lugares de todo el mundo: los fiordos noruegos, los acantilados escoceses, exóticas islas caribeñas, las grandes ciudades imperiales, la Riviera mexicana...

934 La entrada al puerto

Una vez que se ha autorizado el atraque, la embarcación leva el ancla y se dirige al puerto acompañada por remolcadores que, ya dentro de la dársena, toman el control total de navegación y mueven el barco hasta dejarlo en posición en el muelle que le corresponde.

935 A buen recaudo

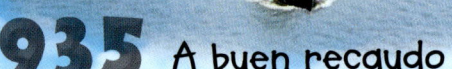

Cuando se encuentra en posición en el muelle, la embarcación se sujeta con amarras o cabos a tierra firme para asegurar el atraque. Además, tanto el barco como la pared del muelle están provistos de defensas ante posibles golpes ocasionados por el mar o el viento. A menudo se emplean como protección enormes neumáticos.

936 ¿Cómo se sube y se baja del barco?

Los pasajeros embarcan y desembarcan por escaleras, puentes o pasarelas que se encuentran lo más cerca posible de la altura del muelle. Los vehículos, si el barco puede transportarlos, acceden y salen por una rampa situada en la popa y que conduce a grandes aparcamientos.

937 ¡Menudo trajín!

Ya atracado, sigue el trajín: suben o bajan personas, se cargan o descargan mercancías, se repone el combustible necesario, se realizan operaciones de reparación y mantenimiento, o se provee de avituallamiento para la siguiente etapa.

938 Un control estricto

En muchas ocasiones, las mercancías para comerciar que llegan al puerto han de pasar por las oficinas de aduanas. Allí se les realiza un registro y en algunos casos deben pagar tasas e impuestos. Además, la Policía Portuaria realiza inspecciones para que no se transporte nada peligroso o ilegal entre los bultos que entran o salen, como animales exóticos o vegetación endémica…

939 ¡Cuánto tráfico!

Es importante que existan buenas conexiones de carreteras para el acceso del tráfico rodado al puerto, y también dentro del mismo, pues cientos de camiones de mercancías, autobuses de pasajeros y otros tipos de vehículos transitan cada día por él. ¡En un puerto puedes encontrar un entramado de calles con semáforos y muchas otras señales de tráfico!

Remolcadores, esos titanes

940 ¡El más fuerte!

El remolcador es un barco pequeño, ¡pero no te fíes de las apariencias!: su gran potencia ayuda a maniobrar a grandes embarcaciones para acceder al puerto o salir de él de forma segura. ¡Y para hacerlo las empuja o tira de ellas! También interviene cuando es necesario remolcar barcos averiados hasta un astillero para su reparación.

941 El práctico

El práctico es un marino hábil en el manejo de barcos, además de experto conocedor de las singularidades del puerto y de sus accesos. Desde un remolcador, una lancha o incluso un helicóptero, accede al barco recién llegado. Y no es tarea fácil, porque las embarcaciones se sitúan en paralelo bajo condiciones de riesgo, ¡con todas ellas en movimiento!

942 ¿Y después?

Una vez a bordo, el práctico ayuda al capitán con indicaciones para que realice las maniobras hasta el atraque. Al mismo tiempo se mantiene en contacto por radio con los remolcadores, para que estos tiren del barco siguiendo también sus pautas. ¡Menudo trabajo de coordinación!

943 ¡Un «empujoncito»!

Para ello se necesita un remolcador de empuje, muy habitual en el río Misisipi, o entre el río Paraná y Paraguay. ¡Y es un auténtico titán, porque con su potencia puede empujar un convoy de veinte barcazas, desplazando 30.000 toneladas de peso!

944 ¿SABÍAS QUE...?

Esas 30.000 toneladas de peso equivalen a 55 aviones Airbus A380 (el avión de pasajeros más grande del mundo) con 555 pasajeros en cada uno y a plena carga.

PleasureCruise

945 Como un carguero

Un remolcador también puede transportar pesadas estructuras que no se puedan desmontar en piezas más pequeñas. Muchas veces son necesarias para grandes obras de ingeniería marítima como, por ejemplo, enormes torres para una plataforma petrolífera. En estos casos tienen que «hundirse» momentáneamente para pasar por debajo y levantar la estructura al completo.

946 Protectores de la naturaleza

Algunos remolcadores están diseñados para recoger y almacenar vertidos contaminantes derramados en el mar. ¡Así se puede evitar un desastre ecológico! En España se construyeron dos de estas embarcaciones tras el hundimiento del petrolero Prestige.

947 En busca de personas

Muchos remolcadores están equipados para realizar acciones de salvamento marítimo en caso de naufragio. Un ejemplo es la embarcación María de Maeztu, capacitada para alojar hasta cincuenta náufragos, y con una enfermería para prestar la primera atención médica necesaria.

948 ¡Al taller!

Otra función de los remolcadores que hay en los puertos es realizar las maniobras oportunas para transportar barcos averiados. Los arrastran hasta un astillero y, una vez allí, los disponen de la forma adecuada para su reparación.

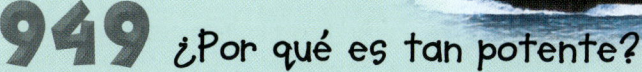

949 ¿Por qué es tan potente?

Este tipo de embarcación cuenta con dos motores excepcionales para poder hacer su trabajo. Aunque uno de ellos se averiara, podría seguir navegando con el otro en buenas condiciones y con seguridad. ¡Es capaz de propulsarse de lado y realizar giros de 360° en solo treinta segundos!

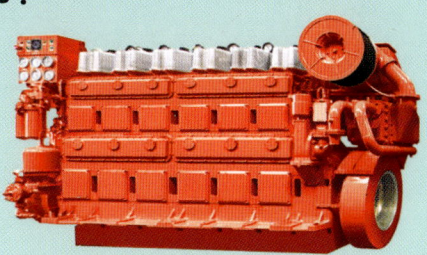

950 Bomberos marinos

Los remolcadores contra incendios son los camiones de bomberos del mar. Lanzan potentes chorros de agua de hasta 45 metros de altura para acabar con el fuego. También están preparados para mantenerse a resguardo bajo una cortina protectora de agua a su alrededor, lo que les permite acercarse más a la zona de peligro para actuar con eficacia.

Grúas y mercancías

951 Un paisaje único de formas y colores

Sin duda has visto un puerto alguna vez, así que has podido contemplar el paisaje sin igual que conforman las grandes grúas, los contenedores de colores y las mercancías de toda naturaleza que transitan por él, además de las embarcaciones, los camiones de transporte y las personas que trabajan en el puerto…

952 Laborioso trabajo en equipo

Las grúas del puerto cumplen una labor esencial: con ellas un grupo de personas especialistas trabaja en equipo para cargar y descargar de los barcos su mercancía de la forma más adecuada, ordenada y segura. Esto es lo que se conoce como estiba.

953 Diez elefantes se balanceaban…

Algunas de las grúas que puedes observar en un puerto son potentes máquinas capaces de soportar grandes pesos: hasta 80 toneladas, ¡como si elevaran diez elefantes adultos de gran tamaño! Esto permite que en tan solo un día una de ellas pueda descargar toda la mercancía de la bodega de una gran embarcación.

954 Pero ¿cómo realizan su labor?

El gruista maneja las palancas desde lo alto de su cabina, mientras sigue las indicaciones que desde abajo le hace el amantero. Otros compañeros se ocupan de la carga que debe elevar y desplazar la grúa. Al mismo tiempo, en el barco una pala forma pilas con la mercancía para facilitar el trabajo de la grúa.

955 El gruista equilibrista

Es necesario que sea un experimentado operario, pues además de vigilar el peso de la carga ha de controlar su equilibrio en el traslado. La mercancía no puede sufrir ningún daño, por lo que su labor es de máxima responsabilidad y está muy reconocida.

956 Las grúas «pico de pato»

Reciben este nombre porque su forma recuerda el pico de un pato. Son aún frecuentes en los puertos, aunque poco a poco van dejando paso a diseños más eficaces. Aun así, no son nada desdeñables: ¡pueden elevar un peso de 50 toneladas!

957 Plumas... ¡pero no de pájaro!

Las grúas «pluma» son las más comunes, incluso las puedes ver en la construcción de edificios en la ciudad. Existen varios tipos en el puerto, según su uso. En los puertos deportivos se emplean para sacar del agua embarcaciones de recreo que se guardan en tierra —en marina seca— en lugar de quedar amarradas en los pantalanes (muelles o embarcaderos pequeños). Y también cuando se devuelven al agua para salir a navegar...

958 Pórticos

Se trata de estructuras de grandes dimensiones que hacen de enlace entre los buques de carga y el muelle gracias a las grúas móviles. Las grúas «pórtico» seleccionan los contenedores con mercancía, los ordenan y los apilan. Luego los camiones los recogen y los desplazan hasta su destino final.

959 Como piezas de construcción...

Los contenedores son grandes cajas de metal pintadas de colores, increíblemente resistentes. Estas enormes piezas constituyen el principal sistema de almacenaje de mercancía para su transporte, ya que en su interior la carga queda bien protegida.

960 Grúas superespecializadas

Por ejemplo, existe un tipo de grúa para los barcos que transportan cereales. Esta dispone de una manga aspiradora que llega hasta la bodega del granelero, extrae el cereal y luego lo deposita en unos recipientes que cargan los camiones para su posterior traslado.

Mercancías peligrosas

961 Terminales de combustible

Son recintos donde se provee de petróleo, gasolina o gas a los barcos que transportan este tipo de carga. O donde estos barcos depositan estas sustancias para luego ser tratadas y distribuidas.

962 La población, a salvo

Estas terminales marítimas se dedican en exclusiva a este tipo de barcos, y están dotadas de grandes medidas de seguridad debido a la peligrosidad de los materiales que manejan: petróleo, gasolina, gas… Por eso las terminales de combustible se sitúan alejadas de las poblaciones.

963 Actividad industrial

Es frecuente que en las terminales se encuentren instalaciones industriales anexas para realizar el tratamiento de estos combustibles. Es el caso del procesado del petróleo en refinerías, o de la producción de otro tipo de energía, como la eléctrica en centrales termoeléctricas.

964 Con mucha precaución

Los procesos de carga y descarga de combustible se llevan a cabo siguiendo un protocolo de seguridad que incluye la vigilancia con embarcaciones antiincendios preparadas para actuar si sucede un accidente, como podría ser una explosión, y personal altamente cualificado.

Llevan traje de goma para protegerse de las chispas.

965 ¿Cómo se realizan la carga y la descarga?

Según sea la naturaleza del material y el buque que lo transporta, así se realiza el traspaso. Un petrolero utiliza una instalación alejada de la costa y bombea el crudo o sus derivados por una red de tuberías hasta unos tanques situados en tierra. Un gasero atraca en un muelle preparado con un sistema especial de tuberías por las que se transporta el gas en forma líquida (a baja temperatura y alta presión) desde sus grandes tanques esféricos.

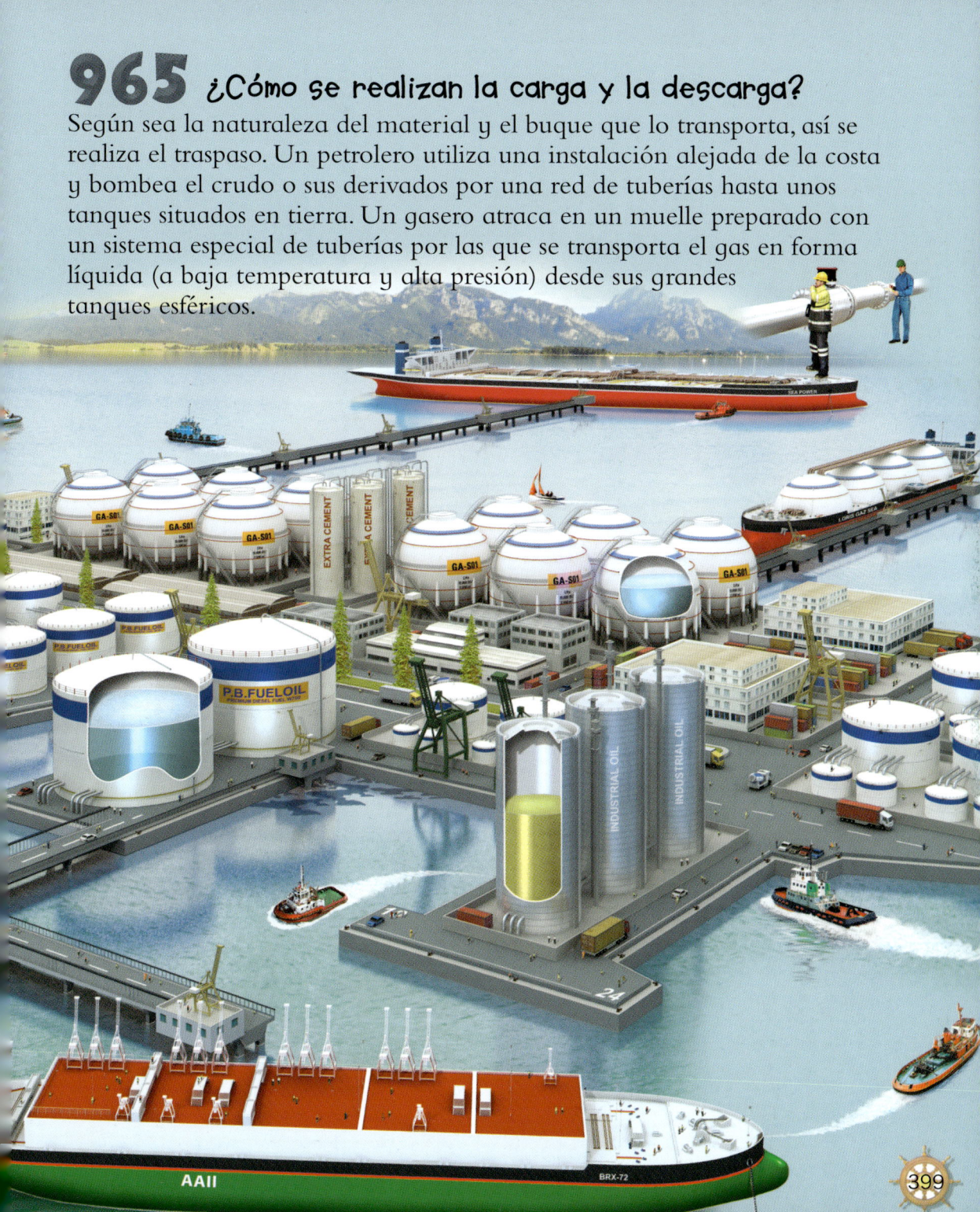

Colosos del mar

966 Hermanos mayores

En el mar encontramos barcos que, para cumplir con sus funciones y resultar eficaces, tienen proporciones excepcionales. Tal es el caso de algunos grandes buques portacontenedores, buques de carga refrigerada o de carga a granel, buques cisterna, petroleros, portaaviones, incluso transatlánticos…

967 Portacontenedores sobresalientes

La naviera Maersk, que cuenta con los portacontenedores más grandes, como el Emma Maersk, dispondrá pronto de los diez buques más grandes y eficientes del mundo. Además, respetarán el medio ambiente. ¡Estos gigantes tendrán 400 metros de largo, 59 de ancho y 73 de alto, y darán cabida a 18.000 contenedores! Aunque sus grandes dimensiones pueden generar problemas, como que no puedan navegar por cualquier ruta o atracar en todos los puertos…

968 Superpetroleros

Estos gigantes se utilizan para transportar petróleo crudo desde los campos petrolíferos hasta las refinerías. Los de mayor tamaño pueden pesar más de 100.000 toneladas y pueden transportar más de 500.000 toneladas de crudo. ¡Y sus dimensiones en ocasiones superan los 400 metros de eslora!

969 Knock Nevis

El superpetrolero Knock Nevis, con sus 458 metros de eslora, fue en su momento el barco más grande del mundo. ¡Este coloso era capaz de transportar 4,1 millones de barriles de crudo! Con la carga máxima, tenía un calado de 81 pies, es decir: hundía su casco 24,6 metros por debajo del nivel del mar. Eso sí, esto hacía imposible que navegara por el canal de la Mancha, así como por los canales de Suez y Panamá, pues rozaría con el fondo y encallaría. Dejó de navegar en 2009.

970 El futuro coloso

Al Knock Nevis lo reemplazará como barco más grande jamás construido el Floating Liquified Natural Gas de Shell. ¡Pesará 600.000 toneladas y será once veces mayor que el Titanic! Pero este coloso no navegará, permanecerá anclado a 200 kilómetros de la costa australiana para explotar las grandes reservas de gas natural del fondo marino. Se estima que su construcción finalice en 2017, y organizaciones ecologistas han advertido ya de los riesgos que supone para la naturaleza.

El Knock Nevis, el barco más grande del mundo, ya no navega, pero sirve de almacén flotante.

971 Portaaviones

Los portaaviones Nimitz de la Marina estadounidense son de los más grandes construidos. Con una longitud de 333 metros, sus motores de propulsión nuclear pueden con más de 100.000 toneladas de peso. ¡Son capaces de albergar a más de 5.000 personas y hasta 90 aviones y helicópteros!

Carguero de transporte a granel Berge Stahl. Todavía sigue funcionando hoy día.

El Enterprise, primer portaaviones nuclear de la Armada estadounidense, es aún más grande que el Nimitz.

Mira la diferencia de tamaños: un gran crucero, uno mediano, un avión, un autobús, un coche... ¡alucinante!

El sorprendente futuro

972 La clave

El uso de energías limpias es la clave para frenar el cambio climático en el futuro. Así, los próximos barcos aspiran a respetar el medio ambiente y usar energías renovables, como la obtenida del sol, del viento o de las olas. Serán embarcaciones que ahorren combustible, recarguen baterías y proporcionen además una navegación agradable.

973 ¡Naturaleza a salvo!

Muchos seres vivirán en su entorno marino en calma, pues los barcos causarán menos accidentes indeseables. No liberarán gases venenosos a la atmósfera ni verterán al agua sustancias contaminantes que perjudican a plantas, animales y personas, ocasionando incluso la muerte.

974 El barco con aletas

Existe un proyecto de carguero llamado Orcelle (el que ves aquí a toda página) que planea transportar hasta 10.000 coches movido por la energía del sol, y además con la generada por las olas a través de unas aletas… ¡como si fuera un gran pez!

El Orcelle tiene doce aletas propulsoras. Es como un inmenso pez que aprovecha las olas para avanzar.

975 Sopla el viento

Navegar a vela aprovechando la fuerza del viento es una de las maneras más ecológicas de desplazarse ¡y además el combustible es gratuito! Así se moverá el transatlántico Eoseas, una auténtica ciudad flotante que surcará los mares muy pronto.

976 ¿SABÍAS QUE...?

La empresa Yacht Island Design es autora del proyecto Streets of Monaco, un yate que recrea en su cubierta edificios simbólicos de Mónaco entre instalaciones de gran lujo: una pista de *karts*, dos piscinas, una pista de tenis, helipuerto y unas fantásticas vistas submarinas.

ORCELLE

977 Un barco solar

Las placas que absorben la energía solar cargan las baterías que alimentan los motores; estos pueden poner en marcha la embarcación y guardar la energía necesaria para usar cuando sea de noche o esté nublado... Así funciona en el catamarán PlanetSolar, ¡el barco solar más grande del mundo!

978 ¡Como una nave espacial!

Otros proyectos de navegación funcionan con energía solar al tiempo que usan las placas como si fueran velas para propulsarse con el viento... ¡Como el Volitan, un prototipo futurista que casi parece una nave espacial!

979 ¿Saltamos en parapente?

¡No, no se trata de eso! Pero la idea de una gran tela de unos 200 m² ha inspirado la creación visionaria de cargueros y otro tipo de embarcaciones que se impulsan con el viento gracias a ella.

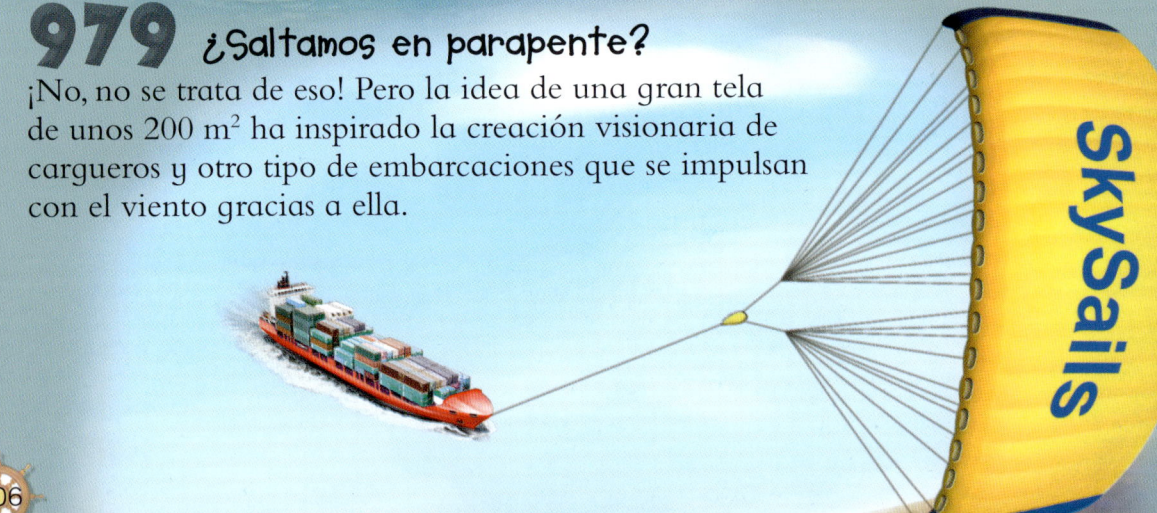

SkySails

980 Recursos que se agotan

Actualmente usamos combustibles que derivan del petróleo como energía para propulsar los barcos. Pero el petróleo es altamente contaminante, y sus reservas disminuyen y llegarán a su fin en muy poco tiempo.

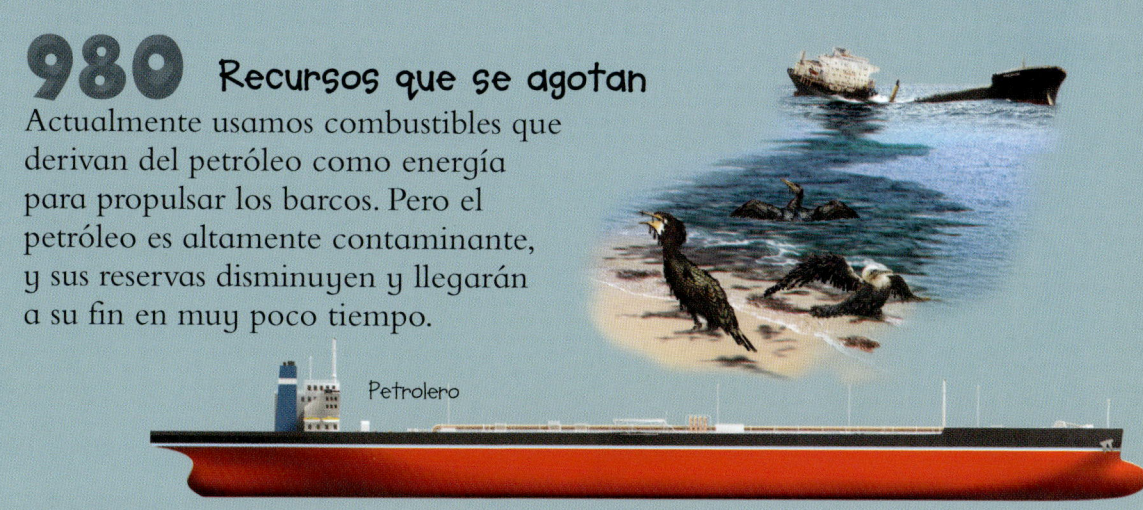

Petrolero

981 Las dos caras de la moneda

Hay grandes intereses en que se utilicen los yacimientos de petróleo, pues generan mucho dinero a algunos países y compañías. Pero ecologistas, científicos y otras personas y empresas comprometidas con la naturaleza luchan por buscar energías que cuiden el planeta y lo mantengan sano, creando transportes eficaces y rentables.

ECO-CARGO   6395-RTW

982 Un futuro prometedor

Japón pretende instalar una central de energía solar en el espacio para el año 2030. El satélite tendrá 1 km^2 y producirá la energía eléctrica suficiente como para abastecer una ciudad de un millón de habitantes. La energía generada por el Sol será transmitida a la Tierra y podrá usarse de manera indefinida… ¡Este es el inicio de un cambio en la manera de concebir el mundo y nuestra forma de vivir en él!

TRENES

983 El tren o ferrocarril

Es un medio de desplazamiento terrestre que transporta personas y mercancías. Está formado por vagones unidos entre sí que circulan sobre carriles y son impulsados por una locomotora. Aunque es un sistema utilizado desde la Antigüedad, los trenes que conocemos hoy en día aparecieron con la Revolución Industrial en el siglo XIX.

984 En las minas

El sector minero generalizó su uso desde el siglo XVI, pero adaptándolo a sus necesidades. Como tenían que funcionar en profundas cuevas, las vías eran estrechas y para que su instalación no costara demasiado se fabricaban en madera.

985 Los ferrocarriles se fortalecen

Poco a poco, los raíles se empezaron a revestir con hierro para que fueran más resistentes y duraderos. Este avance permitió también fabricar carriles más largos que soportaban mejor el peso de la carga y los rigores atmosféricos.

986 ¡Llega el acero!

Pero aun así su duración en buen estado dependía del número de trayectos realizados y del mayor o menor peso de la carga del tren. Habría que esperar a mediados del siglo XIX para que los rieles empezaran a fabricarse con acero. ¡Ahora sí que podían con todo!

987 ¿SABÍAS QUE...?

Algunos estudiosos creen que los antecedentes del tren se remontan al siglo VI antes de Cristo, época en la que para la construcción de templos los esclavos griegos utilizaban plataformas que empujaban sobre surcos excavados en la roca.

988 Empujar y tirar, tirar y empujar…

En sus comienzos, los vagones tenían que ser arrastrados por personas o animales de carga, normalmente caballos por su fuerza y resistencia. Hasta que a principios del siglo XIX se desarrolló el motor de vapor, que provocó una auténtica revolución en el transporte ferroviario.

989 Un motor, ¡por fin!

Sería el ingeniero británico Richard Trevithick quien construyera la primera locomotora de vapor. La probó en 1804 y consiguió remolcar cinco vagones cargados con varias toneladas, aunque no alcanzó la velocidad esperada y el peso rompió los raíles de hierro.

990 «The Rocket»

Unos años más tarde, su paisano George Stephenson sería el responsable de construir la primera línea ferroviaria de transporte de pasajeros, utilizando con éxito la locomotora de vapor. También diseñaría la primera línea ferroviaria moderna con su locomotora «The Rocket» (el cohete) al frente.

991 Un medio de transporte en auge

A partir de entonces los vagones serían impulsados por una locomotora de vapor, llamada así porque es el vapor de agua el que produce la fuerza necesaria para el empuje. Fue a partir de ese momento cuando el ferrocarril se convirtió en uno de los medios de transporte más utilizados.

992 Locomotoras más eficaces

Pero el reinado de la locomotora de vapor terminó a mediados del siglo XX, cediendo protagonismo a las locomotoras diésel y eléctricas, ya que estas últimas necesitan menos cantidad de combustible y consiguen mayor potencia.

993 Infraestructura todoterreno

Hay que destacar la labor que es necesario realizar para salvar los obstáculos del camino y conseguir que las vías lleguen a casi todos los rincones del mundo. La construcción de puentes y túneles ha sido fundamental en la historia del desarrollo del ferrocarril.

411

El caballo de hierro

994 Uniendo extremos

El tren jugó un papel primordial en la colonización del oeste norteamericano. Así nació en 1860 el primer ferrocarril transcontinental de Estados Unidos, una línea férrea cuyo objetivo era comunicar el Salvaje Oeste con la creciente industria y el comercio de la costa este.

995 Adiós a las diligencias

Su éxito logró acabar con las peligrosas líneas de diligencias que a duras penas lograban atravesar las llanuras del oeste, y revolucionó la población y la economía de este enorme país. ¡Viajar por el oeste por fin era seguro!

996 Un trabajo duro

Para conseguir este ambicioso proyecto se construyeron casi 3.000 km de vías, gracias a infatigables trabajadores que realizaron esta titánica hazaña en tan solo seis años. Muchos de ellos perdieron la vida en el camino.

997 Protectores

En los primeros desplazamientos por esta línea se incorporaron protectores de hierro a las locomotoras para evitar los daños que podía ocasionar a la máquina un choque frontal contra una roca o incluso un animal.

998 ¿SABÍAS QUE...?

La línea férrea transcontinental fue construida por dos compañías, la Central Pacific (de oeste a este) y la Union Pacific (de este a oeste). Tuvieron que superar grandes dificultades hasta encontrarse, seis años después, en Promontory (Utah).

999 Un terreno complicado

En la construcción del ferrocarril estadounidense se encontraron con obstáculos de todo tipo, desde sofocantes llanuras que cruzar hasta gruesas montañas de roca que dinamitar, sin olvidar el peligro que suponía adentrarse en el territorio de los animales salvajes que poblaban la zona.

1000 Resistencia indígena

Los pueblos indígenas también se resistieron al avance del «caballo de hierro», ya que veían en él una amenaza para sus tierras y su cultura. Al entrar en su territorio, los ataques se repetían día tras día.

La presencia de este «caballo de hierro» implicaba la explotación de los recursos de los indios.

1001 Nuevas ciudades

Con el paso del ferrocarril aparecieron varias poblaciones a lo largo de sus vías, en un intento de urbanizar zonas que aún se consideraban salvajes. Algunos asentamientos duraron poco tiempo, debido a la dureza de la vida en territorios tan inhóspitos; otros perduran hoy en día.

1002 Golden Spike

'Clavo de oro' en castellano. Es el último remache que se colocó en la línea transcontinental de Estados Unidos. Se fabricó especialmente para la ceremonia de finalización y actualmente está expuesto en la Universidad de Stanford (California).

¡Pasajeros al tren!

1003 ¿Vagón o coche de pasajeros?

Cuando los vagones se destinan al transporte de personas se denominan coches de pasajeros. Es impresionante comprobar cómo han mejorado estos compartimentos para ofrecer a sus ocupantes toda la comodidad y seguridad posibles durante el trayecto.

1004 ¿Un piscolabis sobre ruedas?

El coche bar dispone de cafetería, con barra y asientos que permanecen bien anclados al suelo. Los trenes más lujosos incluyen restaurantes con cocina propia en los que deleitarse con un buen menú.

1005 Buenas noches

Los coches cama cuentan con camas o literas para que los pasajeros puedan descansar mientras viajan. Es frecuente encontrar este tipo de coche de pasajeros en los recorridos de larga distancia.

1006 ¿Tomamos el aire?

Hace algunos años los trenes de pasajeros incluían una pasarela que, además de comunicar unos coches con otros, permitía a los viajeros salir al exterior a tomar el aire o a observar el paisaje en primera línea.

1007 El Orient Express

El famosísimo Orient Express llegó a unir París con Estambul. Realizó su primer trayecto en 1883 y fue conocido en su época como el tren más lujoso del mundo. Transportó pasajeros a través de Europa hasta el año 2009.

1008 Todas las comodidades

Los trenes más modernos tienen incluso butacas reclinables, conexión a Internet, aire acondicionado, televisión e hilo musical. Todo lo necesario para conseguir que la experiencia de viajar resulte agradable y satisfactoria.

Locomotoras

1009 La propulsión del tren

La locomotora es parte imprescindible del tren, ya que sirve para propulsarlo. En los comienzos los trenes eran tirados por animales, que podían llevar una cantidad determinada de carga, pero si se sobrepasaba surgían problemas. Como hemos visto, la invención del motor de vapor y su aplicación a la locomotora supuso un avance que revolucionó la industria ferroviaria.

La locomotora de vapor necesitaba un maquinista y un fogonero.

1010 Funcionamiento

El motor de vapor utilizaba una caldera colocada en su parte inferior para quemar el combustible (normalmente carbón). Esto hacía que se calentase el depósito de agua y el vapor resultante era el responsable de impulsar la máquina. La mayor o menor cantidad de vapor era lo que determinaba la potencia.

Carbón

Agua

Vapor

Caldera

Distribuidor del vapor

Escape

Pistón

Funcionamiento de la locomotora de vapor

1011 ¡Qué humos!

La chimenea era otra de las partes esenciales de esta clase de locomotoras, ya que a través de ella se expulsaba el vapor de agua una vez que había producido el empuje. También conducía al exterior el humo procedente de la combustión.

1012 Campanadas y silbidos

Desde sus orígenes, se equipó a este tipo de locomotoras con campanas y silbatos para avisar de la llegada o salida de un tren. Con esta sencilla técnica los empleados y las personas próximas a la vía eran advertidos del peligro del paso del tren.

1013 Trabajadores

Se necesitaban dos operarios para poder manejar una locomotora de vapor: el maquinista, que la conducía, y el fogonero, que era el encargado de mantener la cantidad de combustible necesaria en la caldera.

1014 Cargadores automáticos

El fogonero debía echar el carbón en la caldera con una pala para mantener la potencia. A veces la locomotora era tan grande que el esfuerzo de palear sin descanso era enorme y no se alcanzaba la velocidad necesaria. Para superar este obstáculo se inventaron los cargadores automáticos de carbón.

1015 Sistema de frenado

En un principio el sistema de frenos de la locomotora era independiente del resto del tren. Para evitar esta falta de seguridad se inventó el freno de aire, que permitía al maquinista controlar el frenado de todos los vagones.

1016 Condensadores

Una de las grandes desventajas de la locomotora de vapor era la enorme cantidad de agua que consumía: según el trayecto que se hiciera, podía resultar complicado reponerla. Esto también se resolvió con la incorporación de condensadores, unos dispositivos que reciclaban el vapor sobrante y volvían a convertirlo en líquido.

Contenedor del carbón

Depósito de agua

1017

Locomotora «Big Boy»

Era un tipo de locomotora gigantesca que se fabricó en la década de 1940. Era sencilla de manejar y alcanzaba una velocidad de 130 km/h arrastrando una carga de más de 3.000 toneladas.

1018 El fin del vapor

Las locomotoras de vapor fueron eclipsadas por las locomotoras
diésel, impulsadas por el desarrollo de los motores de
combustión interna, y por las locomotoras eléctricas,
que se popularizaron tras la crisis del petróleo de 1973.

1019 El poder de la electricidad

Hoy día las locomotoras más utilizadas son las eléctricas, que obtienen la
energía de una fuente externa (la catenaria o un tercer riel) y cuentan con
baterías o dispositivos de almacenamiento dentro
del propio tren. También abundan las locomotoras
diésel-eléctricas, que incorporan un sistema híbrido.

Tipos de trenes

1020 Cada uno a su manera

Según el lugar por el que transcurran, la energía que utilicen para desplazarse, lo que transporten o la velocidad a la que se desplacen, podemos distinguir varios tipos de vagones y trenes, cada uno con su nombre propio y sus características específicas.

Vagón plataforma

Vagón abierto

Vagón portacontenedores

Vagón cerrado

Vagón cisterna

Vagón para cereales

1021 Según lo que transporten

Pueden ser trenes de pasajeros o trenes de carga o de mercancías. Los vagones de estos últimos se adaptan a la mercancía que transportan y hay varias categorías dentro de cada modalidad.

1022 Según las vías por las que circulan

Algunos circulan por vías sencillas, que constan de un único carril por el que los trenes circulan en ambos sentidos. Otras líneas cuentan con vía doble, dedicando cada carril a un sentido de la marcha.

1023 La serpiente de acero

El tren de mercancías más largo del mundo es el que atraviesa el desierto de Mauritania. Consta de 200 vagones que son arrastrados por tres locomotoras. No es demasiado cómodo, pero admite pasajeros… ¿Te animas?

1575-A

CARGO

1024 De corta distancia

Son aquellos trenes que transportan
pasajeros dentro de un territorio
limitado. A su vez, pueden
ser trenes de cercanías,
si conectan la ciudad
con sus afueras, o
interurbanos, si
comunican unas
ciudades con
otras.

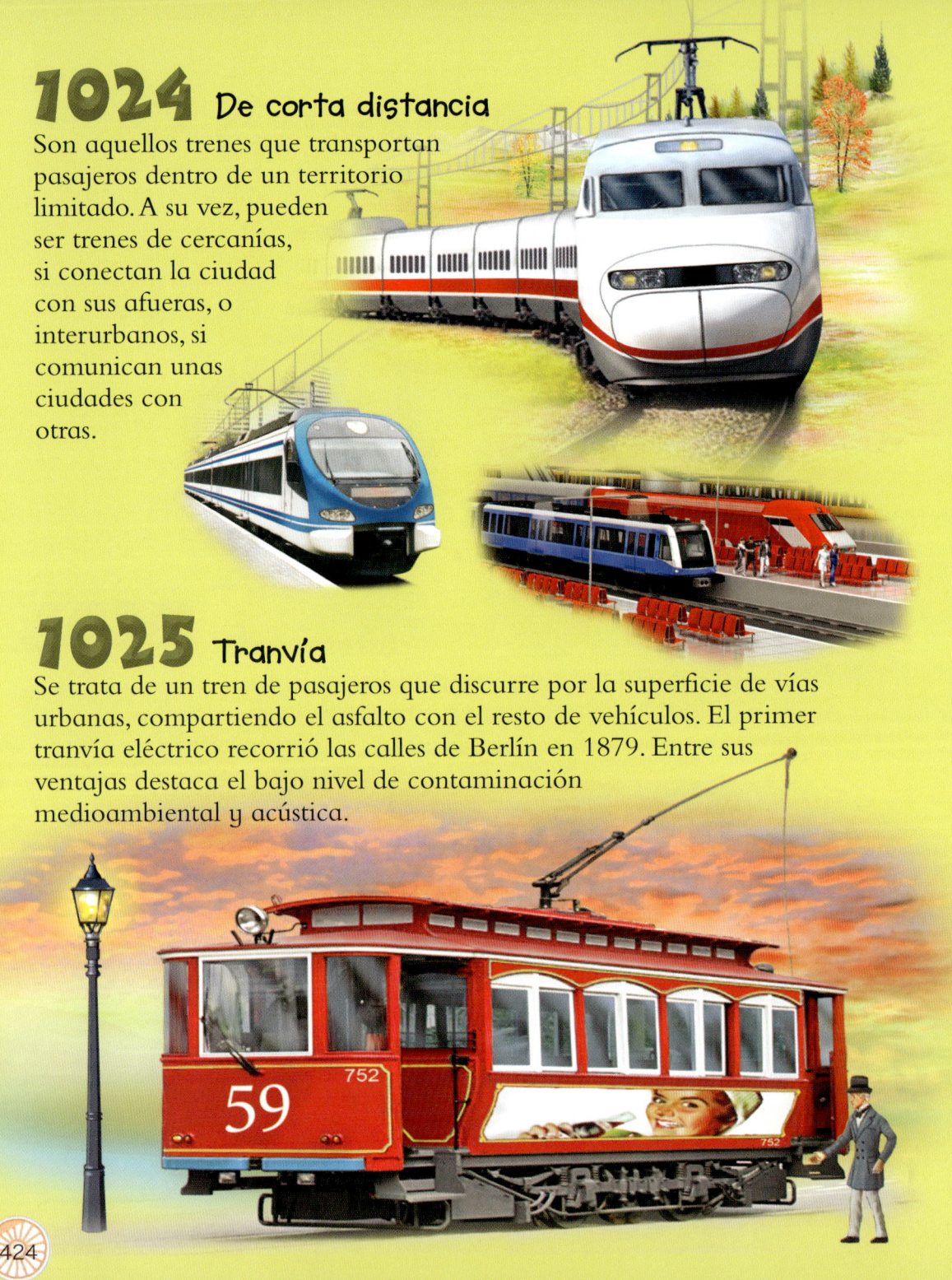

1025 Tranvía

Se trata de un tren de pasajeros que discurre por la superficie de vías
urbanas, compartiendo el asfalto con el resto de vehículos. El primer
tranvía eléctrico recorrió las calles de Berlín en 1879. Entre sus
ventajas destaca el bajo nivel de contaminación
medioambiental y acústica.

1026 Funicular

Es un tipo de ferrocarril especial que se utiliza en pendientes. Dispone de dos cabinas colocadas sobre sus respectivos raíles, unidas con un cable que aprovecha la fuerza de la cabina situada en la parte superior para empujar a la que está situada en la parte inferior.

1027 El tren cremallera

Si la pendiente es muy pronunciada, se añade un tercer raíl intermedio con un engranaje de seguridad que impide que el tren pueda retroceder. Este mismo sistema también se utiliza en las montañas rusas de los parques de atracciones para asegurar las elevaciones más pronunciadas.

1028 ¿SABÍAS QUE...?

En China se encuentra la línea ferroviaria más alta del mundo, que llega a la capital de Tíbet. ¡Imagínate viajar en un tren a más de 5.000 metros de altura!

Los más veloces

1029 Tren de alta velocidad

Se llama así al tren capaz de alcanzar velocidades superiores a los 200-250 km/h, aunque en algunos tramos sobrepasa sin esfuerzo los 350 km/h. Japón fue uno de los países pioneros, inaugurando la primera línea de alta velocidad en 1964.

1030 Cabina

La cabina del conductor está equipada con la última tecnología, lo que permite que los trenes de alta velocidad sean uno de los medios de transporte más seguros, a pesar de la velocidad tan vertiginosa que llegan a alcanzar.

1031 Todo energía

Todas las líneas de alta velocidad funcionan con energía eléctrica. Al ser los trenes más modernos, son también los que ofrecen mayores comodidades, consiguiendo que los recorridos de larga distancia resulten breves y placenteros.

1032 Para no descarrilar...

Para alcanzar semejante velocidad el trazado de las vías tiene que ser lo más recto posible, evitando curvas y pendientes. Algunos modelos poseen vagones basculantes controlados por ordenador para que no sea necesario reducir de velocidad en las curvas, evitando así el peligro de descarrilamiento.

1033 Función aerodinámica del diseño

El característico diseño del tren, con el morro aplastado, consigue reducir la circulación del aire por debajo de él, evitando que la máquina frene su marcha e impidiendo que se eleve y se produzca el descarrilamiento.

1034 Vías indestructibles

Las vías férreas del tren de alta velocidad deben ser de un acero más denso y, para evitar que se deformen, los distintos tramos se sueldan formando una sola pieza. También con este objetivo se adapta el grosor del balasto y se colocan traviesas de hormigón.

1035 Infraestructura de campeonato

La alta velocidad obliga a construir un gran número de túneles y puentes con unas características especiales para que no se tambaleen los cimientos al atravesarlos. Este costoso proceso de creación de infraestructuras es la mayor desventaja de este tipo de líneas.

1036 Señalización

El sistema de señalización es distinto al de los trenes tradicionales, pues para poder maniobrar a tiempo el maquinista necesita recibir las indicaciones con más antelación. Con esta finalidad se instalan antenas que captan las señales en décimas de segundo.

1037 Caja negra

Al igual que los aviones, estos trenes disponen de un sistema de cajas negras que graban tanto las señales recibidas como las acciones del maquinista. Estas cajas solo se examinan en caso de accidente.

1038

¿SABÍAS QUE...?

Los trenes rápidos han de pesar lo menos posible para proteger las vías. Por este motivo se fabrican coches y motores igual de seguros, pero más ligeros.

1039 ¡Y siguen mejorando!

La alta velocidad ha experimentado un desarrollo espectacular en las últimas décadas, ¡y continúa evolucionando! Algunos expertos aseguran que estos trenes llegarán a reemplazar por completo a los trenes tradicionales.

Trenes que «vuelan»

1040 La levitación magnética

Decimos que un cuerpo levita cuando se mantiene
suspendido en el aire de forma estable y sin estar
en contacto con ningún objeto físico. Existe un
tipo de trenes que consigue levitar gracias a la fuerza de repulsión
que originan dos imanes de polos opuestos. También se les conoce
como Maglev, nombre que procede de su denominación en inglés
(Magnetic Levitation).

Los polos iguales de
un imán se repelen,
por eso no hay
contacto.

Cuando los polos son opuestos,
se atraen. Esa es la función
de los imanes que estamos
acostumbrados a ver.

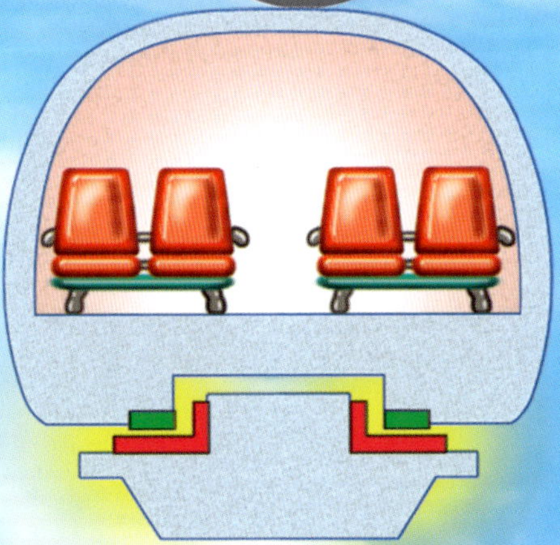

Hay potentísimos electroimanes en la vía.

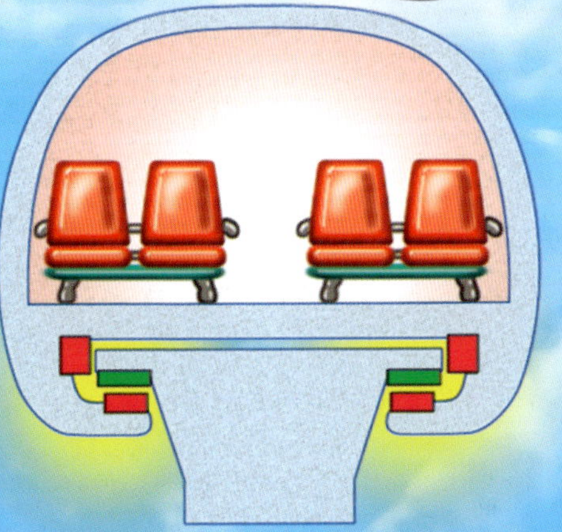

Y también los hay en los propios vagones.

Los imanes colocados tanto en las vías como en los vagones son tan
sumamente potentes que, al repelerse por tener enfrentados los polos
idénticos, logran mantener todo el tren en levitación, ¡suspendido en el aire!

1041 A 580 km/h...

Uno de los puntos fuertes de este sistema es la velocidad, pues permite que los trenes alcancen los 580 km/h. Al no existir ningún tipo de rozamiento la velocidad se multiplica, consiguiendo realizar trayectos de larga distancia en unos cuantos minutos.

1042 ... ¡y ni se inmuta!

Al no existir contacto físico entre las ruedas del tren y la vía, el desgaste de sus componentes es mínimo y, una vez puesto en marcha, los costes de mantenimiento no resultan elevados.

1043 No se oye ni una mosca...

Otra de las ventajas de este sistema de levitación es la ausencia de ruido. ¡Adiós a la contaminación acústica!

1044 ¿Dónde está el motor?

El motor no está situado en la locomotora, como en los trenes tradicionales, sino en los raíles. Es el flujo magnético el que consigue que todo el tren se eleve y avance.

1045 Adaptable a cualquier terreno

Como el motor está situado en el suelo, el Maglev se caracteriza por ser un tren más ligero. Además, la corriente electromagnética se puede regular por tramos, adaptándola a las necesidades del terreno.

1046 Shanghai Maglev

Es la primera línea comercial de levitación magnética dedicada al transporte de viajeros. Comenzó a funcionar en esta ciudad china en 2004, con un recorrido de unos 30 km que une el aeropuerto de Shanghái con el centro urbano financiero. ¡Solo tarda siete minutos y medio!

1047 Ni un descarrilamiento

A pesar de las elevadísimas velocidades, nunca se ha producido ningún descarrilamiento y el riesgo es prácticamente inexistente, ya que la fuerza de los electroimanes obliga al tren a levitar sobre el carril.

1048 Algo costoso...

Pero no todo son ventajas. Se necesita mucha energía para mantener y controlar la polaridad de los imanes, y el coste de la construcción y colocación de las vías es tan elevado que actualmente resulta imposible utilizarlo para largas distancias.

1049 ¡Poco peso, por favor!

Debido a sus características de fabricación, otro de los inconvenientes que tiene es que no puede cargar demasiado peso, por lo que no es posible utilizarlo para el transporte de mercancías. Eso sí, para viajar es muy confortable.

1050 ¿SABÍAS QUE...?

Por razones de seguridad, este tipo de tren tiene un único y largo coche de pasajeros, y no es posible añadir vagones adicionales con la misma facilidad que en los trenes tradicionales.

MAGNETIC LEVITATION

Los trenes del futuro

1051 ¿Un tren volador?

Los estudios que se están realizando tienen el objetivo de vencer la resistencia del aire para aumentar la velocidad y equiparar el ferrocarril al transporte aéreo. Las aeronaves consiguen superar este obstáculo volando a gran altura, donde el aire es menos denso y la resistencia, por tanto, es menor.

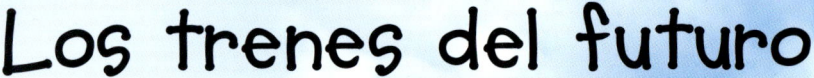

1052

¿SABÍAS QUE...?

Para hacer más eficientes los trenes de alta velocidad, se estudia la idea de suprimir las paradas: los cambios de tren se harían en marcha, usando lo que serían unos «andenes móviles».

1053 Túneles de vacío

Es una de las opciones que se baraja, pues al extraer la presión atmosférica que ejerce el aire sobre la tierra se podrían alcanzar velocidades de unos 8.000 km/h. Algo difícil de imaginar, ¿verdad?

1054 ¿Sobre el mar?

Incluso se ha pensado ir más allá y comunicar continentes, combinando la tecnología de los Maglev y el túnel de vacío. Hay proyectos en los que los trenes circulan sobre el agua en una especie de flotadores especiales o sobre carriles anclados al fondo del mar. ¡Como en una autopista transoceánica!

1055 ¡En tiempo récord!

Uno de estos estudios plantea sobre el papel la posibilidad de viajar de Londres a Nueva York en menos de una hora. ¡Y son casi 6.000 km! Aún no se ha puesto en práctica, pues los costes son casi tan elevados como los obstáculos que se encontrarían en el momento de pasar a la acción.

1056 Teoría sin práctica... por ahora

Aunque la tecnología y los estudios no hacen más que avanzar, los inconvenientes que plantean la propia excavación y el sistema de vaciado hacen que hasta la fecha los experimentos no hayan salido del laboratorio.

1057

Un montón de pros

Son muchas las ventajas de un sistema de desplazamiento de estas características: el incremento de la velocidad, la reducción del consumo de combustible en relación al que necesita un avión, la mínima contaminación, la ausencia de ruido... Pero ¿cómo afectarían estos proyectos a la vida submarina?

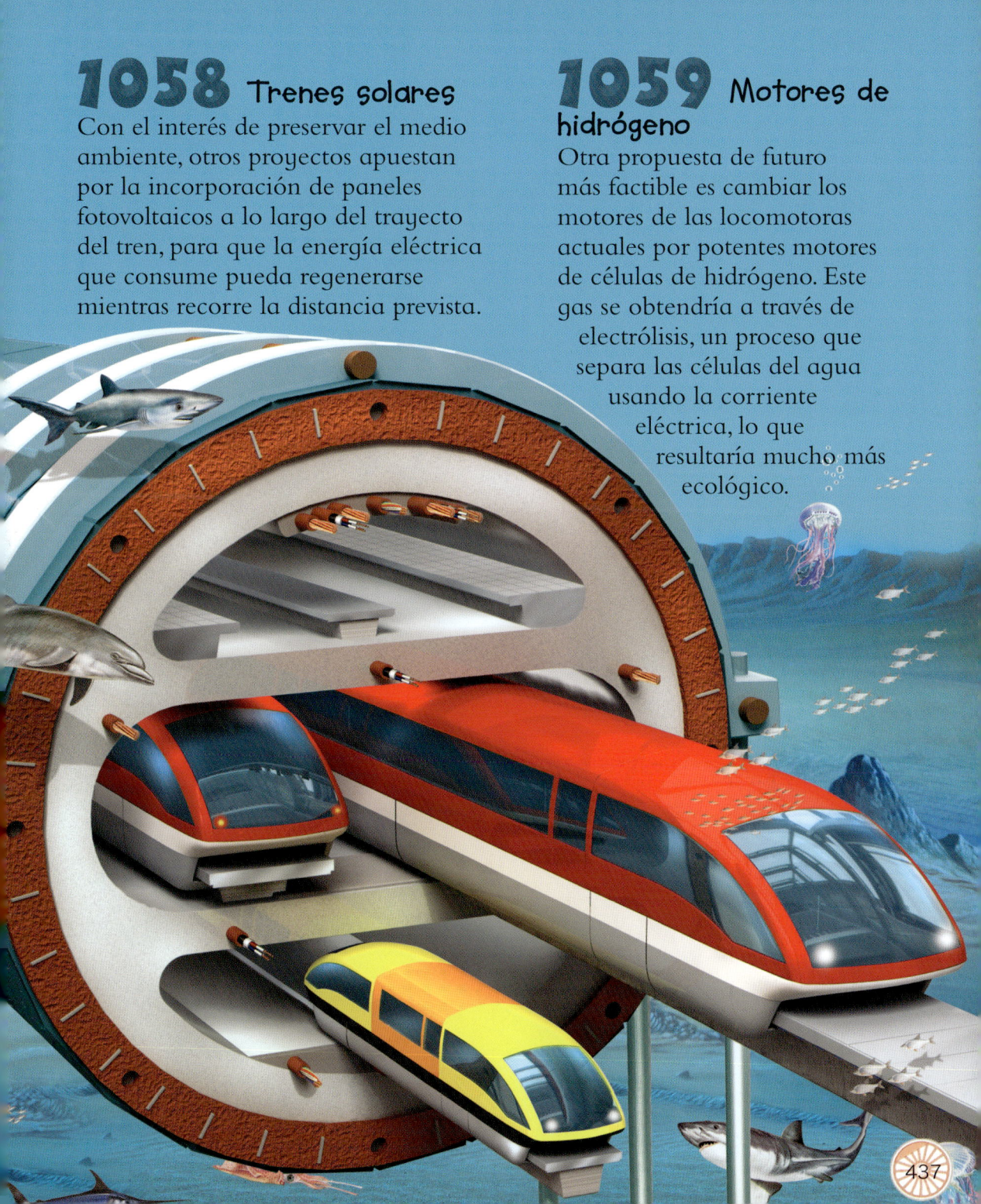

1058 Trenes solares

Con el interés de preservar el medio ambiente, otros proyectos apuestan por la incorporación de paneles fotovoltaicos a lo largo del trayecto del tren, para que la energía eléctrica que consume pueda regenerarse mientras recorre la distancia prevista.

1059 Motores de hidrógeno

Otra propuesta de futuro más factible es cambiar los motores de las locomotoras actuales por potentes motores de células de hidrógeno. Este gas se obtendría a través de electrólisis, un proceso que separa las células del agua usando la corriente eléctrica, lo que resultaría mucho más ecológico.

Aviones

1060 El sueño de volar

El ser humano ha tenido desde siempre el deseo de surcar los cielos, de ser capaz de imitar a las aves. Han tenido que pasar miles de años, producirse innumerables tropiezos y aparecer unos cuantos valientes sin miedo a romperse la crisma para conseguir que este sueño se hiciera realidad. Muchos creían que era imposible y se reían de quienes imaginaban que algún día el ser humano volaría. Sin embargo, la historia ha dado la razón a aquellos soñadores.

1061 El vuelo en la mitología

Como ya comentábamos en páginas anteriores, según la mitología griega, Dédalo y su hijo Ícaro fueron encerrados en una torre por el rey Minos. La única vía de escape era por el aire, así que Dédalo fabricó unas alas con plumas y cera. Ícaro, entusiasmado al verse volando, se elevó más y más… El calor del sol derritió la cera y cayó al mar, donde murió.

1062 ¿SABÍAS QUE...?

A principios de la Edad Media, el simple pensamiento de llegar a volar era entendido por algunos como un acto de brujería.

1063 ¡Podría haber sido peor!

Eilmer de Malmesbury fue un monje benedictino del siglo XI, conocido como «el monje volador». Creyó que la leyenda de Ícaro podía ser cierta y se fabricó unas alas sobre una estructura de madera para lanzarse desde la torre de la abadía. Logró su objetivo y recorrió casi 200 metros. Pero no había calculado bien el aterrizaje… y al estrellarse se fracturó las dos piernas.

1064 Leonardo da Vinci

En el siglo XV este genial inventor italiano, inspirándose en los mecanismos que utilizan los pájaros para volar, diseñó los que serían los primeros planeadores. Y también el llamado «tornillo aéreo», que se considera antecesor del helicóptero moderno. Además de inventor, Da Vinci era pintor, anatomista, arquitecto, botánico, científico, escritor, escultor, filósofo, ingeniero, músico, poeta y urbanista. ¡Menudo cerebrito!

1065 El primer vuelo humano

¡Y sin miembros rotos! Se logró gracias al globo de aire caliente que inventaron los hermanos Montgolfier en el siglo XVIII. Lo curioso es que primero probaron con una tripulación formada por un carnero, un pato y un gallo. Comprobado el éxito, los hermanos franceses permitieron que su invento fuera tripulado por personas.

1066 Un gran tropiezo

Jean-François Pilâtre fue el protagonista del primer vuelo en globo tripulado por un ser humano. Junto con su acompañante, Pierre Romain, consiguió sobrevolar París durante casi media hora. Animados por el triunfo se propusieron atravesar el canal de la Mancha, pero esta vez el globo se desinfló y ambos fallecieron.

1067 La llegada de los dirigibles

Los dirigibles aparecieron en 1852. El primer prototipo fue inventado por Henri Giffard y lo probó él mismo sobrevolando París sin ningún percance. La dirección podía controlarse gracias a los timones y motores que incorporó.

1068 El planeador

Un planeador es una aeronave carente de motor que es capaz de volar gracias al diseño de sus alas; se dirige con ayuda de la cola. George Cayley, inventor británico, construyó un prototipo que perfeccionó durante décadas. En 1853 lo lanzó al vacío pilotado por un ayudante... ¡que logró aterrizar sano y salvo!

1069 El Monoplane

Los planeadores tenían que ser empujados por cuerdas desde lo alto de una colina o arrastrados para conseguir despegar… hasta que llegó en 1874 el oficial francés Félix du Temple con su Monoplane, al que le incorporó un motor autopropulsado.

1070 «Deben hacerse sacrificios».

Estas fueron las últimas palabras del investigador alemán Otto Lilienthal, considerado el padre de la aeronáutica moderna, que falleció debido a un cambio repentino del viento mientras probaba una de sus aeronaves.

1071 Cada vez mejor

Antes del accidente, Otto Lilienthal había realizado con su hermano Gustav más de 2.000 vuelos para probar los planeadores que él mismo había diseñado, a los que fue añadiendo mejoras considerables que marcarían el futuro de la aviación.

¡Surcando los cielos!

1072 Los primeros aviones

En torno al siglo XX comienzan a construirse los
primeros aviones. Son aeronaves más pesadas que el aire,
propulsadas por uno o más motores y provistas de alas.
Su funcionamiento se basa en la fuerza aerodinámica que actúa
sobre las alas; gracias a esta fuerza se produce la sustentación.

1073 El Éole

En 1890 Clément Ader se inspiró en el vuelo
del murciélago para construir el aeroplano Éole.
Contaba con motor de vapor, ala fija, hélice, tren
de aterrizaje y cabina cerrada. Consiguió volar una
distancia de 50 metros, ¡pero le faltaba un sistema
de dirección!

1074 Los biplanos

Son aviones
construidos con dos
grupos de alas fijas,
generalmente del
mismo tamaño.
Supusieron un
gran avance en
cuanto a equilibrio y
maniobrabilidad. Pieza
clave en la aviación militar,
actualmente se utilizan para
realizar acrobacias aéreas
y también para tareas
agrícolas.

1075 ¿SABÍAS QUE...?

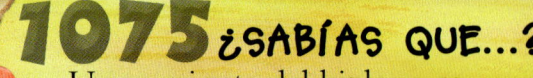

Una variante del biplano es
el sesquiplano. Significa 'ala y
media', y se trata de un biplano
cuyo grupo de alas inferior es más
pequeño que el superior.

1076 Los hermanos Wright en Estados Unidos

Los estadounidenses Orville y Wilbur Wright, fabricantes de bicicletas, comenzaron construyendo el Flyer, el biplano que consta como el primer avión registrado en la historia, y acabaron batiendo todas las marcas: realizaron en 1905 el primer vuelo circular de la historia, y también el primer vuelo comercial del mundo.

1077 ¿Y en Europa?

Alberto Santos Dumont fue un brasileño que se instaló en París, donde por primera vez voló en 1906 su famoso avión 14-bis, considerado por la prensa europea como el primero capaz de despegar por sí mismo. Santos Dumont publicaba todos sus descubrimientos para que la ciencia aeronáutica pudiera avanzar más y más.

1078 La baronesa voladora

La actriz francesa Raymonde de Laroche, cuyo nombre real era Élise Léontine Deroche, fue la primera mujer que recibió una licencia de piloto, en 1910. Cuando participaba en la Gran Semana de la Aviación Francesa su aeroplano se estrelló debido a fuertes turbulencias. Pero en cuanto se recuperó de sus ¡dieciocho fracturas!, volvió a participar en exhibiciones aéreas.

1079 Louis Blériot

Este ingeniero francés consiguió atravesar el canal de la Mancha en 1909 a bordo de su monoplano Blériot XI. El periódico británico *Daily Mail* ofrecía una recompensa de 1.000 libras para quien consiguiera tal hazaña. ¡Un dineral para la época!

1080 ¿Por qué no cruzamos el Atlántico?

Esto mismo pensó Charles Lindbergh, que fue el primer piloto que recorrió el trayecto Nueva York-París en solitario y sin hacer escalas, a bordo de su monoplano Spirit of Saint Louis. Corría el año 1927 y tardó 33 horas y 32 minutos… ¡y sin levantarse del asiento!

1081 Amelia Earhart

Fue la primera mujer que cruzó el Atlántico en solitario: lo hizo en 1932. La piloto norteamericana pasó 15 horas y 18 minutos a bordo de un Lockheed Vega, donde solo llevaba un termo con sopa y una lata de zumo de tomate.

1082 El avión como arma

Durante la Primera Guerra Mundial surgió la necesidad de utilizar el avión como un arma potente, rápida y eficaz. Para alcanzar esta meta se aumentaron la velocidad y la altura en vuelo, y se redujo el peso de las aeronaves.

1083 Auxiliares de vuelo

¿Qué sería de nuestros vuelos sin ellos? Pues es una profesión relativamente moderna, ya que la primera azafata de líneas aéreas, Ellen Church, se incorporó en un vuelo regular de la compañía Boeing en 1930.

1084 Los dirigibles

Son aerostatos que consiguen elevarse gracias a un gas más ligero que el aire. La tecnología aplicada es la misma que en el globo aerostático, pero los dirigibles además son autopropulsados y tienen capacidad de maniobra. Los primeros que se fabricaron tenían la envoltura flexible, pero para darles mayor tamaño y estabilidad se ideó una estructura rígida. ¡Las corrientes de aire y las tormentas dejaron de ser un problema!

1085 El primer dirigible español

Leonardo Torres Quevedo mejoró los dirigibles en 1905, mezclando en su prototipo, al que llamó España, las ventajas de los dirigibles rígidos y las de los flexibles. Se vendieron a los ejércitos inglés y francés varias unidades del modelo España.

1086 El zepelín

Ferdinand von Zeppelin construyó una estructura interior rígida para el modelo tradicional de dirigible, dando su nombre a esta aeronave. Fue mejorando el prototipo inicial hasta llegar a convertirlo en un orgullo para la nación alemana.

1087 ¿SABÍAS QUE...?

Aunque hoy en día se utilizan principalmente como instrumento publicitario, durante la Primera Guerra Mundial demostraron su utilidad para bombardear submarinos enemigos.

1088 El fin de los dirigibles

Desde el año 1900 los dirigibles transportaron a más de treinta mil pasajeros. El Hindenburg fue el mayor dirigible construido, ya que tenía 241 metros de largo y capacidad para más de cien personas. Desgraciadamente, también se hizo famoso por el incendio que sufrió en 1937, en el que murieron 35 personas. Debido a este accidente, el suyo fue el último vuelo de un dirigible dedicado al transporte de viajeros.

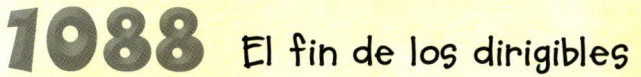

1089 ¿SABÍAS QUE...?

Von Zeppelin fundó la primera línea aérea alemana y durante la Primera Guerra Mundial fue la primera flota que se dedicó al transporte de viajeros.

Aviones de guerra

1090 Pájaros de hierro

Durante la Primera Guerra Mundial la tecnología relacionada con la aviación se desarrolló a una velocidad vertiginosa. ¡Solo en Alemania se construyeron más de 1.200 aviones!

1091 En busca del avión infalible

Al comienzo de la guerra los aviones que existían apenas podían con el piloto, pero al comprobar la importancia de las aeronaves como instrumento de reconocimiento y espionaje, empezó a desarrollarse una tecnología sin límites.

1092 Los aviones de caza

Son aviones militares diseñados para combatir en el aire con otras aeronaves. En sus comienzos eran biplanos y estaban equipados con armas ligeras. Poco a poco se equiparon con potentes radares para cumplir la labor de localización de objetivos.

1093 Contra viento y marea...

Los cazas tienen varias versiones, como los nocturnos, adaptados para ser usados por la noche o en condiciones climatológicas adversas, o los cazabombarderos, que también atacan objetivos terrestres.

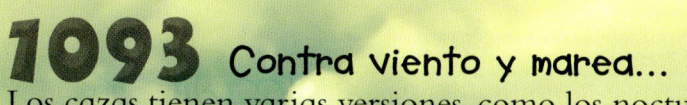

1094

Disparos a discreción

En 1914 el pionero de la aviación francesa Roland Garros ideó un sistema para disparar ametralladoras a través de las hélices del avión. Más tarde, se le dio su nombre al famoso torneo de tenis francés para rendirle homenaje.

1095 Motor a reacción

Durante la Segunda Guerra Mundial se descubrió este tipo de motor, que revolucionó el mundo de la aviación al multiplicar la velocidad, la altitud y la autonomía de las aeronaves. El Messerschmitt Me 262 fue el primer avión a reacción que se fabricó en serie.

1096 El rey del cielo

El modelo Sopwith Camel, del Ejército británico, fue el caza biplano que más aviones derribó durante la Primera Guerra Mundial. A pesar de su gran maniobrabilidad, era complejo de pilotar y acabó con la vida de muchos pilotos inexpertos.

1097 Bombarderos

Son aviones militares equipados para atacar objetivos terrestres o marítimos. En un principio esta misión fue encomendada a aeronaves dirigibles, aunque debido a su puntería inexacta se probó en aviones de reconocimiento.

1098 El B-52

Este bombardero de la marca Boeing ha experimentado mejoras fundamentales desde que vio la luz en 1955. Es famoso por su protagonismo al servicio de la Fuerza Aérea de Estados Unidos en varias guerras, como la de Vietnam, la guerra del Golfo, la de Irak y diversas operaciones sobre la antigua Yugoslavia y Afganistán.

1099 Cazabombardero

Es un avión de caza que además hace especial hincapié en el ataque a objetivos terrestres. Durante los conflictos bélicos se convierte en la base fundamental de todas las fuerzas aéreas.

1100 Torpedero

A finales de la Primera Guerra Mundial aparecieron los aviones torpederos, que son bombarderos que alcanzan objetivos con torpedos, además de cargar bombas convencionales.

1101

Fairey Swordfish

Este modelo británico, el «pez espada», fue el torpedero que arrasó más objetivos enemigos durante la Segunda Guerra Mundial.

1102

¿SABÍAS QUE...?

Los misiles de largo alcance tienen incluso un radar que rastrea la ruta del enemigo al que se va a atacar.

Los aviones hoy

1103 Avances tecnológicos

En los años más recientes de la historia de la aviación se han ido desarrollando nuevas ideas y tecnologías que suponen grandes avances en la seguridad de los vuelos, tanto para los pasajeros como para los pilotos. ¡Si el pobre Ícaro levantara la cabeza…!

1104 Cabina presurizada

A medida que un avión alcanza altura, se reduce la concentración de oxígeno en la atmósfera, lo que ocasiona serias dificultades para respirar. Con el fin de mantener una presión atmosférica constante dentro de la nave se inventó en la década de 1930 la cabina presurizada.

¡Mira la cabina! Esos mandos parecen los de un completo videojuego… ¡Controlan absolutamente todo el avión!

NS-236

NS-236

1105 Repostar sin pasar por la gasolinera

Para aumentar la autonomía de los aviones, especialmente los militares, en la década de 1950 se crearon los aviones cisterna, capaces de proporcionar combustible en vuelo a otras aeronaves. Actualmente utilizan dos sistemas: pértiga o sonda-cesta.

1106 ¡Parece ciencia ficción!

Los modelos de avión cisterna modernos disponen de un depósito eyectable que les permite abastecer de combustible a otras aeronaves y deshacerse en vuelo del depósito vacío, para actuar después como aviones de combate.

1107 Avión privado

Actualmente hay empresas y personas particulares que tienen sus propios aviones privados. Los hay de varios tamaños, pero lo normal es que permitan transportar entre cinco y cincuenta pasajeros. Hoy es un lujo al alcance de unos pocos… ¡pero lo mismo sucedió en los comienzos del automóvil!

1108 Un poco de conciencia

La necesidad de adoptar un modo de vida más ecológico y acorde a las limitaciones energéticas del planeta ha hecho que la ciencia innove y cree aviones modernos y ecológicos. La NASA también está investigando fuentes de energía más limpias y económicas.

1109 Avión solar

Fruto de estos estudios es el Helios, un avión pilotado a distancia que lleva placas solares instaladas a lo largo de las alas y que se alimenta únicamente con energía solar. Se probó con éxito en el año 2001, aunque dos años más tarde se hundiría en el inmenso océano Pacífico.

1110 SpaceShipOne

Esta nave espacial suborbital tripulada atravesó la atmósfera en el año 2004. Fue elevada por el avión nodriza White Knight hasta los 15 km de altura; repitió la hazaña dos semanas después y nave y tripulación regresaron a la Tierra sanos y salvos.

1111 ¿Cómo es un avión?: Alerones

Los alerones inclinan un poco el avión mientras el timón de cola controla la desviación en la trayectoria. Los alerones que hay en la cola del avión son los que controlan la desviación frontal.

1112 Tren de aterrizaje

Es la estructura encargada de reducir al mínimo el impacto que se produce en el aterrizaje. Puede ser fijo —si permanece expuesto durante el vuelo— o retráctil —si está replegado en la base del avión, siendo necesario que el piloto accione el mecanismo desde la cabina de mando—.

1113 Fuselaje

Se trata del cuerpo del avión, en cuyo interior se coloca la cabina de mando, la de pasajeros y las bodegas de carga. Hay aeronaves de fuselaje estrecho, que tienen un solo pasillo entre las filas de asientos; otras son de fuselaje ancho, con dos o más pasillos.

1114

¿SABÍAS QUE...?

Las alas tienen la resistencia suficiente para soportar a los pasajeros en caso de evacuación, por eso se colocan las salidas de emergencia cerca de ellas.

1115 Caja negra

Es un dispositivo que graba la actividad de las aeronaves y las conversaciones de la cabina. Aunque hoy en día son de color naranja para facilitar su localización, se siguen denominando así por el trágico momento en que se examinan: en caso de accidente.

1116 Aviones supersónicos

Son aquellos capaces de atravesar la barrera del sonido, superando una velocidad de 300 m/s. Hasta hace poco se pensaba que era imposible y, sin embargo, actualmente casi todos los aviones de combate son supersónicos. Se fabricaron dos modelos para pasajeros: el Tupolev 144 y el Concorde.

1117 Asiento eyectable

Es un dispositivo de los aviones de combate que al accionarlo (solo en caso de emergencia) empuja el asiento del piloto fuera de la nave a gran velocidad. Una vez fuera, se despliega un paracaídas.

Grandes aviones

1118 Los aviones comerciales

Son los que se dedican al transporte de pasajeros. Tras las guerras mundiales el interés se centró en mejorar la seguridad y comodidad de los viajeros. Las últimas tecnologías hacen del avión el medio de transporte más rápido y seguro.

1119 La industria aeronáutica

La invención del motor a reacción consiguió revolucionar el transporte aéreo. Hoy en día las compañías incorporan a sus líneas todas las innovaciones posibles y contratan personal cualificado para que investigue la forma de mejorar sus modelos. Los prototipos que se fabrican van incorporando avances que suponen un paso adelante en la historia de la evolución aérea.

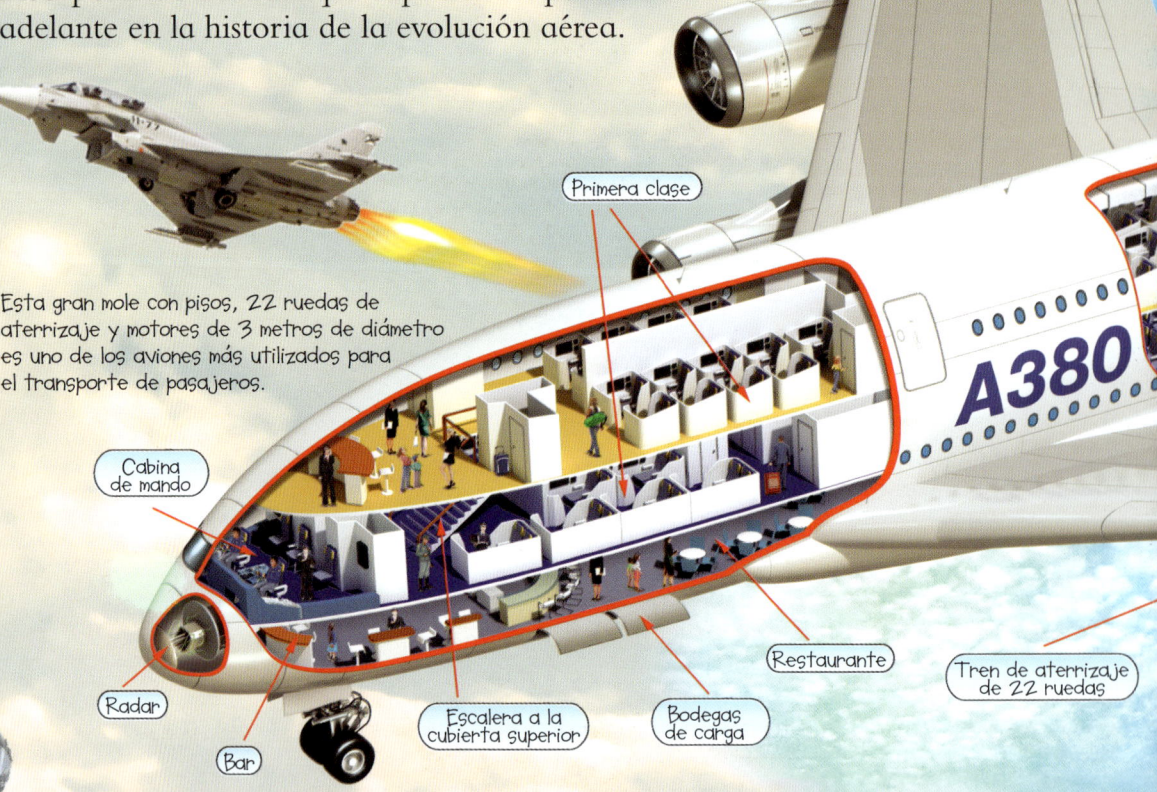

Esta gran mole con pisos, 22 ruedas de aterrizaje y motores de 3 metros de diámetro es uno de los aviones más utilizados para el transporte de pasajeros.

Primera clase

Cabina de mando

Radar

Bar

Escalera a la cubierta superior

Bodegas de carga

Restaurante

Tren de aterrizaje de 22 ruedas

A380

1120 Airbus A380

¡Tiene capacidad para más de 800 pasajeros! Su cabina de mando dispone de ocho pantallas de cristal líquido. ¡Alcanza una velocidad de 900 km/h! Comenzó su andadura en la década de 1980 y poco tiempo después se convirtió en el avión comercial más grande del mundo.

A380

Cabinas privadas

Ascensor

Cocinas

Filas de asientos

Unidad de energía auxiliar

Aseos

Filas de asientos

Despensa

Tanques de combustible

Flaps

4 motores de 3 m de diámetro

¡Al rescate!

1121 Más que un simple transporte

La mente inquieta del ser humano siempre ha tendido a ir un paso
más allá. Tras hacer un descubrimiento siempre viene el deseo
de mejorarlo, de llegar aún más lejos. En aviación, las distintas
necesidades han hecho que este avance discurra por distintos
caminos. La rapidez, la seguridad, el salvamento, la incursión en
lugares inescrutados... «Aviones-barco» que despegan desde el agua,
«aviones-libélula» que pueden permanecer prácticamente quietos en
un punto del cielo, «aviones-nave espacial» que viajan hasta la luna...
¡Parece no haber límites!

1122 ¿Despegar desde el agua?

Henri Fabre fue un aviador francés que
inventó el primer hidroavión de la historia:
Le Canard («el pato»). En 1910 logró despegar de la
superficie de un estanque, convirtiéndose en el primer
hidroavión que despegaba desde el agua por sus
propios medios.

1123 Plus Ultra

Este hidroavión del Ejército
del Aire español fue
protagonista en 1926
por sobrevolar el
océano Atlántico,
haciendo el primer
vuelo entre España
(Palos de la Frontera,
Huelva) y América (Buenos Aires).

1124 Aviones anfibios

Son los hidroaviones que también son capaces de despegar y aterrizar en tierra firme. Han sido muy utilizados en misiones militares y hoy en día resultan imprescindibles en la lucha contra incendios.

1125 Los Clipper

En la década de 1930 se fabricaron lujosos hidroaviones para pasajeros que cubrían rutas transoceánicas. El más famoso fue el Boeing 314 Clipper, que comenzó volando de San Francisco a Singapur en 1939.